헌 법

대한예수교장로회총회

서 문

　본 총회의 헌법은 조선예수교장로회 공의회 시대(1901~1906)에 다음과 같이 헌장에 관한 준비를 하였다.
　1901년 만국장로회 헌법 번역위원을 선정하였고 1902년에는 헌법 준비위원과 노회 규칙위원을 선정하였다.
　1904년에는 웨스트민스터 헌법 중 일부를 역간하여 소요리문답 5천 부를 출판하였다.
　1905년에는 교회 신경을 공의회가 의정 채용하게 되었다. 그후 1907년 9월 17일 평양 장대현(장대재)교회에서 소집된 대한예수교장로회 제1회 노회(독노회) 시 신경과 규칙을 정식 채용한 것이 최초의 헌장이었다.
　1912년 9월 1일 평양 여자성경학원에서 대한예수교장로회 총회가 조직된 후 1917년 9월 1일(토요일) 서울 승동교회에서 회집된 제6회 총회에서 웨스트민스터 헌법책을 번역하여 총회가 작정한 대로 편집하여 국한문으로 출판하였다.
　1932년 9월 9일 평양 창동교회에서 회집된 제21회 총회에서 15인을 택하여 한글 사용법대로 개역 수정하기로 가결하고 1933년 9월 8일 선천교회에서 회집된 제22회 총회에서 이를 승인하였다.
　1954년 4월 23일 안동중앙교회에서 회집된 제39회 총회에서 정치만 수정하기로 하고 전문을 수정 발표하였다.
　1960년 12월 13일 서울 승동교회에서 회집된 제45회 총회에서 헌법과 총회 규칙을 수정하기로 하고 17인에게 위임하여 1961년 9월

21일 부산남교회에서 회집된 제46회 총회에서 보고 받아 이를 채택하고, 각 노회에 수의하여 1962년 9월 20일 서울 승동교회에서 회집된 제47회 총회에서 수정안이 가결되었음을 공포하였다.

1968년 9월 19일 부산 초량교회에서 회집된 제53회 총회에서 재수정하게 되고 1990년 9월 18일 김제중앙교회에서 회집된 제75회 총회에서 헌법을 개정하기로 가결하고 위원 15인을 선정하여 일임하였다. 동위원회에서 정치와 예배모범 일부를 수정한 안을 1991년 9월 24일 대구동신교회에서 회집된 제76회 총회에 보고하니 채택하고 교회의 모든 직임의 연한을 만 70세까지로 함을 본회가 결의하여 보고된 개정안에 포함시켜 이를 각 노회에 수의하여 1992년 9월 22일 인천제2교회에서 회집된 제77회 총회에서 수정안이 가결되었음을 공포하였다.

우리 총회가 1917년 승동교회에서 회집된 제6회 총회에서 채용결의한 웨스트민스터 헌법 중 성경 소요리문답은 헌법책에 포함시켜 출간하였으나 신도게요와 성경 대요리문답은 헌법책에 편집하지 아니한 고로 불편을 느끼던 중 제75회 총회 헌법수정 위원회의 결의로 1969년 9월 20일 본 총회가 별책으로 발행한 성경 대요리문답은 소요리문답과 연하여 편집하고 신도게요는 부록으로 편집 출간하게 되었다.

1998년 9월 22일 서울 왕성교회에서 회집된 제83회 총회는 헌법수정위원을 총회 임원회에 맡겨 15인을 선정하였고 동 위원회가 수정안을 1999년 9월 28일 정읍 성광교회에서 회집된 제84회 총회에 보고하니 총회가 채택하고 각 노회에 수의하여 2000년 9월 26일 경남 진주교회에서 회집된 제85회 총회에서 수정안이 법대로 가결되었음을 공포하기에 이르렀다.

2005년 9월 27일 대전중앙교회에서 회집한 제90회 총회에서 대한예수교장로회(개혁)와 합동하였고 합동원칙합의문의 준수와 함께 본 헌법을 사용키로 하였다.

  2009년 9월 21일 울산 우정교회에서 회집한 제94회 총회는 구미노회 외 65개 노회가 헌의한 노회회원 헌법수정 건(임시목사 관련)에 대하여 헌법개정연구위원 5인을 선정하였다. 동 위원회가 개정안을 2010년 9월 27일 홍천 대명비발디파크에서 회집한 제95회 총회에 보고하니 총회가 수정 채택하고 각 노회에 수의하여 차기 총회에서 채용하기로 가결하였다. 이후 2011년 9월 19일 전주 전북대학교 삼성문화회관에서 회집한 제96회 총회에서 노회 수의 결과보고에 대하여 일부 회원의 이의제기로 공포가 보류되어 오던 중 2013년 9월 23일 수원 라비돌리조트에서 회집한 제98회 총회에서 다수 노회가 헌법개정 노회수의 가결안에 대한 공포시행을 헌의하여 동 개정안(정치 제4장 제4조 2항, 제15장 제12조 1항)이 법대로 가결되었음을 공포함에 따라 개정판을 발간하였다.

  2012년 9월 17일 성명교회에서 회집한 제97회 총회는 총회설립 100주년을 맞이하여 현장의 필요에 맞게 헌법을 전면적으로 개정하기로 결의하고 헌법전면개정위원회(위원 15인)를 설치하였다. 제98회와 제99회 총회에서 각각 연장 허락을 받아 새롭게 구성된 헌법개정위원회는 신도게요, 대·소요리문답, 정치 및 권징조례, 예배모범 개정안을 작성하고 전국 권역별 공청회 등을 거쳐 폭넓게 의견을 수렴하여 제100회 총회에 보고하였다. 2015년 9월 14일 반야월교회에서 회집한 제100회 총회는 신도게요(신앙고백서) 개정안, 대·소요리문답 개정안, 예배모범 개정안은 노회로 수의하고, 정치와 권징조례는 한 해 더

연구하여 받기로 하였다. 2016년 9월 26일 충현교회에서 회집된 제101회 총회는 노회 수의 결과 통과되지 않은 신도게요와 대·소요리문답 개정은 부결하고, 통과된 예배모범은 개정안대로 개정되었음을 공포함으로 개정판을 발간하였다.

2017년 9월 18일 기쁨의교회에서 회집된 제102회 총회에서는 제101회기 헌법개정위원회가 제안한 정치 및 권징조례에 대한 개정안과, 유아세례연구위원회에서 보고한 어린이세례 관련 내용을 헌법적 규칙과 예배모범에 포함하여 개정하기로 하고, 전국 노회에 수의한 결과를 2018년 9월 10일 반야월교회에서 회집된 제103회 총회에서 공포함에 따라 본 개정판을 발간하게 되었다.

이에 그간 수고하신 분들의 노고에 감사를 드리며, 개정 헌법을 통해 총회 산하 모든 지교회가 바르게 치리되고 진리 위에 든든히 세워져 가기를 간절히 바라는 바이다.

주후 2018년 11월 30일

대한예수교장로회총회

제103회 총회장 이승희
제102회기 헌법개정위원장 권성수
위 원 한기승 임근석 최상호 김승동 박무하
　　　유장춘 이재륜 한승철 김석태 방윤달
　　　석종욱 유도조 이정철 홍종수

차례

I. 신조

서 언 ·· 21
신 조 ·· 21
승인식 ··· 25

II. 성경 소요리문답

성경 소요리문답 ·· 29

III. 성경 대요리문답

성경 대요리문답 ·· 59

IV. 정 치

총 론 ·· 147

제 1 장   원 리(原理)

제 1 조 양심 자유 ································ 148
제 2 조 교회 자유 ································ 149
제 3 조 교회의 직원과 그 책임 ················ 149
제 4 조 진리와 행위의 관계 ····················· 149
제 5 조 직원의 자격 ······························· 150
제 6 조 직원 선거권 ······························· 150
제 7 조 치리권 ······································ 150
제 8 조 권 징 ······································ 150

제 2 장 교 회

제 1 조 교회 설립(設立) ························ 151
제 2 조 교회의 구별(區別) ······················ 151
제 3 조 교회 집회(集會) ························· 151
제 4 조 각 지교회(各 支敎會) ·················· 151

제 3 장 교회 직원

제 1 조 교회 창설(創設) 직원 ·················· 152
제 2 조 교회의 항존직(恒存職) ················· 152
제 3 조 교회의 임시 직원 ······················· 152
제 4 조 준직원(準職員) ··························· 154

제 4 장 목 사

제 1 조 목사의 의의(意義) ·································· 154
제 2 조 목사의 자격 ······································· 155
제 3 조 목사의 직무 ······································· 155
제 4 조 목사의 칭호 ······································· 156

제 5 장 치리 장로

제 1 조 장로직의 기원 ···································· 158
제 2 조 장로의 권한 ······································· 158
제 3 조 장로의 자격 ······································· 158
제 4 조 장로의 직무 ······································· 158
제 5 조 원로 장로 ··· 159
제 6 조 은퇴 장로 ··· 159
제 7 조 협동 장로 ··· 160

제 6 장 집 사(執事)

제 1 조 집사직(職) ·· 160
제 2 조 집사의 자격 ······································· 160

제 3 조 집사의 직무 ·················· 160
제 4 조 집사의 칭호 ·················· 160

제 7 장 교회 예배 의식(儀式) ·············· 161

제 8 장 교회 정치와 치리회

제 1 조 정치의 필요 ·················· 162
제 2 조 치리회의 성질과 관할 ············ 162
제 3 조 치리회의 회집 ················· 162
제 4 조 치리회의 권한 ················· 163

제 9 장 당 회

제 1 조 당회의 조직 ·················· 163
제 2 조 당회의 성수 ·················· 163
제 3 조 당회장 ······················ 164
제 4 조 당회 임시 회장 ················ 164
제 5 조 당회의 직무 ·················· 164
제 6 조 당회의 권한 ·················· 165
제 7 조 당회 회집 ··················· 165

제 8 조 당회 회록 · 165
제 9 조 각종 명부록 · 166
제10조 연합 당회 · 166

제 10 장   노 회

제 1 조 노회의 요의(要義) · 166
제 2 조 노회 조직 · 167
제 3 조 회원 자격 · 167
제 4 조 총대 · 167
제 5 조 노회의 성수 · 167
제 6 조 노회의 직무 · 168
제 7 조 노회록과 보고 · 170
제 8 조 노회가 보관하는 각종 명부 · · · · · · · · · · · · · · · 170
제 9 조 노회 회집 · 170

제 11 장   대 회

제 1 조 대회 조직 · 171
제 2 조 개회 성수 · 171
제 3 조 언권 방청 · 171
제 4 조 대회 권한과 직무 · 171

제 5 조 대회 회집 ·················· 172
제 6 조 회록 및 보고 ················ 173

제 12 장 총 회

제 1 조 총회의 정의(定義) ············· 173
제 2 조 총회의 조직 ················· 173
제 3 조 총회의 성수 ················· 174
제 4 조 총회의 직무 ················· 174
제 5 조 총회의 권한 ················· 174
제 6 조 총회의 회집 ················· 175
제 7 조 개회 폐회 의식(儀式) ·········· 175

제 13 장 장로 집사 선거 및 임직

제 1 조 선거 방법 ·················· 175
제 2 조 임직 승낙 ·················· 175
제 3 조 임직 순서 ·················· 175
제 4 조 임기 ······················ 177
제 5 조 자유 휴직과 사직 ············· 177
제 6 조 권고 휴직과 사직 ············· 177

제 14 장　목사 후보생과 강도사

제 1 조　양성의 요의(要義) ·················· 177
제 2 조　관할 ································ 178
제 3 조　강도사 고시 및 인허 ················ 178
제 4 조　고시 종목 ·························· 178
제 5 조　인허 서약 ·························· 179
제 6 조　인허식 ······························ 179
제 7 조　인허 후 이전 ······················ 179
제 8 조　인허 취소 ·························· 180

제 15 장　목사 선교사 선거 및 임직

제 1 조　목사 자격 ·························· 180
제 2 조　목사 선거 ·························· 180
제 3 조　청빙 준비 ·························· 180
제 4 조　청빙 서식 ·························· 181
제 5 조　청빙 승낙 ·························· 181
제 6 조　청빙서 제정(提呈) ·················· 181
제 7 조　서약 변경 ·························· 182
제 8 조　다른 노회 사역자 청빙 ·············· 182

제 9 조   임직 준비 ·· 182

제10조   임직 예식 ·· 182

제11조   위임 예식 ·· 184

제12조   시무 목사 권한 ······································ 185

제13조   다른 교파 교역자 ··································· 185

제 16 장   목사 전임(轉任)

제 1 조   전임 승인 ·· 185

제 2 조   본 노회 안에 전임 ································ 186

제 3 조   다른 노회로 전임 ·································· 186

제 17 장   목사 사면 및 사직

제 1 조   자유 사면 ·· 186

제 2 조   권고 사면 ·· 186

제 3 조   자유 사직 ·· 186

제 4 조   권고 사직 ·· 187

제 5 조   목사의 휴양 ·· 187

제 18 장 선 교 사

제 1 조 선교사 ··· 187
제 2 조 외국 선교사 ································· 187

제 19 장 회장과 서기

제 1 조 회장 ··· 189
제 2 조 회장의 직권 ································· 189
제 3 조 서기 ··· 190
제 4 조 서기의 임무 ································· 190

제 20 장 교회 소속 각 회의 권리 및 책임

제 1 조 속회(屬會) 조직 ··························· 190
제 2 조 속회 관리 ··································· 190
제 3 조 속회 권한 ··································· 190

제 21 장 의 회(議會)

제 1 조 공동의회 ····································· 191

제 2 조 제직회 · 192
제 3 조 연합 제직회 · 193

제 22 장 총회 총대

제 1 조 총회 총대 자격 · 193
제 2 조 총대 교체 · 193
제 3 조 언권 회원 · 194
제 4 조 총대 여비 · 194

제 23 장 헌법 개정

제 1 조 정치, 권징 조례, 예배 모범 · · · · · · · · · · · · · · · · · 194
제 2 조 신조와 요리문답 · 194
제 3 조 신조와 요리문답 개정 연구 · · · · · · · · · · · · · · · · 194
제 4 조 소속 노회 3분의 1의 헌의 · · · · · · · · · · · · · · · · 195

V. 헌법적 규칙

제 1 조 미조직 교회 신설립 · 199
제 2 조 교인의 의무 · 199
제 3 조 교인의 권리(權利) · 200

제 4 조 주일 예배회 ·· 200
제 5 조 학습(學習) ·· 201
제 6 조 성례(聖禮) ·· 201
제 7 조 교회의 선거 투표 ···································· 202
제 8 조 무임(無任) 집사 ······································· 202
제 9 조 무임 장로 ··· 203
제10조 권찰(勸察) ·· 203
제11조 혼상례(婚喪禮) ··· 203
제12조 병자에게 안수 ·· 204
제13조 문서 비치 ··· 204
부칙 ·· 204

VI. 권징 조례

제 1 장 총론 ·· 207
제 2 장 원고와 피고 ·· 208
제 3 장 고소장과 죄증 설명서 ··························· 210
제 4 장 각 항 재판에 관한 보통 규례 ············· 211
제 5 장 당회 재판에 관한 특별 규례 ··············· 215
제 6 장 직원에 대한 재판 규례 ························· 216
제 7 장 즉결 처단의 규례 ·································· 218
제 8 장 증거조(證據調) 규례 ······························· 221

제 9 장 상소하는 규례 · 224
제10장 이의와 항의서 · 232
제11장 이명자 관리 규례 · 233
제12장 이주(移住) 기간에 관한 규례 · · · · · · · · · · · · · · 235
제13장 재판국에 관한 규례 · 236
제14장 치리회 간의 재판 규례 · · · · · · · · · · · · · · · · · · · 240

Ⅶ. 예배 모범

제 1 장 주일을 거룩히 지킬 것 · · · · · · · · · · · · · · · · · · · 245
제 2 장 교회의 예배 의식 · 247
제 3 장 성경 봉독 · 247
제 4 장 시와 찬송 · 248
제 5 장 공식 기도 · 248
제 6 장 설교 · 251
제 7 장 헌금 · 252
제 8 장 폐회 · 253
제 9 장 주일학교 · 253
제10장 기도회 · 254
제11장 성례 · 255
제12장 혼례식 · 265
제13장 장례식 · 266

제14장 금식일과 감사일 · 267
제15장 은밀 기도와 가정 예배 · 268
제16장 시벌 · 269
제17장 해벌 · 272

부 록

1. 신도게요 · 275
2. 신학정체성 선언문 및 해설 · 351

I

신조

신 조

- 서 언 ·· 21
- 신 조 ·· 21
- 승인식 ·· 25

서 언

대한예수교장로회에서 이 아래 기록한 몇 가지 조목을 목사와 강도사와 장로와 집사로 하여금 승인할 신조로 삼을 때에 대한예수교장로회를 설립한 모(母)교회의 교리적 표준을 버리려 함이 아니요, 오히려 찬성함이니 특별히 「웨스트민스터」 신도게요서(信徒揭要書)와, 성경 대·소요리문답은 성경을 밝히 해석한 책으로 인정한 것인즉 우리 교회와 신학교에서 마땅히 가르칠 것으로 알며 그 중에 성경 소요리문답은 더욱 우리 교회 문답 책으로 채용하는 것이다.

신 조

1. 신·구약 성경은 하나님의 말씀이니 신앙과 본분(本分)에 대하여 정확 무오(正確無誤)한 유일(唯一)의 법칙이다.
2. 하나님은 한 분뿐이시니 오직 그만 경배할 것이다.
   하나님은 신(神)이시니 스스로 계시고 아니 계신 곳이 없으시며 다른 신과 모든 물질과 구별되시며, 그 존재(存在)와 지혜와 권능과 거룩하심과 공의와 인자하심과 진실하심과 사랑하심에 대하여 무한하시며 변하지 아니하신다.
3. 하나님의 본체(本體)에 세 위(位)가 계시니 성부, 성자, 성령이신데 이 세 위는 한 하나님이시라. 본체는 하나요, 권능과 영광이 동등(同等)하시다.
4. 하나님께서 모든 유형물(有形物)과 무형물(無形物)을 그 권능의 말씀

으로 창조하사 보존하시고 주장하시나 결코 죄를 내신 이는 아니시니 모든 것을 자기 뜻의 계획대로 행하시며 만유(萬有)는 다 하나님의 착하시고 지혜롭고 거룩하신 목적을 성취하도록 역사하신다.
5. 하나님이 사람을 남녀로 지으시되 자기의 형상대로 지식과 의와 거룩함으로 지으사 생물(生物)을 주관하게 하셨으니, 세상 모든 사람이 한 근원에서 나왔은즉 다 동포요 형제다.
6. 우리의 시조(始祖)가 선악 간 택할 자유능(自由能)이 있었는데 시험을 받아 하나님께 범죄한지라. 아담으로부터 보통 생육법(生育法)에 의하여 출생하는 모든 인종들이 그의 안에서 그의 범죄에 동참하여 타락하였으니, 사람의 원죄(原罪)와 및 부패한 성품 밖에 범죄할 능(能)이 있는 자가 일부러 짓는 죄도 있은즉 모든 사람이 금세와 내세에 하나님의 공평한 진노와 형벌을 받는 것이 마땅하다.
7. 인류의 죄와 부패함과 죄의 형벌에서 구원하시고 영생을 주고자 하사 하나님의 무한하신 사랑으로 그의 영원하신 독생자 주 예수 그리스도를 세상에 보내셨으니, 그로만 하나님께서 육신을 이루었고 또 그로만 사람이 구원을 얻을 수 있다. 그 영원한 아들이 참 사람이 되사 그 후로 한 위에 특수한 두 성품이 있어 영원토록 참 하나님이시요, 참 사람이시라. 성령의 권능으로 잉태하사 동정녀(童貞女) 마리아에게 났으되 오직 죄는 없는 자시라. 죄인을 대신하여 하나님의 법에 완전히 복종하시고 몸을 드려 참되고 온전한 제물이 되사 하나님의 공의를 만족하게 하시며 사람으로 하여금 하나님과 화목하게 하시려고 십자가(十字架)에 못 박혀 죽으시고 죽은 자 가운데서 3일 만에 부활하사 하나님 우편에 승좌하시고 그 백성을 위하여 기도하시다가 저리로서 죽은 자를 살리시고 세상을

심판하러 재림하신다.

8. 성부와 성자로부터 오신 성령께서 인생으로 구원에 참여하게 하시나니 인생으로 죄와 비참을 깨닫게 하시며 그 마음을 밝혀 그리스도를 알게 하시고 그 의지를 새롭게 하시고 권하시며 권능을 주어 복음에 값없이 주마 한 예수 그리스도를 받게 하시며 또 그 안에서 역사하여 모든 의의 열매를 맺게 하신다.

9. 하나님께서 세상을 창조하시기 전에 그리스도 안에서 자기 백성을 택하사 사랑하시므로 그 앞에서 거룩하고 흠이 없게 하시고 그 기쁘신 뜻대로 저희를 미리 작정하사 예수 그리스도로 말미암아 자기의 아들을 삼으셨으니 그 사랑하시는 아들 안에서 저희에게 두텁게 주시는 은혜의 영광을 찬미하게 하려는 것이로되 오직 세상 모든 사람에게 대하여는 온전한 구원을 값없이 주시려고 하여 명하시기를 너희 죄를 회개하고 주 예수 그리스도를 자기의 구주로 믿고 의지하여 본받으며 하나님의 나타내신 뜻을 복종하여 겸손하고 거룩하게 행하라 하셨으니 그리스도를 믿고 복종하는 자는 구원을 얻는지라. 저희가 받은 바 특별한 유익은 의가 있게 하심과 양자(養子)가 되어 하나님의 아들의 수(數)에 참여하게 하심과 성령의 감화로 거룩하게 하심과 영원한 영광이니 믿는 자는 이 세상에서도 구원 얻는 줄로 확실히 알 수 있고 기뻐할지라. 성령께서 은혜의 직분을 행하실 때에 은혜 베푸시는 방도는 특별히 성경 말씀과 성례와 기도다.

10. 그리스도께서 세우신 성례(聖禮)는 세례와 성찬이라. 세례는 물을 가지고 성부와 성자와 성령의 이름으로 씻음이니 우리가 그리스도와 병합하는 표적과 인(印)침인데 성령으로 거듭남과 새롭게 하심과 주께 속한 것임을 약속하는 것이라. 이 예(禮)는 그리스도 안에

서 신앙을 고백하는 자와 그들의 자녀들에게 베푸는 것이요, 주의 성찬은 그리스도의 죽으심을 기념하여 떡과 잔에 참여하는 것이니 믿는 자가 그 죽으심으로 말미암아 나는 유익을 받는 것을 인쳐 증거하는 표라. 이 예(禮)는 주께서 오실 때까지 주의 백성이 행할지니 주를 믿고 그 속죄제를 의지함과 거기서 좇아 나는 유익을 받음과 더욱 주를 섬기기로 언약(言約)함과 주와 및 여러 교우로 더불어 교통하는 표라. 성례의 유익은 성례의 본덕(本德)으로 말미암음도 아니요, 성례를 베푸는 자의 덕으로 말미암음도 아니요, 다만 그리스도의 복 주심과 믿음으로써 성례를 받는 자 가운데 계신 성령의 행하심으로 말미암음이다.

11. 모든 신자의 본분은 입교(入敎)하여 서로 교제하며, 그리스도의 성례와 그 밖의 법례(法例)를 지키며, 주의 법을 복종하며, 항상 기도하며, 주일을 거룩하게 지키며, 주를 경배하기 위하여 함께 모여 주의 말씀으로 강도(講道)함을 자세히 들으며, 하나님께서 저희로 하여금 풍성하게 하심을 좇아 헌금하며, 그리스도의 마음과 같은 심사(心思)를 서로 표현하며, 또한 일반 인류에게도 그와 같이 할 것이요, 그리스도의 나라가 온 세상에 확장되기 위하여 힘쓰며, 주께서 영광 가운데서 나타나심을 바라고 기다릴 것이다.

12. 죽은 자가 끝날에 부활함을 받고 그리스도의 심판하시는 보좌 앞에서 이 세상에서 선악 간 행한 바를 따라 보응(報應)을 받을 것이니 그리스도를 믿고 복종한 자는 현저히 사(赦)함을 얻고 영광 중에 영접을 받으려니와, 오직 믿지 아니하고 악을 행한 자는 정죄함을 입어 그 죄에 적당한 형벌을 받는다.

승인식

교회의 신조는 하나님의 말씀에 기초하고 하나님의 말씀과 일치한 것으로 내가 믿으며 이를 또한 나의 개인의 신조로 공포하노라.

II
성경 소요리문답

성경 소요리문답

문 1 사람의 제일 되는 목적이 무엇인가?

답 사람의 제일 되는 목적은 하나님을 영화롭게 하는 것과 영원토록 그를 즐거워하는 것이다.
(고전 10:31, 롬 11:36, 시 73:24~26, 요 17:22~24)

문 2 하나님께서 무슨 규칙을 우리에게 주시어 어떻게 자기를 영화롭게 하고 즐거워할 것을 지시하셨는가?

답 신구약 성경에 기재된 하나님의 말씀은 어떻게 우리가 그를 영화롭게 하고 즐거워할 것을 지시하는 유일한 규칙이다.
(갈 1:8~9, 사 8:20, 눅 16:29~31, 24:27, 44, 요 15:11, 딤후 3:15~17, 벧후 3:2, 15, 16)

문 3 성경이 제일 요긴하게 교훈하는 것이 무엇인가?

답 성경이 제일 요긴하게 교훈하는 것은 사람이 하나님에 대하여 어떻게 믿을 것과 하나님께서 사람에게 요구하시는 본분이다.
(미 6:8, 요 5:39, 20:31, 3:16, 고전 10:11, 롬 15:4, 요일 1:3~4)

문 4 하나님은 어떤 분이신가?

답 하나님은 신이신데 그의 존재하심과 지혜와 권능과 거룩하심과 공의와 인자하심과 진실하심이 무한하시며, 무궁하시며, 불변하시다.
(요 4:24, 시 90:2, 말 3:6, 약 1:17, 왕상 8:27, 렘 23:24, 사 40:22, 시 147:5, 롬 16:27, 창 17:1, 계 19:6, 사 57:15, 요 17:11, 계 4:8, 신 32:4, 시 100:5, 롬 2:4, 출 34:6, 시 117:2, 출 3:14, 시 145:3)

문 5 하나님 한 분 밖에 또 다른 하나님이 계신가?
답 한 분뿐이시니 참되시며 살아 계신 하나님이다.
(신 6:4, 렘 10:10, 요 17:3, 고전 8:4)

문 6 하나님의 신격에 몇 위가 계신가?
답 하나님의 신격에 삼위가 계시니 성부와 성자와 성령이신데 이 삼위는 한 하나님이시다. 본체는 하나요 권능과 영광은 동등이시다.
(고후 13:13, 마 3:16~17, 28:19, 고후 8:14, 요 1:1, 17:5, 행 5:3~4, 히 1:3)

문 7 하나님의 예정이 무엇인가?
답 하나님의 예정은 그 뜻대로 하신 영원한 경륜이신데, 이로 말미암아 자기의 영광을 위하여 모든 되어가는 일을 미리 작정하신 것이다.
(엡 1:11, 행 4:27~28, 시 33:11, 엡 2:10, 롬 9:22~23, 11:33, 행 2:23)

문 8 하나님께서 그 예정을 어떻게 이루시는가?
답 하나님께서 그 예정을 이루시는 것은 창조와 섭리하시는 일로 하신다.
(계 4:11, 엡 1:11, 단 4:35, 사 40:26)

문 9 창조하신 일이 무엇인가?
답 창조하신 일은 하나님께서 엿새 동안에 아무 것도 없는 중에서 그 권능의 말씀으로써 만물을 지으신 일인데 다 매우 좋았다.
(히 11:3, 계 4:11, 창 1:1, 31, 시 33:9)

문 10 하나님께서 사람을 어떻게 지으셨는가?
답 하나님께서 사람을 남녀로 지으시되 자기의 형상대로 지식과 공의와 거룩함이 있게 지으사 모든 생물을 주관하게 하셨다.
(창 1:27, 골 3:10, 엡 4:24, 창 1:28)

문 11 하나님의 섭리하시는 일이 무엇인가?
답 하나님의 섭리하시는 일은 지극히 거룩함과 지혜와 권능으로써 모든 창조물과 그 모든 행동을 보존하시며 치리하시는 일이다.
(시 145:17, 104:24, 히 1:3, 시 103:19, 마 10:29~30, 느 9:6)

문 12 사람이 창조함을 받은 본 지위에 있을 때에 하나님께서 저를 향하여 섭리하시는 중에 무슨 특별한 작정을 하셨는가?
답 하나님께서 사람을 창조하신 후에 완전히 순복하는 것을 조건으로 삼아 생명의 언약을 맺고 선악을 분별하는 나무의 실과를 먹는 것은 사망의 벌로써 금하셨다.
(창 2:16~17, 롬 5:12~14, 10:5, 눅 12:25~28, 갈 3:12)

문 13 우리 시조가 창조함을 받은 본 지위에 그대로 있었는가?
답 우리 시조가 임의대로 자유함을 인하여 하나님께 죄를 범함으로 창조함을 받은 본 지위에서 타락하였다.
(창 3:6~8, 고후 11:3, 롬 5:12)

문 14 죄가 무엇인가?
답 죄는 하나님의 법을 순종함에 부족한 것이나 혹 어기는 것이다.
(요일 3:4, 약 4:17, 롬 3:23, 4:15, 약 2:10)

문 15 우리 시조가 창조함을 받은 본 지위에서 타락하게 된 죄가 무엇인가?
답 우리 시조가 창조함을 받은 본 지위에서 타락하게 된 죄는 그 금하신 실과를 먹은 것이다.
(문 13 참조, 창 3:6, 12~13)

문 16 모든 인종은 아담의 첫 범죄 중에 타락하였는가?
답 아담으로 더불어 언약을 세운 것은 저만 위하여 하신 것이 아니요, 그 후 자손까지 위하여 하신 것이므로 그로부터 보통 생육법으로 출생하는 인종은 모두 그의 안에 있어서 그의 첫 범죄에 참여하여 그와 함께 타락하였다.
(행 17:26, 문 12 참조, 창 1:18, 2:17, 고전 15:21~22)

문 17 이 타락이 인종으로 하여금 어떠한 지위에 이르게 하였는가?
답 이 타락은 인종으로 하여금 죄와 비참한 처지에 이르게 하였다.
(롬 5:12, 갈 3:10)

문 18 사람이 타락한 지위에서 죄 되는 것이 무엇인가?
답 사람이 타락한 지위에서 죄 되는 것은 아담의 첫 범죄에 유죄한 것과 근본 의가 없는 것과 온 성품이 부패한 것인데 이것은 보통으로 원죄라 하는 것이요, 아울러 원죄로 말미암아 나오는 모든 죄다.
(롬 5:12, 18~19, 고전 15:22, 롬 5:6, 엡 2:1~3, 롬 8:7~8, 창 6:5, 약 1:14~15, 마 15:19)

문 19 사람이 타락한 지위에서 비참한 것이 무엇인가?
답 모든 인종이 타락함을 인하여 하나님과 교제가 끊어지고 또 그의 진노와 저주 아래 있어서 생전에 모든 비참함과 사망과 영원한 지옥의 벌을 받게 되었다.
(창 3:8, 24, 엡 2:3, 롬 5:14, 6:23, 막 9:47~48)

문 20 하나님께서 모든 인종을 죄와 비참한 지위에서 멸망하게 버려 두셨는가?
답 하나님께서 홀로 그 선하신 뜻대로 영원부터 구속받을 자들을 영생 얻게 하시려고 선택하시고 은혜의 언약을 세우셔서 구속자로 말미암아 저희를 죄와 비참한 지위에서 건져 내시고 구원의 자리에 이르게 하려 하셨다.
(엡 1:4~7, 딛 1:2, 3:4~7, 갈 3:21, 롬 3:20~22, 요 17:6)

문 21 하나님의 선택하신 자의 구속자가 누구신가?
답 하나님의 선택하신 자의 구속자는 다만 주 예수 그리스도뿐이신데, 그는 하나님의 영원한 아들로서 사람이 되셨으니 그 후로 한 위에 특수한 두 가지 성품이 있어 영원토록 하나님이시요 사람이시다.
(딤전 2:5, 요 1:1, 14, 10:30, 갈 4:4, 빌 2:5~11, 롬 9:5, 골 2:9, 히 13:8)

문 22 그리스도께서 하나님의 아들로서 어떻게 사람이 되셨는가?
답 하나님의 아들 그리스도께서 사람이 되신 것은 참몸과 지각 있는 영혼을 취하사 성령의 권능으로 동정녀 마리아에게 잉태되어 탄생하셨으나 죄는 없으시다.
(요 1:14, 히 2:14, 마 26:38, 눅 1:31~42, 갈 4:4, 히 4:15, 7:26, 눅 2:5)

문 23 그리스도께서 우리의 구속자로 무슨 직분을 행하시는가?
답 그리스도께서 우리의 구속자로 선지자와 제사장과 왕의 직분을 행하시되 낮아지시고 높아지신 두 지위에서 하신다.
(행 3:22, 히 5:5~6, 4:14~15, 계 19:16, 사 9:6~9, 시 2:6)

문 24 그리스도께서 어떻게 선지자의 직분을 행하시는가?
답 그리스도께서 선지자의 직분을 행하시는 것은 우리를 구원하고자 하시는 하나님의 뜻 그 말씀과 성령으로 말미암아 우리에게 나타내시는 것이다.
(요 15:15, 20:31, 벧후 1:21, 요 14:26, 1:1, 4, 18, 16:13, 히 1:1~2)

문 25 그리스도께서 어떻게 제사장의 직분을 행하시는가?
답 그리스도께서 제사장의 직분을 행하시는 것은 단번에 자기를 제물로 드려 하나님의 공의에 만족하게 하며 우리를 하나님으로 더불어 화목하게 하시고 또 우리를 위하여 항상 간구하시는 것이다.
(히 7:25, 9:14, 28, 롬 3:26, 10:4, 히 2:17)

문 26 그리스도께서 어떻게 왕의 직분을 행하시는가?
답 그리스도께서 왕의 직분을 행하시는 것은 우리로 하여금 자기에게 복종하게 하시고 우리를 다스리시며 보호하시고 자기와 우리의 모든 원수를 막아 이기시는 것이다.
(시 110:3, 사 33:22, 고전 15:25, 행 12:17, 18:9~10, 2:36)

문 27 그리스도의 낮아지심이 어떠한가?
답 그리스도의 낮아지심은 곧 그의 강생하심인데 또한 비천한 지위에 나셔서 율법 아래 복종하시고 금생에 여러 가지 비참함과 하나님의 진노하심과 십자가에서 저주의 죽음을 받으시고 묻히셔서 얼마 동안 죽음의 권세 아래 거하신 것이다.
(눅 2:7, 빌 2:6~8, 고후 8:9, 갈 4:4, 사 53:3, 마 27:46, 눅 22:41~44, 갈 3:13, 고전 15:3~4)

문 28 그리스도의 높아지심이 어떠한가?
답 그리스도의 높아지심은 사흘 만에 죽은 가운데서 다시 살아나신 것과 하늘로 올라가신 것과 하나님 아버지의 우편에 앉아 계신 것과 마지막 날에 세상을 심판하러 오시는 것이다.
(고전 15:3~4, 행 1:9, 엡 1:19~20, 행 1:11, 17:31)

문 29 우리로 어떻게 그리스도의 사신 구속에 참여하게 하시는가?
답 우리로 그리스도의 사신 구속에 참여하게 하시는 것은 그의 성령께서 우리에게 구속을 효력 있게 적용하심을 인함이다.
(요 1:12~13, 3:5~6, 딛 3:5~6)

문 30 성령께서 그리스도의 사신 구속을 우리에게 어떻게 적용하셨는가?
답 성령께서 그리스도의 사신 구속을 우리에게 적용하시는 것은 우리 안에 믿음을 일으키시고 또 효력 있는 부르심으로써 우리를 그리스도와 연합하게 하시는 것이다.
(엡 2:8, 요 15:5, 고전 1:9, 6:17, 벧전 5:10, 엡 4:15~16, 갈 2:20)

문 31 효력 있는 부르심이 무엇인가?
답 효력 있는 부르심은 하나님의 신이 하시는 일이니 우리의 죄와 비참을 깨닫게 하시고 또 우리의 마음을 밝혀 그리스도를 알게 하시고 우리의 의지를 새롭게 하시고 우리를 권하사 능히 복음 중에 값없이 주시는 예수 그리스도를 믿도록 하시는 것이다.
(딤후 1:8~9, 엡 1:18~20, 행 2:37, 26:28, 겔 11:19, 36:26~27, 요 6:44~45, 엡 2:5, 살후 2:13, 빌 2:13)

문 32 효력 있는 부르심을 받은 자들은 금생에서 무슨 유익을 얻는가?
답 효력 있는 부르심을 받은 자들은 금생에서 의롭다 하심과 양자로 삼는 것과 거룩하게 하심을 얻고 또 금생에서 이와 함께 받는 여러 가지 유익과 여기서 나오는 여러 가지 유익을 받는다.
(롬 8:30, 엡 1:5, 고전 1:30)

문 33 의롭다 하심은 무엇인가?

답 의롭다 하심은 하나님의 값없는 은혜로 정하신 것인데 저가 우리의 모든 죄를 사유하시고 그 앞에서 우리를 옳게 여겨 받으시는 것이니 이는 다만 그리스도의 의를 우리에게 돌려 주심인데 우리는 오직 믿음만으로 받는 것이다.

(엡 1:7, 고후 5:19~21, 롬 4:5, 3:22, 24, 25, 5:17~19, 4:6~8, 5:1, 행 10:43, 갈 2:16)

문 34 양자로 삼는 것이 무엇인가?

답 양자로 삼는 것은 하나님의 값없는 은혜로 정하신 것인데 이로써 우리를 하나님의 자녀의 수효 중에 들게 하시고 그 모든 특권을 누리게 하시는 것이다.

(요일 3:1~2, 요 1:12, 롬 8:17)

문 35 거룩하게 하신 것이 무엇인가?

답 거룩하게 하신 것은 하나님의 값없는 은혜의 역사이신데 이로써 우리가 하나님의 형상을 좇아 온 사람이 새로워짐을 얻고 점점 죄에 대하여서는 능히 죽고, 의에 대하여서는 능히 살게 되는 것이다.

(살후 2:13, 엡 4:23~24, 롬 6:4, 6, 14, 8:4, 벧전 1:2)

문 36 금생에서 의롭다 하심과 양자로 삼으신 것과 거룩하게 하심에서 함께 받는 유익과 여기서 나오는 유익이 무엇인가?

답 금생에서 의롭다 하심과 양자로 삼으신 것과 거룩하게 하심에서 함께 받는 유익과 여기서 나오는 유익은 하나님의 사랑을 확실히 아는 것과 양심의 화평한 것과 성령 안에서 얻는 쾌락과 은혜의 증가함과 끝까지 굳게 참는 것이다.
(롬 5:1, 2, 5, 14:17, 골 1:10~11, 잠 4:18, 엡 3:16~18, 벧후 3:18, 렘 32:40, 요일 2:19~27, 계 14:12, 벧전 1:5, 요일 5:13, 요 1:16, 빌 1:6)

문 37 신자가 죽을 때에 그리스도에게서 무슨 유익을 받는가?
답 신자가 죽을 때에 그 영혼이 완전히 거룩하게 되어 즉시 영광 중에 들어가고 그 몸은 여전히 그리스도께 연합하여 부활할 때까지 무덤에서 쉰다.
(눅 23:43, 16:23, 빌 1:23, 고후 5:6~8, 롬 8:23, 살전 4:14, 계 14:13, 19:8, 행 7:55~59, 요 5:28)

문 38 신자가 부활할 때에는 그리스도에게서 무슨 유익을 받는가?
답 신자가 부활할 때에는 영광 중에 다시 살아남을 입어 심판날에 밝히 안다 하심과 죄 없다 하심을 받고 완전히 복을 받아 영원토록 하나님을 흡족하게 즐거워하는 것이다.
(고전 15:42~43, 마 25:33~34, 10:32, 살전 4:17, 시 16:11, 고전 2:9)

문 39 하나님께서 사람에게 요구하시는 본분이 무엇인가?
답 하나님께서 사람에게 요구하시는 본분은 그 나타내 보이신 뜻을 복종하는 것이다.
(신 29:29, 미 6:8, 삼상 15:22, 눅 10:28)

문 40 하나님께서 자기에게 복종할 규칙으로 사람에게 처음 나타내 보이신 것이 무엇인가?

답 하나님께서 자기에게 복종할 규칙으로 사람에게 처음 나타내 보이신 것은 도덕의 법칙이다.

(롬 2:14~15, 10:5)

문 41 이 도덕의 법칙이 어디에 간략히 포함되었는가?

답 이 도덕의 법칙은 십계명에 간략히 포함되었다.

(마 19:17~19, 신 10:4)

문 42 십계명의 대강령이 무엇인가?

답 십계명의 대강령은 우리의 마음을 다하고 성품을 다하고 뜻을 다하고 힘을 다하여 주 우리 하나님을 사랑하고 또 이웃 사랑하기를 자기 몸과 같이 하라 하신 것이다.

(마 22:37~40)

문 43 십계명의 서문이 무엇인가?

답 십계명의 서문은 이러한 말이니 곧 나는 너희 하나님이시니 너를 종 되었던 애굽 땅에서 나오게 한 자로다 하신 것이다.

(출 20:2, 신 5:6)

문 44 십계명의 서문이 우리에게 교훈하는 것이 무엇인가?

답 십계명의 서문이 우리에게 교훈하는 것은 하나님께서 주도 되시고, 우리 하나님도 되시고 또 우리의 구속자도 되시는 고로 우리가 마땅히 그의 계명을 지켜야 하겠다 하는 것이다.

(신 11:1, 벧전 1:17~19)

문 45 제 일 계명이 무엇인가?
답 제 일 계명은 「나 외에 다른 신을 위하지 말라」 하신 것이다.
(신 5:7, 출 20:3)

문 46 제 일 계명이 명하는 것은 무엇인가?
답 제 일 계명이 우리에게 명하는 것은 하나님은 유일한 참신이 되심과 우리의 하나님이 되심을 알고 승인하여 그대로 그에게 경배하며 영화롭게 하라 하는 것이다.
(대상 28:9, 신 26:17, 마 4:10, 시 95:6~7, 29:2)

문 47 제 일 계명이 금하는 것은 무엇인가?
답 제 일 계명이 금하는 것은 참신을 하나님으로 알지 아니하거나 우리의 하나님으로 경배하지 않고 영화롭게도 하지 아니하는 것과 그에게만 드리기에 합당한 경배와 영화를 다른 이에게 드리는 것이다.
(롬 1:20~21, 시 81:11, 14:1, 롬 1:25)

문 48 제 일 계명 중에 「나 외에」라 한 말씀이 우리에게 특별히 교훈하는 것이 무엇인가?
답 제 일 계명 중에 「나 외에」라 한 말씀이 우리에게 특별히 교훈하는 것은 만물을 보시는 하나님이 아무 다른 신을 위하는 죄를 내려다보시고 분하게 여기시는 것이다.
(대상 28:9, 시 44:20~21, 134:1~3, 신 30:17~18)

문 49 제 이 계명이 무엇인가?

답 제 이 계명은 「우상을 만들지 말지니 위로 하늘에 있는 것이나 아래로 땅에 있는 것이나 땅 아래 물 속에 있는 것의 무슨 형상이든지 만들지 말고 절하지 말고 섬기지 말라 나 여호와 너의 하나님은 진노하는 신이시니 나를 미워하는 자에게는 아비의 죄를 자손 삼사 대까지 이르게 하고 나를 사랑하며 내 계명을 지키는 자에게는 은혜를 수천 대까지 베풀리라」 하신 것이다.

(출 20:4~6)

문 50 제 이 계명이 명하는 것이 무엇인가?

답 제 이 계명이 명하는 것은 하나님이 그 말씀 중에 정하신 종교상 모든 예배와 규례를 받아 순종하며 깨끗하고 완전하게 지키라 하는 것이다.

(신 12:32, 32:46, 마 28:20)

문 51 제 이 계명이 금하는 것이 무엇인가?

답 제 이 계명이 금하는 것은 우상으로 하나님을 경배하거나, 하나님의 말씀에 정하지 아니한 어떤 다른 방법으로 경배하는 것이다.

(신 4:15~16, 17~19, 행 17:29, 신 12:30~32)

문 52 제 이 계명이 「지키라」 한 이유가 무엇인가?

답 제 이 계명에 지키라 한 이유는 하나님이 우리의 주재가 되시며 우리의 소유자가 되시며 홀로 자기에게만 경배하는 것을 바라시는 것이다.

(시 95:2~3, 45:11, 출 34:14, 시 100:3, 고전 10:22)

문 53 제 삼 계명이 무엇인가?

답 제 삼 계명은 「너희 하나님 여호와의 이름을 망령되이 일컫지 말라 여호와의 이름을 망령되이 일컫는 자를 죄 없다 아니하리라」 하신 것이다.

(출 20:7)

문 54 제 삼 계명이 명하는 것은 무엇인가?

답 제 삼 계명이 명하는 것은 하나님의 이름과 칭호와 속성과 규례와 말씀과 행사를 거룩하고 존경하는 마음으로 사용하라 하는 것이다.

(시 29:2, 마 6:9, 계 15:3~4, 말 1:14, 시 138:2, 107:21~22, 전 5:1, 시 104:24)

문 55 제 삼 계명이 금하는 것은 무엇인가?

답 제 삼 계명이 금하는 것은 무엇이든지 하나님이 자기를 나타내신 것을 훼방하거나 악용하는 것이다.

(말 2:2, 레 19:12, 마 5:34~35)

문 56 제 삼 계명이 「지키라」 한 이유가 무엇인가?

답 제 삼 계명에 지키라 한 이유는 이 계명을 범하는 자가 비록 사람에게는 형벌을 피할지라도 주 우리 하나님은 저희로 하여금 그 의로우신 심판을 피하지 못하게 하시는 것이다.

(신 28:58~59)

문 57 제 사 계명이 무엇인가?

| 답 | 제 사 계명은 「안식일을 기억하여 거룩한 날로 지키라 엿새 동안에 네 모든 일을 힘써 하고 제 칠일은 너희 하나님 여호와의 안식일이니 너나 네 자녀나 네 노비나 네 육축이나 네 문안에 유하는 객이라도 일하지 말라 엿새 동안에 여호와가 하늘과 땅과 바다와 그 가운데 만물을 지으시고 제 칠일에 쉬셨으니 그러므로 여호와가 안식일을 거룩한 날로 삼고 복을 주셨느니라」 하신 것이다.
(출 20:8~11)

문 58 제 사 계명이 명하는 것은 무엇인가?
답 제 사 계명이 명하는 것은 하나님의 말씀 중에 명하신 절기를 그의 앞에 거룩히 지키는 것이니 특별히 칠일 중에 하루를 종일토록 그의 안식일로 삼으라 하는 것이다.
(레 19:3, 신 5:12, 사 56:2~7)

문 59 하나님께서 칠일 중에 어느 날을 안식일로 명하셨는가?
답 세상 시작으로부터 그리스도의 부활하시기까지는 하나님이 이레 중에 일곱째 날을 안식일로 명하셨고, 그 후로부터 세상 끝날에 이르기까지는 이레 중에 첫날로 명하셨으니 곧 그리스도인의 안식일이다.
(창 2:3, 눅 23:56, 행 20:7, 고전 16:2, 요 20:19, 출 16:23)

문 60 어떻게 하여야 안식일을 거룩하게 하겠는가?
답 안식일을 거룩하게 하는 것은 그날 종일을 거룩하게 쉼으로 할 것이니 다른 날에 합당한 여러 가지 세상 일과 오락까지 그치고 그 시간을 공사간의 예배에 바쳐 사용할 것이요, 그 외에는 사세 부득이한 일과 자선 사업에 사용할 수 있다.
(레 23:3, 출 16:25~29, 렘 17:21~22, 눅 4:16, 사 58:3, 행 20:7, 마 12:11, 막 2:27)

문 61 제 사 계명이 금하는 것은 무엇인가?

답 제 사 계명이 금하는 것은 그 명한 바 의무를 이행하지 아니하거나 혹 주의하지 아니하여 나태함으로써 그 날을 더럽게 하거나 죄 되는 일을 행하거나 세상의 여러 가지 일과 오락에 대하여 불필요한 생각과 말과 행동을 하는 것이다.
(겔 22:26, 말 1:13, 겔 23:38, 사 58:13, 렘 17:24, 27)

문 62 제 사 계명이 「지키라」 한 이유가 무엇인가?

답 제 사 계명에 지키라 한 이유는 하나님이 우리의 행할 여러 가지 일을 위하여 여섯 날을 허락하시고 제 칠일은 자기가 특별히 주장하는 이가 되었다 하심과 자기가 친히 모범을 보이신 것과 안식일을 축복하신 것이다.
(출 31:15~16, 레 23:3, 출 31:17, 창 2:3)

문 63 제 오 계명이 무엇인가?

답 제 오 계명은 「네 부모를 공경하라 그리하면 너희 하나님이 준 땅에서 네가 오래 살리라」 하신 것이다.
(출 20:12)

문 64 제 오 계명이 명하는 것은 무엇인가?

답 제 오 계명이 명하는 것은 각 사람에게 그 속한 지위와 인류 관계 곧 상하와 평등을 따라 높일 자를 높이고 행할 일을 하라 하는 것이다.
(엡 5:21~22, 6:1~5, 9, 롬 13:1, 12:10, 레 19:32, 롬 8:1)

문 65 제 오 계명이 금하는 것이 무엇인가?
답 제 오 계명이 금하는 것은 각 사람에게 그 속한 지위와 인류 관계를 따라 마땅히 높일 것과 행할 일을 하게 하지 아니하는 것이나 막는 것이다.
(롬 13:7~8)

문 66 제 오 계명이 「지키라」 한 이유가 무엇인가?
답 제 오 계명에 지키라 한 이유는 이 계명을 지키는 모든 자에게 장수함과 흥왕하는 복을 허락하심이니 다만 하나님께 영광을 돌리고 사람에게 이익이 있도록만 주시는 것이다.
(엡 6:2~3)

문 67 제 육 계명이 무엇인가?
답 제 육 계명은 「살인하지 말라」 하신 것이다.
(출 20:13)

문 68 제 육 계명이 명하는 것은 무엇인가?
답 제 육 계명이 명하는 것은 일체 합리한 법대로 우리의 생명과 남의 생명을 힘써 보전하라 하는 것이다.
(마 5:21, 시 82:3~4, 욥 29:13, 왕상 18:4, 엡 5:29~30)

문 69 제 육 계명이 금하는 것은 무엇인가?

답 제 육 계명이 금하는 것은 불의하게 우리의 생명이나 이웃의 생명을 빼앗거나 해하는 일들이다.

(행 16:28, 창 9:6, 마 5:22, 요일 3:15, 갈 5:15, 잠 24:11~12, 출 21:18~32, 신 24:6)

문 70 제 칠 계명이 무엇인가?

답 제 칠 계명은 「간음하지 말라」 하신 것이다.

(출 20:14)

문 71 제 칠 계명이 명하는 것은 무엇인가?

답 제 칠 계명이 명하는 것은 생각과 말과 행동으로 우리와 및 이웃의 정조를 보존하라 하는 것이다.

(마 5:28, 엡 4:29, 골 4:6, 벧전 3:2, 살전 4:4~5, 고전 7:2, 엡 5:11~12)

문 72 제 칠 계명이 금하는 것은 무엇인가?

답 제 칠 계명이 금하는 것은 모든 깨끗지 못한 생각과 말과 행동이다.

(마 5:28, 엡 5:3~4)

문 73 제 팔 계명이 무엇인가?

답 제 팔 계명은 「도적질하지 말라」 하신 것이다.

(출 20:15)

문 74 제 팔 계명이 명하는 것은 무엇인가?

답 제 팔 계명이 명하는 것은 합리한 법대로 우리와 남의 재물과 산업을 얻고 또 증진하라 하는 것이다.

(살후 3:10~12, 롬 12:17, 잠 27:23, 레 25:35, 빌 2:4, 잠 13:4, 20:4, 24:30~34, 신 15:10)

문 75 제 팔 계명이 금하는 것은 무엇인가?

답 제 팔 계명이 금하는 것은 우리와 남의 재물과 산업을 불의하게 방해하거나 혹 방해될 만한 일이다.

(딤전 5:8, 엡 4:28, 잠 21:6, 살후 3:7~10, 잠 28:19, 약 5:4)

문 76 제 구 계명이 무엇인가?

답 제 구 계명은 「네 이웃을 해하려고 거짓 증거하지 말라」 하신 것이다.

(출 20:16)

문 77 제 구 계명이 명하는 것은 무엇인가?

답 제 구 계명이 명하는 것은 특히 증거할 때에 피차 진실함과 또 우리와 이웃의 명예를 보존하며 증진하게 하라 하는 것이다.

(잠 14:5, 25, 슥 8:16, 벧전 3:16, 행 25:10, 요삼 1:12, 엡 4:15)

문 78 제 구 계명이 금하는 것은 무엇인가?

답 제 구 계명이 금하는 것은 무엇이든지 진실함에 해 되는 일이나 혹은 이웃의 명예를 상하게 하는 것이다.

(잠 19:5, 9:16~19, 눅 3:14, 시 15:3, 골 3:9, 시 12:3, 고후 8:20~21)

문 79 제 십 계명이 무엇인가?

답 제 십 계명은 「네 이웃의 집이나 아내나 노비나 소나 나귀나 네 이웃에 있는 것을 탐내지 말라」 하신 것이다.
(출 20:17)

문 80 제 십 계명이 명하는 것은 무엇인가?

답 제 십 계명이 명하는 것은 우리 처지를 만족히 여기며 이웃과 그 있는 모든 것에 대하여 의롭고 사랑하는 마음을 품으라 하는 것이다.
(히 13:5, 롬 12:15, 빌 2:4, 고전 13:4~6, 딤전 6:6, 레 19:18)

문 81 제 십 계명에 금하는 것이 무엇인가?

답 제 십 계명에 금하는 것은 우리의 처지를 부족히 여기거나 이웃의 행복을 시기하거나 한하거나 이웃에 있는 모든 물건에 대한 불의한 행동과 감정이다.
(고전 10:10, 갈 5:26, 골 3:5)

문 82 아무 사람이나 능히 하나님의 계명을 완전히 지킬 수 있는가?

답 타락한 후로 사람만으로는 금생에서 하나님의 계명을 완전히 지킬 수 없고 날마다 생각과 말과 행동으로써 범한다.
(왕상 8:46, 요일 1:8~2:6, 창 8:21, 약 3:2, 8, 롬 3:9~10, 8:8)

문 83 법을 범한 모든 죄가 다 같이 악한가?

답 어떠한 죄는 그 본질과 여러 가지 얽힌 끝이 있으므로 하나님 앞에서 다른 죄보다 더 악함이 있다.

(시 19:13, 요 19:11, 마 11:24, 눅 12:10, 히 10:29)

문 84 범한 죄마다 마땅히 받을 보응이 무엇인가?
답 범한 죄마다 받을 보응은 이 세상과 오는 세상에서 하나님의 진노와 저주다.
(갈 3:10, 마 25:41, 약 2:10)

문 85 우리가 죄를 인하여 하나님께 받을 진노의 저주를 피하게 하려고 하나님이 우리에게 요구하시는 것이 무엇인가?
답 우리가 죄를 인하여 하나님께 마땅히 받을 진노와 저주를 피하게 하려고 하나님이 우리에게 요구하시는 것은 예수 그리스도를 믿는 것과 생명에 이르는 회개와 그리스도가 우리에게 구속의 유익을 전하는 여러 가지 나타내는 방법을 힘써 사용하라는 것이다.
(행 20:21, 막 1:15, 요 3:18, 문 88 참조, 벧후 1:10, 히 2:3, 딤전 4:16)

문 86 예수 그리스도를 믿는 것은 무엇인가?
답 예수 그리스도를 믿는 것은 곧 구원 얻는 은혜인데 이로 말미암아 복음 중에 우리에게 주신 대로 구원을 얻기 위하여 우리가 예수를 영접하고 그에게만 의지하는 것이다.
(히 10:39, 요 6:40, 1:12, 빌 3:9, 행 16:31, 계 22:17)

문 87 생명에 이르는 회개가 무엇인가?
답 생명에 이르는 회개는 곧 구원 얻는 은혜인데 이로 말미암아 죄인이 자기 죄를 참으로 알고 또 그리스도 안에서 하나님의 긍휼하심을 깨달아 자기 죄를 원통히 여기고 미워함으로 죄에서 떠나 하나님께로 돌아가서 든든하게 결심하고 마음과 힘을 다하여 새로이 순종하는 것이다.
(행 11:18, 2:37, 욜 2:13, 고후 7:11, 렘 31:18~19, 행 26:18, 시 119:59, 눅 1:77~79, 고후 7:10, 롬 6:18)

문 88 그리스도께서 우리에게 구원의 유익을 전하시려고 나타내시는 보통 방법이 무엇인가?

답 그리스도께서 우리에게 구원의 유익을 전하시려고 나타내시는 보통 방법은 그의 규례인데 특별히 하나님의 말씀과 성례와 기도이다. 이것이 모두 그 택하신 자에게 효력이 되어 구원을 얻게 한다.
(마 28:19~20, 행 2:41~42)

문 89 하나님의 말씀이 어떻게 효력이 되어 구원을 얻게 하는가?

답 하나님의 말씀을 읽는 것과 특히 강설하는 것으로써 하나님의 신이 효력 있는 방법을 삼아 죄인을 반성시켜 회개하게 하시며 또 믿음으로 말미암아 거룩함과 위로를 더하셔서 구원에 이르게 하신다.
(시 19:7, 119:13, 히 4:12, 살전 1:6, 롬 1:16, 16:25~27, 행 20:32, 느 8:8, 약 1:21, 롬 15:4, 딤후 3:15)

문 90 하나님의 말씀을 어떻게 읽고 들어야 효력이 되어 구원을 얻는 방도가 되는가?

답 하나님의 말씀이 우리로 하여금 구원을 얻게 하는 방도가 되게 하려면 마땅히 부지런함과 예비함과 기도함으로써 생각하며 믿음과 사랑을 우리 마음에 두고 행실에 나타낼 것이다.
(잠 8:34, 눅 8:18, 벧전 2:1~2, 시 119:18, 히 4:2, 살후 2:10, 시 119:11, 18, 눅 8:15, 약 1:25, 신 6:6~7, 롬 1:16)

문 91 성례가 어떻게 효력이 되어 구원을 얻게 하는 방도가 되는가?
답 성례가 효력이 되어 구원을 얻게 하는 방도가 되는 것은 성례 자체로 말미암음도 아니요, 베푸는 자의 덕으로 됨이 아니라, 다만 그리스도의 축복함으로 되며 또 믿음으로 성례를 받는 자 속에 성령이 역사하심으로 되는 것이다.
(벧전 3:21, 행 8:13, 23, 고전 3:7, 6:11, 12:13, 롬 2:28~29)

문 92 성례가 무엇인가?
답 성례는 그리스도께서 세우신 거룩한 예식인데 그리스도와 그 새 언약의 유익을 깨닫는 표로써 표시하여 인쳐 신자들에게 적용하는 것이다.
(마 28:19, 26:26~28, 롬 4:11)

문 93 신약의 성례가 무엇인가?
답 신약의 성례는 세례와 성찬이다.
(마 28:19, 고전 11:23, 행 10:47~48)

문 94 세례가 무엇인가?
답 세례는 물을 가지고 성부와 성자와 성령의 이름으로 씻는 성례인데 우리가 그리스도에게 접합(接合)됨과 은약(恩約)의 모든 유익에 참여함과 주님의 사람이 되기로 약조함을 표시하여 인치는 것이다.

(마 28:19, 갈 3:27, 롬 6:3~4)

문 95 세례는 어떠한 사람에게 베푸는가?

답 세례는 불신자들이 그리스도를 믿고 고백하며 그에게 복종하는 데까지 이르러야 베풀 것이요, 또 입교한 자의 자녀에게 베푸는 것이다.

(행 2:41, 창 17:7, 10, 갈 3:17~18, 29, 행 2:38~39, 18:8, 고전 7:14)

문 96 주의 성찬이 무엇인가?

답 주의 성찬은 곧 성례이니 그리스도의 정하신 대로 떡과 포도즙을 주며 받는 것으로 그 죽으심을 나타냄이다. 합당하게 받는 자들은 육체와 정욕으로 참여함이 아니요, 믿음으로써 그의 몸과 피에 참여하여 자기의 신령하게 받은 양육과 은혜 중에서 장성함으로 그의 모든 효험을 받음이다.

(마 26:26~27, 고전 11:26, 10:16, 엡 3:17, 행 3:21)

문 97 주의 성찬에 합당하게 참여하려면 어떻게 하여야 하는가?

답 주의 성찬에 합당하게 참여하려면 마땅히 주님의 몸을 분별할줄 아는 것과 주님으로써 양식을 삼는 믿음과 회개와 사랑과 서로 순종함에 대하여 스스로 살필 것이니 합당하지 않게 참여하면 두렵건대 먹고 마시는 것이 정죄함을 자청함이 될 것이다.
(고전 11:27~29, 요 6:53~56, 슥 12:10, 요일 4:19, 갈 5:6, 롬 6:4, 17~22)

문 98 기도가 무엇인가?
답 기도는 그리스도의 이름으로 우리의 기원을 하나님께 고하고 그의 뜻에 합당한 것을 간구하여 죄를 자복하며 그의 자비하신 모든 은혜를 감사하는 것이다.
(요 16:23, 시 62:8, 요일 5:14, 단 9:4~6, 빌 4:6, 시 10:17, 145:19, 요일 1:9)

문 99 하나님께서 우리의 기도를 지시하려고 주신 법칙이 무엇인가?
답 하나님의 모든 말씀이 우리의 기도를 지시함에 유용한 것이나 특별히 지시하신 법칙은 그리스도께서 그 제자들에게 가르치신 기도니 보통으로 주기도문이라 하는 것이다.
(딤후 3:16~17, 요일 5:14, 마 6:9, 시 119:170, 롬 8:26)

문 100 주기도문의 첫 말씀이 우리에게 무엇을 교훈하는가?
답 주기도문의 첫 말씀은 곧 하늘에 계신 우리 아버지여 한 것이니 이는 자식이 그 능하고 보호하시기를 예비한 아버지에게 가는 것과 같이 우리가 모든 거룩하게 공경하는 뜻과 든든한 마음으로 하나님께 가까이 오는 것을 가르치고 또 우리가 다른 사람으로 더불어 기도하고 다른 사람을 위하여 기도하라 가르친 것이다.
(사 64:9, 눅 11:13, 롬 8:15, 엡 6:18, 행 12:5, 슥 8:21, 딤전 2:1~2)

문 101 첫 기도에 우리가 무엇을 구하는가?

답 주기도문 첫 기도는 곧 이름을 거룩하게 하옵소서 함인데 하나님께서 자기를 나타내시는 모든 일에 우리와 다른 이로 하여금 능히 그를 영화롭게 하고 또 모든 것을 처리하여 하나님의 영광에 이르게 하옵심을 구하는 것이다.
(시 67:1~3, 살후 3:1, 시 145편, 사 64:1~2, 롬 11:36, 계 4:11)

문 102 둘째 기도에 우리가 무엇을 구하는가?

답 주기도문의 둘째 기도에 나라이 임하옵소서 함은 사단의 나라가 멸망하고 은혜의 나라가 흥왕하여 우리와 다른 사람으로 하여금 그리로 들어가 항상 있게 하시고 또 영광의 나라가 속히 임하게 하옵심을 구하는 것이다.
(시 68:1, 살후 3:1, 시 51:18, 67:1~3, 롬 10:1, 계 22:20, 벧후 3:11~13, 마 9:37~38, 요 12:31)

문 103 주기도문의 셋째 기도에 우리가 무엇을 구하는가?

답 주기도문의 셋째 기도는 뜻이 하늘에서 이룬 것같이 땅에서도 이루어지이다 함인데 하나님께서 은혜를 베푸시사 우리로 하여금 능히 감심(甘心)으로 범사에 그의 의지를 알고 순종하며 복종하기를 하늘에서 천사들이 행함과 같이 하게 하옵시기를 구하는 것이다.
(시 119:34~36, 행 21:14, 시 103:20~22, 마 26:39, 빌 1:9~11)

문 104 주기도문의 넷째 기도에 우리가 무엇을 구하는가?

답 주기도문의 넷째 기도는 곧 오늘날 우리에게 일용할 양식을 주옵소서 함인데 하나님의 은사로써 이 세상에서 여러 가지 좋은 것 중에 만족할 부분을 받게 하시며 아울러 그의 복을 누리게 하옵심을 구하는 것이다.

(잠 10:22, 30:8~9, 딤전 6:6~8)

문 105 주기도문의 다섯째 기도에 우리가 무엇을 구하는가?

답 주기도문의 다섯째 기도는 곧 우리가 우리에게 죄 지은 자를 사하여 준 것같이 우리의 죄를 사하여 주옵소서 함이니 하나님께서 그리스도를 인하여 우리의 모든 죄를 값없이 사하여 주옵소서 함인데 우리가 그의 은혜를 힘입어 능히 진심으로 다른 이의 죄를 사하였은즉 더욱 용감히 간구하는 것이다.

(시 51:1, 2, 7, 롬 3:24~25, 눅 11:4, 마 18:14, 35, 6:15, 막 11:25)

문 106 주기도문의 여섯째 기도에 우리가 무엇을 구하는가?

답 주기도문의 여섯째 기도는 곧 우리를 시험에 들지 말게 하옵시고 다만 악에서 구원하옵소서 하는 것이니 이는 하나님이 혹 우리를 시험에 들지 아니하게 하시거나 시험을 당할 때에 우리를 보호하여 구원하옵소서 하는 기도이다.

(마 26:41, 시 19:13, 고전 10:13, 시 51:10, 12, 요 17:15)

문 107 주기도문의 마지막 구절이 우리에게 무엇을 교훈하는가?

답 주기도문의 마지막 말씀은 곧 대개 나라와 권세와 영광이 아버지께 영원히 있사옵나이다 아멘 하는 것이니 이는 우리로 하여금 기도할 때에 하나님만 믿고 또 기도할 때에 그를 찬송하여 나라와 권세와 영광이 아버지께 있다 하라고 가르친 것이다. 또 우리가 우리의 원하는 뜻의 증거와 들으실 줄 아는 표로 아멘 하는 것이다.
(단 9:18~19, 대상 29:11~13, 계 22:20~21, 빌 4:6, 고전 14:16)

III
성경 대요리문답

성경 대요리문답

문 1   사람의 첫째 되는 목적은 무엇인가?

답   사람의 첫째 되는 목적은 하나님을 영화롭게 함과 영원토록 하나님을 온전히 즐거워함이라.

(롬 11:36, 고전 10:31, 시 73:24~28, 요 17:21~23)

문 2   하나님의 존재가 어떻게 나타나 있는가?

답   인생 가운데 나타난 자연의 빛과 하나님의 하신 일은 하나님의 존재를 명백히 선포하고 있다. 그러나 인생으로 하여금 구원에 이르게 하도록 하나님을 충족하고 유효하게 계시할 수 있는 것은 오로지 하나님의 말씀과 성령뿐이다.

(롬 1:19~20, 시 19:1~3, 행 17:28, 고전 2:9~10, 딤후 3:15~17, 사 59:21)

문 3   하나님의 말씀은 무엇인가?

답   신·구약 성경이 하나님의 말씀이며 신앙과 행위의 유일한 법칙이다.

(딤후 3:16, 벧후 1:19~21, 엡 2:20, 계 22:18~19, 사 8:20, 눅 16:29, 31, 갈 1:8~9, 딤후 3:15~16)

문 4   어떻게 성경이 하나님의 말씀이라는 것이 나타나 있는가?

답   성경 자체가 하나님의 말씀임은 다음과 같은 사실에 나타나 있다. 성경 자체의 존엄성과 순수성, 그 전체의 모든 부분들과 범위의 일치에 나타나 있으니, 그것은 하나님께 모든 영광을 돌리기 위함이며, 죄인들을 확신시켜 개심케 하고 위로하며 육성하며 구원에 이르게 하는 그 빛과 능력에 나타나 있다. 그러나 사람의 마음속에서 성경과 더불어 증거하시는 하나님의 영만이 성경이 바로 하나님의 말씀임을 온전히 설득시키실 수 있다.
(호 8:12, 고전 2:6~7, 시 119:18, 129, 12:6, 19:7~9, 롬 15:4, 행 20:32, 요 16:13~14, 요일 2:20, 27, 요 20:31)

문 5   성경은 주로 무엇을 가르치는가?
답   성경은 주로 사람이 하나님께 대하여 어떻게 믿을 것과 하나님께서 요구하시는 의무가 무엇임을 가르친다.
(딤후 1:13)

사람이 하나님께 대하여 마땅히 믿어야 할 바

문 6   성경은 하나님을 어떻게 알리고 있는가?
답   성경은 하나님의 속성, 신성의 위격들, 하나님의 명령 및 하나님의 명령의 시행을 알게 한다.
(히 11:6, 요일 5:7, 행 15:14, 15, 18, 4:27~28)

문 7   하나님은 어떠한 분이신가?
답   하나님은 영이시니 그 자신의 존재와 영광, 거룩하심과 완전하심에 있어서 무한하시며 전혀 자기 충족하시며 가장 공의로우시며, 가장 자비하시고, 은혜로우시며, 오래 참으시고, 선하심과 진실하심이 풍성하다.
(요 4:24, 출 3:14, 욥 11:7~9, 행 7:2, 딤전 4:15, 마 5:48, 창 17:1, 시 105:2, 말 3:6, 약 1:17, 왕상 8:27, 시 139:1~13, 계 4:8, 히 4:13, 시 147:5, 롬 16:27, 시 6:3, 계 15:4, 신 32:4, 출 34:6)

문 8 하나님과 같은 다른 신들이 있는가?
답 오직 한 분뿐이시니 살아 계시고 참되신 하나님이시다.
(신 6:4, 고전 8:4, 6, 렘 10:10)

문 9 신격에는 몇 위가 있는가?
답 신격에는 삼위가 계시니 곧 성부 성자 성령이시며, 이 삼위일체는 홀로 참되신 영원한 하나님이시며 본체는 하나이며 권능과 영광은 동등하시나 그들의 위적 특성에 있어서만 다르시다.
(요일 5:7, 마 3:16~17, 28:19, 고후 13:13, 요 10:30)

문 10 삼위일체 하나님의 삼위의 구별된 특성은 무엇인가?
답 영원부터 성부가 성자를 낳으심은 성부에게 고유하며, 성자가 성부 하나님에게 나신 바 되심은 성자에게 고유하고, 성령이 성부와 성자에게 나아오심은 성령에게 고유한 것이다.
(히 1:5, 6, 8, 요 1:14, 18, 15:26, 갈 4:6)

문 11 어떻게 성자와 성령이 성부와 동등한 하나님으로 나타나시는가?
답 성경은 오직 하나님께만 고유한 성호, 속성, 일, 예배를 성자와 성령에게 돌림으로써 성자와 성령이 성부와 동등하신 하나님 이심을 나타낸다.
(사 6:3, 5, 8, 요 12:41, 행 28:25, 요일 5:20, 행 5:3~4, 요 1:1, 사 9:6, 요 2:24~25, 고전 2:10~11, 골 1:16, 창 1:2, 마 28:19, 고후 13:14)

문 12 하나님의 작정이란 무엇인가?
답 하나님의 작정은 하나님의 뜻의 도모로 말미암은 지혜롭고 자유하며 거룩한 행위인데 이로 말미암아 자기 영광을 위하여 특히 천사와 사람에 대하여 무엇이든지 일어날 일을 변할 수 없게 영원부터 선정하신 것이다.
(엡 1:11, 롬 11:33, 9:14, 15, 18, 엡 1:4, 11, 롬 9:22~23, 시 33:11)

문 13 천사와 사람에 대하여 하나님은 무엇을 특별히 작정하셨는가?
답 하나님께서는 오로지 그의 사랑으로 인하여 영원 불변한 작정으로 말미암아 때가 차면 나타날 그의 영광스러운 은혜를 찬송케 하시려고 어떤 천사들을 영광을 위하여 택하시고 그리스도 안에서 어떤 사람들을 택하셔서 영생과 그것을 얻는 방편을 주셨으며, 또한 그의 주권과 그 자신의 의지의 신비한 도모(그것에 의하여 하나님께서 그 기쁘신 대로 은총을 주시기도 하시고 거두시기도 하시는)에 따라서 자기의 공의의 영광을 찬송케 하시려고 남은 사람들을 버려두시고 치욕과 진노를 위하여 선정하셨다.
(딤전 5:21, 엡 1:4~6, 살후 2:13~14, 롬 9:17, 18, 21, 22, 마 11:25~26, 딤후 2:20, 유 1:4, 벧전 2:8)

문 14 하나님은 어떻게 자기 작정을 이루시는가?
답 하나님은 자기의 절대적으로 확실한 예지와 그의 뜻의 자유롭고 변할 수 없는 도모에 따라서 창조와 섭리의 일로 작정을 이루신다.
(엡 1:11)

문 15 창조하신 일이 무엇인가?
답 창조하신 일이라는 것은 그것에서 하나님이 자기를 위하여 태초에 그 권능의 말씀으로써 없는 가운데서 엿새 동안에 세상과 만물을 지으셨는데 그 지으신 만물이 다 선하였다.
(창 1장, 히 11:3, 잠 16:4)

문 16 하나님께서 천사를 어떻게 지으셨는가?
답 하나님께서 천사를 영으로 지으셨다. 이는 불사의 영이며, 거룩하며, 지식이 탁월하며, 능력이 강대하며, 하나님의 계명을 지키고, 그 성호를 찬송케 하셨으나 변할 수 있게 지으셨다.
(골 1:16, 시 106:4, 마 22:30, 25:31, 삼하 14:17, 마 24:36, 살후 1:17, 시 103:20~21, 벧후 2:4)

문 17 하나님께서는 사람을 어떻게 지으셨는가?
답 하나님께서 모든 다른 피조물을 만드신 후에 사람을 남녀로 지으셨는데 남자의 몸을 흙으로 지으시고 여자를 남자의 갈비로 지으시고 그들에게 생적, 이성적, 불사의 영혼을 주셨으며, 하나님의 형상대로 지식과 의와 거룩함으로 지으시고 그들의 마음속에 하나님의 법을 기록하시고 피조물 통제권과 함께 하나님의 법을 지킬 수 있는 능력을 주셨으나 타락할 수도 있게 지으셨다.
(창 1:27, 2:7, 2:22, 욥 35:11, 전 12:7, 마 10:28, 눅 23:43, 골 3:10, 엡 4:24, 롬 2:14~15, 전 7:29, 창 1:28, 3:6)

문 18 하나님의 섭리하시는 일이란 어떠한 것인가?

답 하나님의 섭리하시는 일은 가장 거룩하고 지혜롭고 능력 있게 만물을 보존하시고 통치하시는 것이며 자기의 영광을 위하여 피조물과 그 모든 행위를 정리(整理)하시는 것이다.
(시 145:17, 104:24, 사 28:2, 히 1:3, 시 103:19, 마 10:29~31, 창 45:7, 롬 11:36, 사 63:14)

문 19 천사에 대한 하나님의 섭리는 무엇인가?

답 하나님께서는 그 섭리로 어떤 천사들을 고의로 만회할 수 없게 죄악으로 타락하여 영벌을 받게 허용하셨는데 그것과 그들의 모든 죄를 제재하며 정리하시어 하나님께 영광이 돌아가게 하셨으며 남은 천사들은 성결하고 행복하게 세우시어 그 기쁘신 대로 사용하심으로 그의 권능과 긍휼과 공의의 집행에 수종들게 하셨다.
(유 1:6, 벧후 2:4, 히 2:16, 요 8:44, 욥 1:12, 마 8:31, 딤전 5:21, 막 8:38, 히 12:22, 시 104:4, 왕하 19:35, 히 1:14)

문 20 창조 후 타락 이전의 사람의 지위에 대한 하나님의 섭리는 어떠하였는가?

답 창조 후 타락 이전의 사람의 지위에 대한 하나님의 섭리는 사람을 낙원에 두시고 그로 하여금 낙원을 가꾸게 하시어 땅의 과실을 마음대로 먹게 하시고, 다른 피조물을 사람의 통치하에 두시고 그를 돕기 위한 결혼도 하게 하셨으며, 사람으로 하여금 하나님 자신과 교통할 수 있게 하시고, 안식일을 제정하셨으며, 인격적이고, 온전하고, 영속적인 복종을 조건으로 하여 사람과 더불어 생명의 언약을 맺으셨으니 이것의 보증은 생명 나무 열매였으며, 선악을 알게 하는 나무를 먹는 것을 죽음의 고통의 벌로써 금하셨다.
(창 2:8, 15, 16, 1:28, 2:18, 1:26~29, 3:8, 2:3, 갈 3:12, 롬 10:5, 창 2:9, 17)

문 21 우리 시조가 창조함을 받은 본 지위를 그대로 보존하였는가?
답 우리 시조는 임의대로 자유함을 인하여 사단의 시험을 받아 하나님의 계명을 범하여 먹지 말라고 금하신 실과를 먹음으로써 창조함을 받은 본래의 무죄의 지위에서 타락하였다.
(창 3:6~8, 전 7:29, 고후 11:3)

문 22 전인류는 그 첫 범죄에서 타락하였는가?
답 인류의 대표로서의 아담과 맺은 언약은 저만 위한 것이 아니고 그 후손까지 위한 것이므로 그로부터 보통 생육법으로 출생하는 인류는 모두 그의 안에서 범죄하여 그의 첫 범죄에서 그와 함께 타락하였다.
(행 17:26, 창 2:16~17, 롬 5:12~20, 고전 15:21~22)

문 23 이 타락은 인류로 하여금 어떠한 처지에 이르게 하였는가?

답   이 타락은 인류로 하여금 죄와 비참의 처지에 이르게 하였다.
(롬 5:12, 3:23)

문 24   죄는 무엇인가?
답   죄는 이성적 피조물에게 법칙으로 주신 하나님의 율법에 순복함에 부족한 것이나 이를 범하는 것이다.
(요일 3:4, 갈 3:10, 12)

문 25   사람이 타락한 그 처지의 죄악성이 무엇으로 구성되었는가?
답   사람이 타락한 처지의 죄악성은 아담의 첫 범죄의 죄책과 그가 창조함을 받았을 때의 의가 없음과 그의 성질의 부패로 구성되었다. 이로 인하여 그는 영적으로 선한 모든 것에 대해서 전혀 싫증나며 불능하며 악에만 전적으로 또는 계속적으로 기울어지게 되는 이를 보통 원죄라 일컬으며, 이에서 모든 실제적인 범죄가 나오는 것이다.
(롬 5:12, 19, 3:10~19, 2:1~3, 5:6, 8:7~8, 창 6:5, 약 1:14~15, 마 15:19)

문 26   원죄는 어떻게 우리 시조로부터 그 후손에게 전해지는가?
답   원죄는 우리 시조로부터 그 후손에게 자연 생육법으로 전해지므로 우리 시조에게서 그와 같이 나오는 모든 후손은 죄 중에 잉태되어 출생하게 된다.
(시 51:5, 욥 14:4, 15:14)

문 27   타락은 인류에게 어떠한 비참을 가져왔는가?

답 타락은 하나님의 절교, 그의 불쾌와 저주를 인류에게 가져왔으므로 우리는 본질상 진노의 자식이 되고 사단에게 매인 종이니, 현세와 내세의 모든 형벌을 받아 마땅하다.
(창 3:8, 10, 24, 엡 2:2~3, 딤후 2:26, 창 2:17, 애 3:39, 롬 6:23, 마 25:41, 46, 유 1:7)

문 28 현세에 있어서 죄의 형벌이란 무엇인가?

답 현세에 있어서의 죄의 형벌이란 내적으로 마음의 굳어짐, 타락한 지각, 강한 유혹, 마음의 고집, 양심의 공포와 부끄러운 욕심 같은 것이나 외적으로는 우리 때문에 하나님께서 만물을 저주하신 일, 우리들의 몸, 이름, 지위, 관계, 직업 등에 생긴 다른 모든 재난과 더불어 사망에 이르게 되는 것이다.
(엡 4:18, 롬 1:28, 살후 2:11, 롬 2:5, 사 33:14, 창 4:13, 마 27:4, 롬 1:26, 창 3:17, 신 28:15~68, 롬 6:21, 23)

문 29 내세에 있을 죄의 형벌은 무엇인가?

답 내세에 있을 죄의 형벌은 평안한 하나님의 목전에서 영원히 떨어져 몸과 영혼이 가장 심한 고통을 쉬임 없이 지옥 불에서 영원히 받는 것이다.
(살후 1:9, 막 9:43~44, 46, 48, 눅 16:24)

문 30 하나님께서 모든 인류를 죄와 비참한 지위에서 멸망하게 버려두셨는가?

답 하나님께서 모든 사람을 보통 행위 언약이라 칭하는 첫 언약을 위반하여 타락한 죄와 비참한 상태에서 멸망하게 버려두지 않으시고, 단순히 사랑하심과 긍휼하심으로 보통 은혜 언약이라 칭하는 둘째 언약으로 그 가운데 택한 자를 구출하시어 그들로 하여금 구원의 지위에 이르게 하셨다.
(살전 5:9, 갈 3:10, 12, 딛 3:4~7, 갈 3:21, 롬 3:20~22)

문 31 은혜 언약은 누구와 맺으셨는가?
답 은혜 언약은 둘째 아담이신 그리스도와 맺으시고 그 안에서 그 후손인 모든 택한 자와 맺으셨다.
(갈 3:16, 롬 5:15~21, 사 53:10~11)

문 32 하나님의 은혜가 둘째 언약에 어떻게 나타나 있는가?
답 하나님의 은혜가 둘째 언약에 나타났으니 곧 죄인들에게 중보와 그에 의한 생명과 구원을 값없이 예비하시고 제공하시며 그들이 중보와 관계를 맺게 될 조건으로서 신앙을 요구하시고 그의 모든 택한 자에게 성령을 약속하시어 주심으로써 다른 모든 구원하는 은혜와 함께 그들 안에서 그 신앙을 공작하게 하시고 하나님께 대한 그들의 참된 신앙과 감사의 증거로서 또는 하나님께서 그들을 구원을 향해 정명하신 방법으로서 모든 일에 거룩히 순종할 수 있게 하심에 나타나 있다.
(창 3:15, 사 42:6, 26:27, 요일 5:11~12, 요 3:16, 1:12, 잠 1:23, 고후 4:13, 갈 5:22~23, 겔 36:27, 약 2:18, 22, 고후 5:14~15, 엡 2:10)

문 33 은혜 언약은 항상 같은 양식으로 집행되었는가?
답 은혜 언약은 항상 같은 양식으로 집행되지 아니하였으니 구약

시대의 집행은 신약시대의 집행과 다른 것이었다.
(고후 3:6~9)

문 34 구약시대의 은혜 언약은 어떻게 집행되었는가?

답 구약시대의 은혜 언약은 약속, 예언, 제사, 할례, 유월절과 기타 예표와 규례로 집행되었으니 이것들은 장차 오실 그리스도를 예시했으며, 그 당시에는 택한 자로 하여금 약속하신 메시야를 굳게 믿게 하기에 충분했으니 이 메시야로 말미암아 완전히 죄 사함도 받고 영원한 구원도 받게 된 것이었다.
(롬 15:8, 행 3:20, 24, 히 10:1, 롬 4:11, 고전 5:7, 히 8:9~10, 11:13, 갈 3:7~9, 14)

문 35 신약시대의 은혜 언약은 어떻게 집행되는가?

답 실상 곧 그리스도가 나타나신 신약시대에는 이같은 은혜 언약이 그 당시나 오늘도 여전히 말씀을 전함과 세례와 성찬의 성례를 거행함으로 집행된다. 이 성례에서 은혜와 구원이 만백성에게 더욱더 온전하게, 명료하게, 효과 있게 표시된다.
(막 16:15, 마 28:19~20, 고전 11:23~25, 고후 3:6~18, 히 8:6, 10, 11, 마 28:19)

문 36 은혜 언약의 중보는 누구신가?

답 은혜 언약의 유일한 중보는 주 예수 그리스도시니 그는 하나님의 영원한 아들이시며 성부 하나님과 한 실체이시요, 동등이시며 때가 차매 사람이 되셨으나 계속하여 영원히 전연 판이한 양성을 가지신 한 위 하나님이시요 사람이시다.

(딤전 2:5, 요 1:1, 14, 10:30, 빌 2:6, 갈 4:4, 눅 1:35, 롬 9:5, 골 2:9, 히 7:24~25)

문 37 그리스도는 어떻게 하나님의 아들로서 사람이 되셨는가?
답 그리스도는 하나님의 아들이 참몸과 지각 있는 영혼을 자신에 취하시어 사람이 되셨으니 성령의 권능으로 동정녀 마리아의 몸에 잉태되어 그의 실질로 그에게서 나셨으나 죄는 없으시다.
(요 1:14, 마 26:38, 눅 1:27, 31, 35, 42, 갈 4:4, 히 4:15, 7:26)

문 38 왜 중보가 하나님이실 것이 필요하였는가?
답 중보가 하나님이실 것이 필요하였으니 이는 인성을 유지하시며 지키시어 하나님의 무한한 진노와 사망의 권세 아래 몰락되지 않게 하시며, 그의 고난과 순종과 대언에 가치와 효력을 부여하시며, 하나님의 공의를 만족시키시고 그의 총애를 획득하시며, 한 친백성을 사시고 자기 영을 그들에게 주시며 그들의 모든 적을 정복하시고 그들을 영원한 구원에 이르게 하려 하기 때문이었다.
(행 2:24~25, 롬 1:4, 4:25, 히 9:14, 행 20:28, 히 7:25~28, 롬 3:24~26, 엡 1:6, 마 3:17, 딛 2:13~14, 갈 4:6, 눅 1:68, 69, 71, 74, 히 5:8~9, 9:11~15)

문 39 왜 중보가 사람이실 것이 필요하였는가?
답 중보가 사람이실 것이 필요하였으니 이는 우리의 성질을 승진시키시며, 율법에 순종하시고 우리의 성질로 우리 위해 고난받으시고 대언하시며, 우리의 언약을 체휼하시기 위함이었으며 그리하여 우리로 하여금 양자의 명분을 받고 위로를 받으며 보좌 앞에 담대히 나아가게 하시기 위함이었다.

(히 2:16, 갈 4:4, 히 2:14, 7:24~25, 4:15, 갈 4:5, 히 4:16)

문 40 왜 중보가 한 위에 하나님이시며 사람이심이 필요하였는가?

답 하나님과 사람을 화목시켜야 할 중보는 그 자신이 하나님과 사람이시며 한 위이심이 필요하였음은 신인 각 성의 특유의 사역을 전인격의 사역으로 하나님께서 우리 위해 받아들이시고 우리가 그것에 의지하게 하기 위함이었다.

(마 1:21, 23, 3:17, 히 9:14, 벧전 2:6)

문 41 어찌하여 우리 중보를 예수라 칭하였는가?

답 우리의 중보를 예수라 칭한 까닭은 그가 자기 백성을 저희 죄에서 구원하시기 때문이었다.

(마 1:21)

문 42 왜 우리의 중보를 그리스도라 칭하였는가?

답 우리의 중보를 그리스도라 칭한 것은 낮아지고 높아지신 그의 신분에서 그의 교회의 선지자 제사장 및 왕의 직분을 행하게 하시려고 한량없이 성령으로 기름 부으심을 받고 성별되시어 모든 권위와 재능을 충만히 받으셨기 때문이었다.

(요 3:34, 시 45:7, 요 6:27, 마 28:18~20, 행 3:21~22, 눅 4:18, 21, 히 5:5~7, 4:14~15, 시 2:6, 마 21:5, 사 9:6~7, 빌 2:8~11)

문 43 그리스도께서 어떻게 선지자의 직분을 행하시는가?

답 그리스도께서 선지자의 직분을 행하시는 것은 건덕과 구원에 관한 모든 일에 있어서 하나님의 온 뜻을 집행의 각양 방식으로 그의 영과 말씀으로 만대의 교회에게 계시하심에서이다.
(요 1:18, 벧전 1:10~12, 히 1:1~2, 요 15:15, 행 20:32, 엡 4:11~13, 요 20:31)

문 44 그리스도께서 어떻게 제사장의 직분을 행하시는가?
답 그리스도께서 제사장의 직분을 행하시는 것은 단번에 자기를 흠없는 제물로 하나님께 드려 자기 백성의 죄를 위한 화목으로 되게 하시고 저희를 위하여 계속하여 대도하시는 것에서다.
(히 9:14, 28, 2:17, 7:25)

문 45 그리스도께서 어떻게 왕의 직분을 행하시는가?
답 그리스도께서 왕의 직분을 행하시는 것은 백성을 세상으로부터 자기에게 불러내시고 직원들, 율법, 권징을 두시고 그것들로 그들을 유형적으로 다스리심에서이며 그가 택하신 자에게 구원하는 은혜를 주시고 순종하면 상 주시고 범죄하면 징계하시며 모든 시험과 고난 중에서 그들을 보존하시고 유지하실 뿐 아니라 그들의 모든 적을 제재하시고 정복하심으로 모든 것을 자신의 영광과 그들의 선을 위하여 강력하게 처리하심에서이며 또한 하나님을 모르고 복음에 순종하지 않는 남은 사람들에게 원수 갚으심에서이다.
(행 15:14~16, 사 55:4~5, 창 49:10, 시 110:3, 엡 4:11~12, 고전 12:28, 사 33:22, 마 18:17~18, 고전 5:4~5, 행 5:31, 계 22:12, 2:10, 3:19, 사 63:9, 고전 15:25, 시 110:1~7, 롬 14:10~11, 8:28, 살후 1:8~9, 시 2:8~9)

문 46 그리스도의 낮아지심의 신분은 무엇이었는가?
답 그리스도의 낮아지심의 신분은 우리를 위하여 자기의 영광을 내버리시고 종의 형상을 취하시어 성령으로 잉태되어 동정녀 마리아에게 나시고 지상에서 사시다가 십자가에 못박혀 죽으시고 죽으신 후 부활하기까지의 낮은 상태이었다.
(빌 2:6~8, 눅 1:31, 고후 8:9, 행 2:24)

문 47 그리스도께서 잉태되어 나실 때에 어떻게 자기를 낮추셨는가?
답 그리스도께서 잉태되시고 나심에 자기를 낮추신 것은 아버지 하나님의 아들이시지만, 때가 차매 낮은 신분의 여자에게서 잉태되시고 나시어 인자가 되심으로 여러 가지 정상에서 보통 이상으로 낮아지심에서이었다.
(요 1:14, 18, 갈 4:4, 롬 2:7)

문 48 그리스도께서 그의 지상 생활에서 어떻게 자기를 낮추셨는가?
답 인간 본성에 공통적인 것이든, 특별히 그의 낮아지심에 수반된 것이든 간에, 세상의 모욕, 사단의 시험, 그의 육신이 연약함을 겪으심으로 자기를 지상 생활에서 낮추셨다.
(갈 4:4, 마 5:17, 롬 5:19, 시 22:6, 히 12:2~3, 마 4:1~12, 눅 4:13, 히 2:17~18, 4:15, 사 52:13~14)

문 49 그리스도께서 그의 죽음에서 어떻게 자기를 낮추셨는가?
답 그리스도께서 그의 죽음에서 자기를 낮추신 것은 가룟 유다에게 배반당하시고 그 제자들에게도 버림받으시고 세상의 조롱과 배척을 받으시고, 빌라도에게 정죄받으신 후 핍박하는 자들에게 고난을 받으시고, 죽음의 공포와 흑암의 권세와 싸우시며 하나님의 무서운 진노를 느끼시고, 견디시고, 자기 생명을 속죄 제물로 내놓으시고, 고통과 수욕과 저주된 십자가의 죽음의 참으심에서였다.
(마 27:4, 26:56, 사 53:2~3, 마 27:26~50, 요 19:34, 눅 22:44, 마 27:46, 사 53:10, 빌 2:8, 히 12:2, 갈 3:13)

문 50 그리스도께서 죽으신 후 그의 낮아지심은 무엇으로 구성되었는가?
답 그리스도께서 죽으신 후 그의 낮아지심은 장사됨과 죽은 자의 상태를 계속하시고 제삼일까지 사망의 권세 아래 계시는 것으로 구성되었으니 이를 달리 표현한다면 그가 지옥으로 내려가셨다 한다.
(고전 15:3~4, 시 16:10, 행 2:24~27, 31, 롬 6:9, 마 12:20)

문 51 그리스도의 높아지신 신분은 무엇이었는가?
답 그리스도의 높아지신 신분은 그의 부활, 승천, 성부의 우편에 앉으심과 세상을 심판하기 위해 다시 오심을 포함한다.
(고전 15:4, 막 16:19, 엡 1:20, 행 1:11, 17:31)

문 52 그리스도께서 그의 부활에서 어떻게 높아지셨는가?
답 그리스도께서 그의 부활에서 높아지심은 그가 사망에게 매여 있을 수 없어 사망 중에 썩음을 보지 않으시고 고난받으신 몸이 본질적 특성들을 가졌으나 사망성과 기타 현세에 속하는 공통적 연약성이 없이 바로 그 같은 몸이 그의 영혼과 실지로 연합되어 자기 자신의 권능으로 사흘 만에 죽은 자 가운데서 다시 살아나심으로써 하나님의 아들이심과 하나님의 공의를 만족시키시고 사망과 사망의 권세 잡은 자를 정복하심으로 산 자와 죽은 자의 주가 되심을 친히 선포하셨다. 그가 공적 인물로서, 자기 교회의 머리로서 하신 모든 것은 그들을 칭의하시고 은혜로 살리시고 원수들에 대항하여 지원하시어 마지막 날에 그들을 죽은 자 가운데서 다시 살리실 것을 그들에게 확신시키기 위하신 것이었다.
(행 2:24, 시 16:10, 눅 24:39, 골 1:18, 요 10:18, 롬 1:4, 4:25, 히 2:14, 롬 14:9, 고전 15:21~22, 엡 1:22~23, 2:56, 고전 15:20, 25~26, 살전 4:13~18)

문 53 그리스도께서 그의 승천에서 어떻게 높아지셨는가?

답 그리스도께서 그의 승천에서 높아지심은 부활하신 후 그의 사도들에게 자주 나타나 담화하시며, 그들에게 하나님의 나라에 관한 일들을 말씀하시며, 모든 족속에게 복음 전하라는 사명을 주시고 부활 후 사십 일이 되는 날 우리의 성질을 가지시고 우리의 머리로서 원수를 이기시고 눈에 보이는 가운데 가장 높은 하늘에 올라가시어 거기서 사람들을 위하여 선물을 받으시고 우리로 그곳을 사모하게 하시며, 우리를 위해 있을 곳을 예비하시니 그곳은 곧 주님이 계시는 곳이요 세상 끝날에 재림하실 때까지 계실 곳인 것이다.
(행 1:2~3, 마 28:19~20, 히 6:20, 엡 4:8, 행 1:9~11, 엡 4:10, 시 68:18, 골 3:1~2, 요 14:3, 행 3:21)

문 54 그리스도께서 하나님 우편에 앉아 계심에서 어떻게 높아지셨는가?

답 그리스도께서 하나님 우편에 앉아 계심에서 높아지심은 신인 (神人)으로서 성부 하나님과의 최고 총애에 나가시고, 기쁨과 영광과 천지 만물을 다스리는 권세를 충만히 가지시고, 그의 교회를 모으시고 옹호하시며, 그들의 원수들을 정복하시며, 그의 사역자들과 백성에게 은사들과 은혜들을 주시고 그들을 위하여 대도하심에서다.
(빌 2:9, 행 2:28, 시 16:11, 요 17:5, 엡 1:22, 벧전 3:22, 엡 4:10~12, 시 110:1, 롬 8:34)

문 55 그리스도께서 어떻게 우리를 위하여 대도하시는가?
답 그리스도께서 우리를 위하여 대도하심은 하늘에 계신 아버지 앞에 우리의 인성으로, 지상에서 이루신 자신의 순종과 제사의 공로로 계속해서 나타나셔서 모든 신자들에게 자기의 공로를 적용시키려는 자기의 뜻을 선포하시며, 신자들에 대한 모든 비난 고발을 답변하시며, 매일 실수함에도 불구하고 그들에게 양심의 평안을 주시며, 은혜의 보좌에 담대히 나갈 수 있게 하시며, 그들 자신과 그들의 봉사를 수납되게 하심으로 하신다.
(히 9:12, 24, 1:3, 요 3:16, 17:9, 20, 24, 롬 8:33~34, 5:1~2, 요일 2:1~2, 히 4:16, 엡 1:6, 벧전 2:5)

문 56 세상을 심판하러 다시 오심에서 그리스도께서 어떻게 높아지실 것인가?
답 세상을 심판하러 다시 오심에서 그리스도께서 높아지심은, 악인들에게 불의하게 재판을 받아 정죄 되신 주께서 마지막 날에 큰 권능과 자기의 영광과 그 아버지의 영광을 완전히 드러내시면서 그의 모든 거룩한 천사들과 함께 큰 외침과 천사장의 음성과 하나님의 나팔소리로 다시 오셔서 세상을 의로 심판하심에 서일 것이다.
(행 3:14~15, 마 24:30, 눅 9:26, 마 25:31, 살전 4:16, 행 17:31)

문 57 그리스도께서 그의 중재로 무슨 혜택을 획득하셨는가?
답 그리스도께서는 그의 중재로 은혜의 언약의 다른 모든 혜택과 함께 구속을 획득하셨다.
(히 9:12, 고후 1:20)

문 58 우리는 어떻게 그리스도께서 획득하신 혜택에 참여할 수 있게 될 것인가?
답 우리가 그리스도께서 획득하신 혜택에 참여하는 자 되게 됨은 특히 성령 하나님의 역사에 의해 이 혜택을 우리에게 적용하심으로써이다.
(요 1:11~12, 딛 3:5~6)

문 59 그리스도로 말미암아 구속에 참여하게 되는 자가 누구인가?
답 그리스도께서 구속을 위하여 매수하신 모든 사람에게 구속이 확실히 적용되며 유효하게 전달되니, 그들은 때가 이르면 성령으로 말미암아 복음에 이른 대로 그리스도를 믿을 수 있게 되는 것이다.
(엡 1:13~14, 요 6:37, 39, 10:15~16, 엡 2:8, 고후 4:13)

문 60 복음을 들어 본 일이 없으므로 예수 그리스도를 알지도 못하고 믿지도 않은 사람들은 본성의 빛에 따라 삶으로 구원 얻을 수 있는가?

답 복음을 들어 본 일이 없으므로 예수 그리스도를 알지도 못하고 믿지도 않는 사람들은 제아무리 부지런하고 자기의 생활을 본성의 빛에 맞추려고 애쓰거나 그들이 믿는 종교의 율법을 지키려 하여도 구원 얻을 수 없다. 그리스도 밖에는 어떠한 곳에도 구원이 없고 오로지 그리스도 안에만 있으니 그는 자기 몸된 교회만의 구주이신 것이다.

(롬 10:14, 살후 1:8~9, 엡 2:12, 요 1:10~12, 8:24, 막 16:16, 고전 1:20~24, 요 4:22, 롬 9:31~32, 빌 3:4~9, 행 4:12, 엡 5:23)

문 61 복음을 듣고 교회 안에서 생활하는 사람들은 다 구원을 얻겠는가?

답 복음을 듣고 유형 교회에서 생활하는 사람들이 다 구원 얻을 수 있는 것은 아니고, 다만 무형 교회의 진정한 회원만이 구원 얻는 것이다.

(요 12:38~40, 롬 9:6, 마 22:14, 7:21, 롬 11:7)

문 62 유형 교회란 무엇인가?

답 유형 교회라는 것은 참종교를 고백하는 세계의 모든 시대와 장소에 있는 모든 사람과 그들의 자녀로 구성된 한 결사이다.

(고전 1:2, 12:13, 롬 15:9~12, 계 7:9, 시 2:8, 22:27~31, 45:17, 마 28:19~20, 사 59:21, 고전 7:14, 행 2:39, 롬 9:1~6, 창 17:7)

문 63 유형 교회의 특권은 무엇인가?

답 유형 교회가 가지는 특권은 하나님의 특별한 보호와 관리 밑에 있는 것, 모든 적의 반항에도 불구하고 모든 시대에 보호받고 보존되는 것, 성도들의 교통과 통상한 구원의 방편들과 복음의 성역에 있어서 교회의 모든 회원들에게 누구든지 그를 믿으면 구원 얻고 그에게 오는 자를 한 사람도 버리시지 않으시겠다고 증언하시는 그리스도에 의한 은혜의 초청을 누리는 것이다.
(사 4:5~6, 딤전 4:10, 시 115:1~18, 사 31:4~5, 슥 12:2~4, 8, 9, 행 2:39, 42, 시 147:19~20, 롬 9:4, 엡 4:11~12, 막 16:15~16, 요 6:37)

문 64 무형 교회란 무엇인가?

답 무형 교회라는 것은 머리 되시는 그리스도 밑에 하나로 모였으며, 모이고 있으며, 장차 모일 택한 자의 총수이다.
(엡 1:10, 22, 23, 요 10:16, 11:52)

문 65 무형 교회 회원들은 그리스도로 말미암아 어떠한 특별한 혜택을 누리는가?

답 무형 교회 회원은 그리스도로 말미암아 은혜와 영광 중에 주님과의 연합과 교통을 누린다.
(요 17:21, 엡 2:5~6, 요 17:24)

문 66 선택된 자가 그리스도와 함께 가지는 연합이란 무엇인가?

답 선택된 자가 그리스도에게 연합됨은 하나님의 은혜의 역사니 이로 말미암아 영적으로 신비적으로, 그러나 참으로 또는 나눌 수 없이 그들의 머리와 남편이 되시는 그리스도께 결합되는 것이다. 이는 그들의 유효한 부르심에서 이루어지는 것이다.

(엡 1:22, 2:6~8, 고전 6:17, 요 10:28, 엡 5:23, 30, 벧전 5:10, 고전 1:9)

문 67 유효한 부르심이라는 것은 무엇인가?

답 유효한 부르심이라는 것은 하나님의 전능한 권능과 역사인데 이로 말미암아 그의 택하신 자에게 향한 값없고 특별한 사랑에서, 그들 안에 어떤 것이 그를 감동함 없이 그의 받으실 만한 때에 그 말씀과 영으로 말미암아 그들을 불러 예수 그리스도께 가까이 나아오게 하시어 그들의 마음을 구원 얻게 밝히시고 그들의 의지를 새롭게 하시고 강력하게 결정하심으로써 비록 그들 자신은 죄 가운데 죽었으나 그들은 기꺼이 마음대로 주님의 부르심에 응하여 그 가운데 제공되어 전해진 은혜를 받아들일 수 있게 하는 것이다.

(요 5:25, 엡 1:18~20, 고후 5:20, 6:1~2, 요 6:44, 살후 2:13~14, 행 26:18, 고전 2:10, 12, 겔 11:19, 36:26~27, 요 6:45, 엡 2:5, 빌 2:13, 신 30:6)

문 68 선택함을 입은 자만이 유효하게 부르심을 받는가?

답 모든 선택함을 입은 자들 곧 그들만이 유효하게 부르심을 받나니 다른 사람들은 비록 말씀의 사역에 의해 외적으로 부르심을 받고 성령의 어떤 보통 공작을 가질 수 있을지라도 그들에게 제공된 은혜를 고의로 등한시하고 경멸하므로, 그들은 공의롭게 불신앙에 버려둠을 당하여 결코 예수 그리스도께로 참으로 나아오지 못하게 되는 것이다.

(행 13:48, 마 22:14, 7:22, 13:20~21, 히 6:4~6, 요 12:38~40,

행 28:25~27, 요 6:64~65, 시 81:11~12)

문 69 무형 교회의 회원들이 그리스도와 더불어 가지는 은혜의 교통이란 무엇인가?

답 무형 교회의 회원이 그리스도와 가지는 은혜의 교통이란 그들의 칭의와 수양과 성화와 현세에서 다른 무엇이든지 그리스도와의 연합을 나타내서 그의 중재의 효능에 참여하는 것이다.
(롬 8:30, 엡 1:5, 고전 1:30)

문 70 의롭다 칭하심(칭의)이란 무엇인가?

답 의롭다 칭하심이란 죄인들에게 거저 주시는 하나님의 은혜 행위이니 이것에서 그들의 모든 죄를 사하시고 자기 목전에 그들 자신들을 의로운 자들로 받으시고 여기시는 것이다. 그것은 그들 안에 공작되었거나 그들이 행한 어떤 일로 인한 것이 아니고, 오로지 그리스도의 온전한 순종과 충분한 만족이 하나님에 의해 그들에게 전가되고 또한 믿음으로만 받아들인 바 됨으로 인한 것이다.
(롬 3:22, 24~25, 27~28, 4:5~8, 고후 5:19, 21, 딛 3:5, 7, 엡 1:7, 롬 5:17~19, 행 10:43, 갈 2:16, 빌 3:9)

문 71 의롭다 칭하심은 어떻게 하나님의 거저 주시는 은혜의 행위인가?

답 그리스도께서 친히 순종하심과 죽으심으로써 의롭다 칭하심을 받는 자들을 위하여 하나님의 공의를 정당히 참으로 충분하게 만족시켰을지라도 하나님이 그들에게 요구하셨을 만족을 보증에게서 받으시는 것과 동시에 자기의 독생자를 보증으로 예비하시어 그의 의를 그들에게 돌리시고 그들의 의롭다 칭함을 위하여서 역시 자기의 선물인 신앙 외에는 아무 것도 요구하지 않으시니 그들의 의롭다 칭함은 그들에게 거저 주시는 은혜이다.
(롬 5:8~10, 11, 딤전 2:5~6, 히 10:10, 마 20:28, 단 9:24, 26, 사 53:4~6, 10~12, 히 7:22, 롬 8:32, 벧전 1:18~19, 고후 5:21, 롬 3:24~25, 엡 2:8, 1:7)

문 72 의롭다 칭하게 하는 믿음이란 무엇인가?
답 의롭다 칭하게 하는 믿음이라는 것은 하나님의 영과 말씀으로 말미암아 죄인의 마음속에 이루어지는 구원하는 은혜니 그가 이로써 자기의 죄와 참상을, 잃어버린 상태에서 회복하기에 자신이나 다른 모든 피조물도 무능함을 확신케 될 때에, 복음의 약속의 진리를 승인할 뿐 아니라, 그리스도와 그 안에 있는 그의 의를 받아 의지함으로 죄 사함을 받고 하나님의 목전에 의로운 인물로 수납되고 인정되어 구원을 받게 되는 것이다.
(히 10:39, 고후 4:13, 엡 1:17~19, 롬 10:14, 17, 행 2:37, 16:30, 요 16:8~9, 롬 5:6, 엡 2:1, 행 4:12, 엡 1:13, 요 1:12, 행 16:31, 10:43, 빌 3:9, 행 15:11)

문 73 신앙은 어떻게 하나님 목전에서 죄인을 의롭다 칭하게 하는가?
답 신앙이 하나님 목전에서 죄인을 의롭다 칭하게 함은 이를 항상 동반하는 다른 은혜 때문도 아니고 이것의 열매인 선행 때문도 아니며 신앙의 은혜, 혹은 이것의 어떤 행위가 그의 의롭다 칭함을 위하여 그에게 전가된 것과 같은 것도 아니고, 이것은 오직 그리스도와 그의 의를 받아 적용하는 기구뿐인 것이다.
(갈 3:2, 롬 3:28, 4:5, 10:10, 요 1:12, 빌 3:9, 갈 2:16)

문 74 양자로 삼는 것[수양(收養)]이란 무엇인가?

답 양자로 삼는 것은 그의 독생자 예수 그리스도 안에서 또는 그를 위하여 하나님께서 거저 주시는 은혜의 행위인데 이것으로 말미암아 의롭다 칭함을 받은 모든 사람들이 하나님의 자녀의 수효에 들게 하시고 그의 이름으로 그들을 입히시며, 그의 아들의 영을 그들에게 주시고, 하늘 아버지의 보호와 다스림을 받게 하시며, 하나님의 아들들이 갖는 온갖 특허, 특권을 받게 하실 뿐 아니라, 모든 약속의 후사로 삼으시고 영광 중에 그리스도와 함께 후사가 되게 하시는 것이다.
(요일 3:1, 엡 1:5, 갈 4:4~5, 요 1:2, 고후 6:18, 계 3:12, 갈 4:6, 시 103:13, 잠 14:26, 마 6:32, 히 6:12, 롬 8:17)

문 75 거룩하게 하심[성화(聖化)]이란 무엇인가?

답 거룩하게 하심이란 하나님의 은혜의 역사인데, 이로 말미암아 거룩하게 하시려고 하나님께서 창세 전에 택하신 자들이 때가 되어 강력한 성령의 역사를 통하여 그리스도의 죽음과 부활의 적용을 받아 하나님의 형상을 좇아 온 사람이 새롭게 되고, 생명에 이르는 회개의 씨와 다른 모든 구원의 은혜들이 그들의 마음속에 두어지고 그 은혜들이 고무되며 증가되며 강화되어 그들로 하여금 점점 더 죄에 대하여 죽게 하고 새로운 생명에 대하여 살게 하는 것이다.
(엡 1:4, 고전 6:11, 살후 2:13, 롬 6:4~6, 엡 4:23~24, 행 11:18,

요일 3:9, 유 1:20, 히 6:11~12, 엡 3:16~19, 골 1:10~11, 갈 5:24)

문 76 생명에 이르는 회개란 무엇인가?

답 생명에 이르는 회개란 하나님의 성령과 말씀에 의해서 죄인의 마음속에 이루어지는 구원의 은혜인데 그로써 (눈에 보이고 느낄 수 있는 위험뿐 아니라) 자기의 죄의 위험뿐 아니라 또한 더러움과 추악함을 보고 느끼고 통회하는 자에게 그리스도 안에서 베푸시는 하나님의 긍휼하심을 깨닫고 자기 죄를 몹시 슬퍼하고 미워하는 나머지 그 모든 죄를 떠나 하나님께로 돌아와 범사에 새로 순종하면서 하나님과 함께 끊임없이 동행하기로 목적하고 노력하게 되는 것이다.
(딤후 2:25, 슥 12:10, 행 11:18, 20, 21, 겔 18:28, 30, 32, 눅 15:17~18, 호 2:6~7, 겔 36:31, 사 30:22, 요엘 2:12~13, 렘 31:18~19, 고후 7:11, 행 26:18, 겔 14:6, 왕상 8:47~48, 시 119:6, 59, 128, 눅 1:6, 왕하 23:25)

문 77 의롭다 칭하심[칭의(稱義)]과 거룩하게 하심[성화(聖化)]은 어느 점에서 다른가?

답 비록 거룩하게 하심이 의롭다 칭하심과 불가분의 관계가 있을지라도 다른 점이 있다. 곧 의롭다 칭하실 때에 하나님께서 그리스도의 의를 우리에게 돌리시고 거룩하게 하실 때에는 하나님의 영이 은혜를 주입하시어 신자로 하여금 그 은혜를 운행하게 하시는 것이며 전자에서는 죄가 용서되고 후자에서는 죄가 억제되는 것이며 전자는 복수하시는 하나님의 진노에서 모든 신자를 평등하게 해방하되 현세에서 이를 완성하며 그들이 도무지 정죄에 떨어지지 않게 하고 후자는 모든 신자 간에 평등하지도 않고 현세에서 결코 완성될 수도 없으며 다만 완성을 향해 자라가는 것뿐이다.

(고전 1:30, 6:11, 롬 4:6, 8, 겔 36:27, 롬 3:24~25, 6:6, 14, 8:33~34, 요일 2:12~14, 히 5:12~14, 요일 1:8, 10, 고후 7:1, 빌 3:12~14)

문 78 왜 신자의 거룩하게 됨[성화]이 완성될 수 없는 것인가?

답 신자의 거룩하게 됨이 완성될 수 없음은 그들의 모든 부문에 죄의 잔재가 남아 있기 때문이며, 영을 거슬러 싸우는 끊임없는 육의 정욕 때문이니 이로써 신자들은 흔히 시험에 들어 여러 가지 죄에 빠지게 되어 그들의 모든 신령한 봉사에서 방해를 받고, 그들의 최선을 다해 한 일이라도 하나님의 목전에는 불완전하고 더러운 것이다.

(롬 7:18, 23, 막 14:66~72, 갈 2:11~12, 히 12:1, 사 64:6, 출 28:38)

문 79 참신자들이 그들의 불완전과 그들이 빠지는 여러 가지 시험과 죄의 이유로 은혜의 상태에서 떨어질 수 있지 않은가?

답 하나님의 변할 수 없는 사랑, 그들에게 견인을 주시려는 그의 작정과 언약, 그들의 그리스도와의 나눌 수 없는 연합, 그들을 위한 그의 계속적 대도, 그들 안에 거하는 하나님의 영과 씨로 인하여 참신자들은 전적으로나 종극적으로 은혜의 상태에서 떨어질 수 없을 뿐만 아니라 하나님의 능력에 의해서 믿음으로 말미암아 구원에 이르기까지 그들은 보존된다.
(렘 31:3, 딤후 2:19, 히 13:20, 삼하 23:5, 고전 1:8~9, 히 7:25, 눅 22:32, 요일 3:9, 2:27, 렘 32:40, 요 10:28, 벧전 1:5)

문 80 참신자들은 자신들이 은혜의 지위에 있음과 구원에 이르기까지 그 지위에 있을 것임을 무오하게 확신할 수 있는가?

답 그리스도를 참으로 믿고 그 앞에서 모든 선한 양심으로 행하고자 노력하는 자들은 비상한 계시 없이, 믿음으로 하나님의 약속의 진리에 근거하고 성령께서 생명의 약속을 주신 그 은혜를 자신들이 분별할 수 있게 하시고, 그들의 영으로 더불어 그들이 하나님의 자녀임을 증거하심으로써 그들이 은혜의 지위에 있음과 구원에 이르기까지 견인할 것을 무오하게 확신할 수 있는 것이다.
(요일 2:3, 고전 2:12, 요일 3:14, 18, 19, 21, 24, 4:13, 16, 5:11~12, 롬 8:16, 요일 5:13)

문 81 모든 참신자들은 자신들이 은혜의 지위에 현재 있음과 장차 구원 받을 것임을 언제나 확신하고 있는가?

답 은혜와 구원의 확신은 본래 신앙의 본질적 요소가 아니므로 참신자들도 오랜 세월이 지난 후 확신을 갖게 되는 것이며 혹은 이러한 확신을 누린 후에라도 악성, 죄, 시험, 배반으로 인하여 확신이 약화하고 중단되기도 하나 하나님의 영이 함께 하시고 붙드시므로 결단코 전적 절망에 빠질 수 없게 하신다.
(엡 1:13, 사 50:10, 시 88:1~18, 77:1~12, 갈 5:2, 3, 6, 시 51:8, 12, 31:22, 22:1, 요일 3:9, 욥 13:15, 시 73:15, 23, 사 54:7~10)

문 82 무형 교회 회원들이 그리스도와 함께 누리는 영광의 교통이란 무엇인가?

답 무형 교회 회원들이 그리스도와 함께 누리는 영광의 교통이란 현세에 있는 것이며, 사후 즉시 일어나는 것인데 마침내 부활과 심판날에 완성되는 것이다.

(고후 3:18, 눅 23:43, 살전 4:17)

문 83 무형 교회 회원들이 현세에서 그리스도와 함께 누리는 영광의 교통이란 무엇인가?

답 무형 교회 회원들은 그들의 머리이신 그리스도의 지체이므로, 현세에서 그리스도와 함께 영광의 첫 열매들을 누리며 그 안에서 그가 소유하신 영광에 관계가 있게 되며 그 보증으로서 하나님의 사랑과 화평, 성령의 즐거움, 영광의 소망을 누리게 된다. 반면에, 하나님의 복수하시는 진노와 양심의 공포, 심판에 대한 두려운 기대 등이 악인들에게는 그들이 사후에 받을 고통의 시작인 것이다.

(전 12:13~14, 마 27:4, 히 10:27, 롬 2:9, 막 9:44)

문 84 모든 사람이 다 죽을 것인가?

답 사망이 죄값으로 위협되어 모든 사람이 한 번 죽기로 선정되었으니 모든 사람이 범죄하였기 때문이다.

(롬 6:23, 히 9:27, 롬 5:12)

문 85 죄의 값이 사망이라면, 그리스도 안에 사죄함 받았는데 왜 의인들이 죽음에서 구출되지 못하는가?

답 의인들은 마지막 날에 죽음 자체에서 구출되기로 되어 있으며, 심지어 죽을 때에도 사망의 쏘는 것과 저주에서 구출되므로, 비록 그들이 죽어도, 하나님의 사랑으로 죄와 비참에서 그들을 완전히 해방시키어, 그들이 사후에 들어가는 영광 중에 그리스도와 함께 더 깊은 교통을 하게 하신다.
(고전 15:26, 55~57, 히 2:15, 사 57:1~2, 왕하 22:20, 계 14:13, 엡 5:27, 눅 23:43, 빌 1:23)

문 86 무형 교회 회원들이 죽은 직후에 그리스도로 더불어 누리게 되는 영광의 교통이란 무엇인가?

답 무형 교회 회원들이 죽은 직후에 그리스도로 더불어 누리게 되는 영광의 교통은 그들의 영혼이 완전히 거룩하게 되어 가장 높은 하늘에 영접을 받아 그곳에서 빛과 영광 중에 하나님의 얼굴을 바라보면서 그들의 몸의 완전 구속을 기다리는 것이니 그들의 몸은 심지어 죽은 때에도 그리스도에게 계속 연합되어 마치 잠자리에서 잠자듯 무덤에서 쉬고 있다가 마지막 날에 그들의 영혼과 다시 연합하게 되는 것이다. 악인의 영혼들은 죽을 때 지옥에 던지워, 거기서 고통과 흑암 중에 머물러 있는 한편 그들의 몸은 부활과 큰 날의 심판 때까지 마치 감옥에 갇히듯 무덤에 보존되는 것이다.
(히 12:23, 고후 5:1, 6, 8, 빌 1:23, 행 3:21, 4:10, 요일 3:2, 고전 13:12, 롬 8:23, 시 16:9, 살전 4:14, 사 57:2, 욥 19:26~27, 눅 16:23~24, 행 1:25, 유 1:6~7)

문 87 우리는 부활에 대하여 무엇을 믿어야 하는가?

답 마지막 날에 죽은 자들, 의인과 악인의 일반 부활이 있을 것인데 그 당시에 살아 있는 자들은 순식간에 변화될 것이며, 무덤에 놓여 있는 죽은 자들의 바로 그 몸들이 다시 그들의 영혼과 영원히 연합되어 그리스도의 권능으로 다시 살아날 것이다. 의인의 몸들은 그리스도의 영에 의해 또는 그들의 머리이신 그의 부활의 효능으로 그의 영광스러운 몸과 같은 신령한, 썩지 아니할 강한 몸으로 다시 살아날 것이다. 악인의 몸은 또한 노하신 심판주이신 주님에 의하여 수치로운 중에 다시 살아날 것이다.
(행 24:15, 고전 15:51~53, 살전 4:15~17, 요 5:27~29, 고전 15:21~23, 42~44, 빌 3:21, 마 25:33)

문 88 부활 직후에 어떠한 일이 따를 것인가?

답 부활 직후는 천사와 사람의 전체적 최후의 심판이 있을 것이나 그 날과 시를 아는 자가 없으니, 이는 모두 깨어 기도하면서 주님의 오심을 항상 준비하게 하려 함이다.
(벧후 2:4, 유 1:6, 7, 14, 15, 마 25:46, 24:36, 42, 44, 눅 21:35~36)

문 89 심판날에 악인은 어떻게 될 것인가?

답 심판날에 악인은 그리스도의 좌편에 두어지고, 명백한 증거와 그들 자신의 양심의 충분한 확증이 있은 후 공정한 정죄 선고를 받을 것이요 하나님이 총애해 주시는 면전과 그리스도와 그의 성도들, 그의 모든 거룩한 천사들과의 영광스러운 사귐에서 쫓겨나 지옥에 던져져 마귀와 그의 천사들과 함께 몸과 영혼이 다

같이 영원히 말로 다할 수 없는 고통의 형벌을 받을 것이다.
(마 25:33, 롬 2:15~16, 마 25:41~43, 눅 16:26, 살후 1:8~9)

문 90 심판날에 의인은 어떻게 될 것인가?

답 심판날에 의인은 구름 속으로 그리스도에게 끌어 올리어 그 우편에 두어지고 공적으로 인정받고 무죄 선고를 받고 버림받은 천사들과 사람들을 그리스도와 함께 심판하고 하늘에 영접될 것인데, 거기서 그들은 영원 무궁토록 모든 죄와 비참에서 해방되어 도저히 상상도 할 수 없는 기쁨으로 충만할 것이며, 몸과 영혼이 완전히 거룩하고 행복하게 되어 무수한 성도들과 거룩한 천사들의 무리 가운데 특히 아버지 하나님, 우리 주 예수 그리스도 성자, 성령을 영원 무궁토록 직접 대하고 향유할 것이다. 이것이 부활과 심판날에 무형적 교회 회원이 영광 중에 그리스도와 함께 누릴 완전 충만한 교통이다.
(살전 4:17, 마 25:33, 10:32, 고전 6:2~3, 마 25:34, 46, 엡 5:27, 계 14:13, 시 16:11, 히 12:22~23, 요일 3:2, 고전 13:12, 살전 4:17~18)

우리가 하나님에 대하여 믿을 바가 무엇인지 성경이 중요하게 가르치는 것을 보았으니, 다음으로는 성경이 요구하는 바 사람의 의무가 무엇인지 고찰할 것이다.

문 91 하나님께서 사람에게 요구하시는 의무가 무엇인가?

답 하나님께서 사람에게 요구하시는 의무는 그의 계시된 의지에 순종함이다.

(롬 12:1~2, 미 6:8, 삼상 15:22)

문 92 하나님께서 사람에게 그의 순종의 법칙으로 처음 계시하신 것이 무엇이었는가?

답 선악을 알게 하는 나무의 실과를 먹지 말라는 특별한 명령 외에 무죄 상태에 있는 아담과 그가 대표하는 전 인류에게 계시하신 순종의 규칙은 도덕법이었다.
(창 1:26~27, 롬 2:14~15, 10:5, 창 2:17)

문 93 도덕법은 무엇인가?

답 도덕법은 인류에게 선포된 하나님의 의지이니, 영혼과 몸의 온 사람의 소질과 성향에 있어서, 하나님과 사람에게 지고 있는 거룩함과 의의 모든 의무를 이행함에 있어서 각자가 개인적으로, 완전히, 영구히 이 법을 준수하고 순종하도록 지시하고 구속하며, 이 도덕법을 지키는 데는 생명을 약속하고 이것을 위반함에는 죽음으로 위협한다.
(신 5:1~3, 31, 33, 눅 10:26~27, 갈 3:10, 살전 5:23, 눅 1:75, 행 24:16, 롬 10:5, 갈 3:10, 12)

문 94 타락한 후의 사람에게도 도덕법이 소용 있는가?

답 타락 후에는 아무도 도덕법에 의하여 의와 생명에 이를 수 없으나, 중생하지 못한 자와 중생한 자에게 특이하게 소용됨과 마찬가지로 모든 사람에게 공통적으로 크게 소용되는 것이다.
(롬 8:3, 갈 2:16, 딤전 1:8)

문 95   도덕법이 모든 사람에게 무슨 소용이 있는가?

답   도덕법이 모든 사람에게 소용되나니 하나님의 거룩한 성질과 뜻과 그들이 따라서 행하여야 할 의무를 알게 하는 데 소용되며, 그들이 이를 지키는데, 무능함과 그들의 성질, 마음, 생활의 죄악한 더러움을 확신케 하여, 그들로 하여금 그들의 죄와 재난을 느껴 겸손케 함으로써 그리스도와 그의 완전한 순종의 필요성을 더욱더 명백히 깨닫게 하는 데 도움이 된다.

(레 11:44~45, 20:7~8, 롬 7:12, 미 6:8, 약 2:10~11, 시 19:11~12, 롬 3:20, 7:7, 3:9, 23, 갈 3:21~22, 롬 10:4)

문 96   도덕법이 중생하지 못한 자들에게 무슨 특수한 소용이 있는가?

답   도덕법은 중생하지 못한 자들에게도 소용이 있어 그들의 양심을 일깨워 장차 임할 진노를 피하게 하며 그리스도께로 그들을 인도한다. 혹은 죄의 상태와 길에 계속 머물러 있는 경우에는 그들로 하여금 핑계할 수 없게 하여 그 저주 아래 있게 하는 데 소용이 있다.

(딤전 1:9~10, 갈 3:24, 롬 1:20, 2:15, 갈 3:10)

문 97   도덕법이 중생한 자들에게는 무슨 특별한 소용이 있는가?

답   중생하여 그리스도를 믿어 행위의 언약인 도덕법에서 해방되었으므로 이로써 의롭다 하심을 받거나 정죄를 받는 일은 없을지라도 모든 사람에게 공통된 도덕법의 일반적 소용 외에, 이 법을 친히 성취하시고 그들을 대신하여, 그들의 선을 위하여 도덕법의 저주를 참으신 그리스도와 그들이 얼마나 밀접한 관계가 있음을 보여 줌으로써 그들로 하여금 더욱더 감사케 하며, 이 감사를 표시하려고 그들의 법칙으로서 도덕법을 더욱더 조심하여 따르게 하는 특별한 소용이 있는 것이다.
(롬 6:14, 7:4, 6, 갈 4:4~5, 롬 3:20, 갈 5:23, 롬 8:1, 7:24~25, 갈 3:13~14, 롬 8:3~4, 눅 1:68~69, 74~75, 골 1:12~14, 롬 7:22, 12:2, 딛 2:11~14)

문 98 어디에 도덕법이 요약되어 포함되어 있는가?

답 도덕법은 십계명에 요약되어 포함되어 있다. 이는 시내산 상에서 하나님의 음성으로 연술되고 두 석판에 친히 써 주신 것으로 출애굽기 20장에 기록되어 있다. 첫 네 계명에는 하나님께 대한 우리의 의무, 나머지 여섯 계명은 사람에 대한 우리의 의무가 포함되어 있다.
(신 10:4, 출 34:1~4, 마 22:37~40)

문 99 십계명을 바로 이해하기 위해서는 어떠한 법칙을 준수해야 하는가?

답 십계명을 바로 이해하기 위해서는 다음의 법칙을 준수해야 한다.
1. 율법은 온전한 것으로 누구나 다 온 사람이 그 의를 충분히 따르고 영원토록 온전히 순종하여 모든 의무를 철두철미하게 끝까지 완수하여야 하며, 무슨 죄를 막론하고 극히 작은 죄라도 금한다는 것.
2. 율법은 신령하여 말과 행실과 작법(作法)은 물론이고, 이해와 의지와 감정과 기타 영혼의 모든 능력들에까지 미치고 있는 것.
3. 여러 가지 점에서 똑같은 것이 몇 계명 중에 명해졌거나 금해졌다는 것.

4. 해야 될 의무를 명한 곳에는 그와 반대되는 죄를 금한 것이고, 어떤 죄를 금한 곳에는 그와 반대되는 의무를 명한 것과 같이 어떤 약속이 부가된 곳에는 그와 반대되는 협박이 포함되어 있고 어떤 협박이 부가된 곳에는 그와 반대되는 약속이 포함되어 있다는 것.
5. 하나님께서 금하신 것은 아무 때나 해서 안 되며, 그의 명하신 것은 언제나 우리의 의무이나, 모든 특수한 의무는 언제나 행할 것이 아니라는 것.
6. 한 가지 죄 또는 의무 밑에 같은 종류는 전부 금했거나 명령되었는데 이들의 모든 원인, 방편, 기회와 모양과 이에 이르는 자극도 모두 포함되어 있다는 것.
7. 우리들 자신에게 금했거나 명령된 일이라면 다른 사람들의 지위의 의무를 따라서 그들도 이를 피하거나 행하도록 우리의 지위를 따라 노력할 의무가 있다는 것.
8. 다른 사람들에게 명령된 일에는 우리의 지위와 사명에 따라 그들을 도와야 할 의무가 있고, 그들에게 금한 일에는 다른 사람들과 동참하지 않도록 조심할 의무가 있다는 것.
(시 19:7, 약 2:10, 마 5:21~48, 롬 7:14, 신 6:5, 마 22:37~39, 골 3:5, 암 8:5, 잠 1:19, 딤전 6:10, 사 58:13, 신 6:13, 마 4:9~10, 15:4~6, 5:21~24, 엡 4:28, 출 20:12, 잠 30:17, 렘 18:7~8, 출 20:7, 시 15:1, 4, 5, 욥 13:7~8, 롬 3:8, 욥 36:21, 히 11:25, 신 4:8~9, 마 12:7, 5:21~22, 27~28, 15:4~6, 히 10:24~25, 살전 5:22, 유 1:23, 갈 5:26, 골 3:21, 출 20:10, 레 19:17, 창 18:19, 수 24:15, 신 6:6~7, 고후 1:24, 딤전 5:22, 엡 5:11, 시 24:4~5)

문 100 십계명에서 어떠한 특별한 것들을 고찰해야 하는가?
답 우리는 십계명에서 서문과 십계명 자체의 내용과 계명을 더욱더 강화하기 위하여 그중 어떤 것들에 첨부된 몇 가지 이유를 고찰해야만 한다.

문 101 십계명의 서문은 무엇인가?
답 십계명의 서문은 이 말들에 포함되어 있으니 「나는 너를 애굽 땅, 종 되었던 집에서 인도하여 낸 너의 하나님 여호와로라」 여기에 하나님께서는 자기의 주권을 여호와 영원 불변하시며 전능하신 하나님으로 나타내셨으며, 자기의 존재를 자기 자신 안에 자신으로 말미암아 소유하시고 자기의 모든 말씀과 하시는 일에 존재를 부여하시며, 옛날에 이스라엘과 맺으신 것과 같이 자기 모든 백성과 언약을 맺으신 하나님이시며, 이스라엘을 애굽의 포로 멍에에서 인도하여 내신 것과 같이 우리를 영적 노예 속박에서 구출하시었다. 이 하나님만을 우리의 하나님으로 삼고 그의 모든 계명을 지켜야 하겠다.
(출 20:2, 사 44:6, 출 3:14, 6:3, 행 17:24, 28, 창 17:7, 롬 3:29, 눅 1:74~75, 벧전 1:15~18, 레 18:30, 19:37)

문 102 하나님께 대한 우리의 의무를 포함하는 첫 네 계명의 대강령은 무엇인가?
답 하나님께 대한 우리의 의무를 포함한 첫 네 계명의 대강령은 우리 마음을 다하며 목숨을 다하며 힘을 다하며 뜻을 다하여 주 우리 하나님을 사랑하는 것이다.
(눅 10:27)

문 103 제 일 계명은 무엇인가?
답 제 일 계명은 「나 외에는 다른 신들을 네게 있게 말지니라」 하신 것이다.
(출 20:3)

문 104 제 일 계명이 요구하는 의무는 무엇인가?
답 제 일 계명에 요구된 의무는 하나님께서 홀로 참되신 하나님이시며 우리의 하나님이심을 알고 인정하며 따라서 그만을 생각하고, 명상하고, 기억하고, 높이고, 존경하고, 경배하고, 택하고, 사랑하고, 원하고, 경외함으로 그에게 예배하고, 영화롭게 하고, 그를 믿고 의지하고 바라고 기뻐하고 즐거워하고 그에 대한 열심이 있고 그를 부르는 모든 찬송과 감사를 드리고, 온 사람이 그에게 모두 순종하고 복종하며 그를 기쁘시게 하기 위하여 범사에 조심하고 만일 무슨 일에든지 그를 노엽게 하면 슬퍼하며 그리고 그와 겸손히 동행하는 것이다.
(대상 28:9, 신 26:17, 사 43:10, 렘 14:22, 시 95:6~7, 마 4:10, 시 29:2, 말 3:16, 시 63:6, 전 12:1, 시 71:19, 말 1:6, 사 45:23, 수 24:15, 22, 신 6:5, 시 73:25, 사 8:13, 출 14:31, 사 26:4, 시 130:7, 37:4, 32:11, 롬 12:11, 민 25:11, 빌 4:6, 렘 7:23, 약 4:7, 요일 3:22, 렘 31:18, 시 119:136, 미 6:8)

문 105 제 일 계명에 금한 죄들은 무엇인가?
답 제 일 계명에 금한 죄들은 다음과 같다. 하나님을 부인하거나 모시지 않는 무신론, 참 하나님 대신 다른 신을 모시거나 유일신보다 여러 신들을 섬기거나 예배하는 우상 숭배, 이 계명이 요구하는 하나님께 당연히 드릴 것을 무엇이든지 생략하거나 태만히 하는 것, 그를 모르고 잊어버리고 오해하고 그릇된 의견을 가지며 무가치하고 악하게 그를 생각하는 것, 그의 비밀을 감히 호기심으로 파고들려 하는 것, 모든 신성 모독과 하나님을 미워하고 자기를 사랑하고 자기 중심을 찾고 우리의 지, 정, 의를 과도히 무절제하게 다른 모든 길에 두고 전적으로 또는 부분적으로 우리의 지, 정, 의를 하나님에게서 떠나게 하는 것, 공연한 경신(輕信), 불신앙, 이단, 그릇된 신앙, 불신뢰, 절망, 고칠 수 없음, 심판 아래 무감각, 돌같이 굳은 마음, 교만, 참월(僭越), 육에 속하는 안전감, 하나님을 시험하는 것, 불법적인 수단을 씀과 합법적인 수단을 의뢰하는 것, 육에 속하는 기쁨과 즐거움이며, 부패하고 맹목적이며 무분별한 열심을 가지는 것, 미지근함과 하나님의 일에 대하여 죽음과 하나님에게서 멀어짐과 배교(背敎)하는 것, 성도들이나 천사들 혹은 다른 어떤 피조물에게 기도하든지 종교적 예배를 드리는 것, 마귀와의 모든 맹약과 의논하며 그의 암시에 귀를 기울이는 것, 사람들을 우리의 신앙과 양심의 주들로 삼는 것, 하나님과 그의 명령을 경시하고 경멸하는 것, 하나님의 영을 대항하고 슬프게 하고 그의 경륜들에 대해 불만하고 참지 못하며 우리에게 주신 재난에 대하여 어리석게 하나님을 비난하는 것, 우리들이 되어 있거나, 소유하거나 능히 할 수 있는 어떤 선에 대한 칭송을 행운, 우상, 우리들 자신, 또는 어떤 다른 피조물에게 돌리는 것이다.
(시 14:1, 엡 2:12, 렘 2:27~28, 살전 1:9, 시 81:11, 사 43:22~24, 렘 4:22, 호 4:1, 6, 렘 2:32, 행 17:23, 29, 사 40:18, 신 29:29, 딛 1:16, 히 12:16, 롬 1:30, 딤후 3:2, 빌 2:21, 요일

2:15~16, 삼상 2:29, 골 2:2, 5, 요일 4:1, 히 3:12, 갈 5:20, 딛 3:10, 행 26:9, 시 78:22, 창 4:13, 렘 5:3, 사 42:25, 롬 2:5, 렘 13:15, 시 10:13, 스 1:12, 마 4:7, 롬 3:8, 렘 17:5, 딤후 3:4, 갈 4:17, 요 16:2, 롬 10:2, 눅 9:54~55, 계 3:1, 16, 겔 14:5, 사 1:4~5, 롬 10:13~14, 요 4:12, 행 10:25~26, 계 19:10, 마 4:10, 골 2:18, 롬 1:25, 레 20:6, 삼상 28:7, 11, 대상 10:13~14, 행 5:3, 고후 1:24, 마 23:9, 신 32:15, 삼하 12:9, 잠 13:13, 행 7:51, 엡 4:30, 시 78:2~3, 13~15, 22, 욥 1:22, 삼상 6:7~9, 단 5:23, 신 8:17, 단 4:30, 합 1:16)

문 106 제 일 계명에 있는 「나 외에는」이란 말에서 우리는 특별히 무엇을 가르침 받는가?

답 제 일 계명에 있는 이 말들 「나 외에는」 혹은 「내 앞에서」는 만물을 보고 계신 하나님께서 어떤 다른 신을 두는 죄를 특별히 주목하시고 불쾌하게 여기신다는 것을 가르치니 이것은 이 죄를 범하지 못하게 막으며, 아주 파렴치한 도발로 하나님을 격노시킬 뿐 아니라 또한 우리가 주를 섬기는 일에 무엇을 하든지 그의 목전에서 하도록 설복시키는 논증이 될 것이다.

(겔 8:5~18, 시 44:20~21, 대상 28:9)

문 107 제 이 계명은 무엇인가?

답 제 이 계명은 「너를 위하여 새긴 우상을 만들지 말고 또 위로 하늘에 있는 것이나 아래로 땅에 있는 것이나 땅 아래 물 속에 있는 것의 아무 형상이든지 만들지 말며 그것들에게 절하지 말며 그것들을 섬기지 말라 나 여호와 너의 하나님은 질투하는 하나님인즉 나를 미워하는 자의 죄를 갚되 아비로부터 아들에게로 삼사 대까지 이르게 하거니와 나를 사랑하고 내 계명을 지키는 자에게는 수천 대까지 은혜를 베푸느니라」하신 것이다.
(출 20:4~6)

문 108 제 이 계명에 요구된 의무들은 무엇인가?
답 제 이 계명에 요구된 의무들은 하나님께서 자기 말씀 가운데, 제정하신 종교적 예배와 규례를 받아 준수하고 순전하게, 전적으로 지키는 것이다. 특히 그리스도의 이름으로 드리는 기도와 감사이며, 말씀 읽고 전함과 들음이며, 성례들의 거행과 받음이며, 교회 정치와 권징, 성역과 그것의 유지, 종교적 금식, 하나님의 이름으로 맹세하는 것과, 그에게 서약하는 것, 또한 모든 거짓된 예배를 부인하고 미워하며 반대함이며, 각자의 지위와 사명에 따라 거짓된 예배와 모든 우상 숭배의 기념물을 제거함이다.
(신 32:46~47, 마 28:20, 행 2:42, 딤전 6:13~14, 빌 4:6, 엡 5:20, 신 17:18~19, 행 15:21, 딤후 4:2, 약 1:21~22, 행 10:33, 마 28:9, 고전 11:23~30, 마 18:15~17, 16:19, 고전 5:1~13, 12:28, 엡 4:11~12, 딤전 5:17~18, 고전 9:7~15, 욜 2:12~13, 고전 7:5, 신 6:13, 사 19:21, 시 76:11, 행 17:16~17, 시 16:4, 신 7:5, 사 30:22)

문 109 제 이 계명에서 금지된 죄들은 무엇인가?
답 제 이 계명에서 금지된 죄들은 하나님께서 친히 제정하지 않으신 어떤 종교적 예배를 고안하고, 의논하고, 명령하고, 사용하고, 어떤 모양으로 승인하는 것들이며 하나님의 삼위의 전수나 그중 어느 한 위의 표현이라도 내적으로 우리 마음속에나 외적으로 피조물의 어떤 형상이나 모양을 만드는 것이며 이 표현이나 혹은 이 표현 안에나 이것에 의한 하나님을 예배하는 모든 일이며 거짓 신들의 표현을 만들고 그들을 예배하며 섬기는 것이며, 우리 자신들이 발명하고 취해 올렸든지 전통에 의해 다른 사람들로부터 받았든지 구제도, 풍속, 경건, 선한 의도, 혹은 다른 어떤 구실의 명목 아래 예배에 추가하거나 삭감하여 하나님의 예배를 부패케 하는 미신적 고안이며, 성직 매매, 신성 모독이며, 하나님이 정하신 예배와 규례들에 대한 모든 태만과 경멸과 방해와 반항이다.

(민 15:39, 신 13:6~8, 호 5:12, 미 6:16, 왕상 11:33, 12:33, 신 12:30~32, 13:6~12, 스 13:2~3, 계 2:2, 14, 15, 20, 17:12, 16, 17, 신 4:15, 19, 행 17:29, 롬 1:21~23, 25, 단 3:18, 갈 4:8, 출 32:8, 왕상 18:26, 28, 사 65:11, 행 17:22, 골 2:21~23, 말 1:7, 8, 14, 신 4:2, 시 106:39, 마 15:9, 벧전 1:18, 렘 44:17, 사 65:1~5, 갈 1:13~14, 삼상 13:11~12, 15:21, 행 8:18, 롬 2:22, 말 3:8, 출 4:24~26, 마 22:5, 말 1:7, 13, 마 23:15, 행 13:44~45, 살전 2:15~16)

문 110 제 이 계명을 더 강화하려고 여기에 어떠한 이유들이 부가되었는가?

답 제 이 계명을 더 강화하려고 부가된 이유들은 다음의 말씀에 내포되어 있다. 곧 「나 여호와 너의 하나님은 질투하는 하나님인즉 나를 미워하는 자의 죄를 갚되 아비로부터 아들에게로 삼사 대까지 이르게 하거니와 나를 사랑하고 내 계명을 지키는 자에게는 천 대까지 은혜를 베푸느니라」한 것이다. 우리 위에 있는 하나님의 주권과 우리 안에 있는 적당성 외에, 모든 거짓된 예배를 영적 음행으로 여기고 보복하는 분노와 이 계명을 범한 자들을 자기를 미워하는 자들로 여기시어 여러 대에 이르기까지 그들을 형벌하기로 위협하심과 자기를 사랑하며 이 계명을 지키는 자들은 자기를 사랑하며 자기의 계명들을 지키는 자로 간주하시어 여러 대에 이르기까지 자기의 긍휼을 약속하신 것이다.
(출 20:5~6, 시 45:11, 계 15:3~4, 출 34:13~14, 고전 10:20~22, 렘 7:18~20, 겔 16:26~27, 신 32:16~20, 호 2:2~4, 신 5:29)

문 111 제 삼 계명은 무엇인가?

답 제 삼 계명은 「너는 너희 하나님 여호와의 이름을 망령되이 일컫지 말라 나 여호와는 나의 이름을 망령되이 일컫는 자를 죄 없다 하지 아니하리라」하신 것이다.
(출 20:7)

문 112 제 삼 계명에 요구된 것은 무엇인가?

답 제 삼 계명이 요구하는 것은 하나님의 이름, 그의 칭호, 속성, 규례, 말씀, 성례, 기도, 맹세, 서약, 추첨, 그 역사(役事)와 그 외에 자기 자신을 나타내시는 것은 무엇이든지 하나님의 영광과 우리들 자신과 남들의 선을 위하여 거룩한 고백과 책임 있는 담화로써 거룩하게 또는 경외함으로 생각하고, 명상하고, 말하며, 글 써야 한다.
(마 6:9, 신 28:58, 시 29:2, 68:4, 계 15:3~4, 말 1:14, 전 5:1, 시

138:2, 고전 11:24~25, 28~29, 딤전 2:8, 렘 4:2, 전 5:2, 4:6, 행 1:24, 26, 욥 36:24, 말 3:16, 시 8:1, 3, 4, 9, 골 3:17, 시 105:2, 5, 102:18, 벧전 3:15, 미 4:5, 빌 1:27, 고전 10:31, 렘 32:39, 벧전 2:12)

문 113 제 삼 계명에서 금지된 죄들은 무엇인가?

답 제 삼 계명에서 금지된 죄들은 하나님의 이름을 명한 대로 사용하지 않음과 무지하게, 헛되이, 불경하게, 모독적으로 미신적으로 혹은 사악하게 언급하든지 그의 칭호, 속성, 규례 혹은 사역을 모독하여 위증함으로, 또는 모든 죄악한 저주, 맹세, 서원과 추첨으로 하나님의 이름을 남용함이며, 합법적인 경우에 우리 맹세와 서원을 위반함과 불법적인 경우에 그것을 지킴이며, 하나님의 작정과 섭리에 대하여 불평함과 다툼, 이를 호기심으로 파고들거나 오용함이며, 하나님의 말씀이나 그것의 어느 부분을 잘못 해석하거나 잘못 응용하거나 어떤 방식으로 곡해하여 신성을 모독하는 농담, 호기심이 강하거나 무익한 의문, 헛된 말다툼 혹은 그릇된 교리를 지지하는 데 쓰이는 것이며, 하나님의 이름을 피조물 혹은 하나님의 이름 밑에 내포되어 있는 무엇이든지 진언이나 죄악한 정욕과 행사에 악용함이며, 하나님의 진리와 은혜 및 방법을 훼방하고 경멸하고 욕설하고 혹은 어떻게든지 반항함이며 외식과 사악한 목적으로 신앙을 고백하는 것이며, 하나님의 이름을 부끄러워하거나 불안한, 지혜없는, 결실 없는, 해로운 행위에 의해서 그 이름에 수치를 돌리거나 그 이름을 배반함이다.

(말 2:2, 행 17:23, 잠 30:9, 말 1:6~7, 12, 3:14, 삼상 4:3~5,

렘 7:4, 9, 10, 14, 31, 골 2:20~22, 왕하 18:30, 35, 출 5:2, 시 139:20, 사 5:13, 왕하 19:22, 스 5:4, 8:17, 삼상 17:43, 삼하 16:5, 렘 5:7, 23:10, 신 23:18, 행 23:13~14, 에 3:7, 9:24, 시 22:18, 24:4, 겔 17:16, 18, 19, 막 6:26, 삼상 25:22, 32~34, 롬 9:14, 19, 20, 신 29:29, 롬 3:5, 7, 6:1~3, 전 8:11, 9:3, 시 39:1~13, 마 5:21~28, 렘 23:34, 36, 38, 딤전 1:4, 6~7, 6:4~5, 20, 딤후 4:3~4, 롬 13:13~14, 왕상 21:9~10, 유 1:4, 요일 3:12, 시 1:1, 벧후 3:3, 벧전 4:5, 행 13:45~46, 50, 4:18, 19:9, 살전 2:16, 히 10:29, 딤후 3:5, 마 23:14, 6:1~2, 5, 16, 막 8:38, 시 73:14~15, 고전 6:5~6, 엡 5:11~17, 사 5:4, 벧후 1:8~9, 롬 2:23~24, 갈 3:1, 3, 히 6:6, 딤후 2:14, 딛 3:9, 신 18:10~14, 행 19:13)

문 114 제 삼 계명에 어떠한 이유들이 첨부되었는가?

답 「너희 하나님 여호와」와 「나 여호와는 나의 이름을 망령되이 일컫는 자를 죄 없다 하지 아니하리라」 하신 이 말씀에 나타나 있는 제 삼 계명에 첨부된 이유들은 하나님은 주와 우리 하나님 여호와시므로 우리는 그의 이름을 훼방하거나 어떤 방식으로든지 악용할 수 없기 때문이며, 특히 비록 많은 이 계명 위반자들이 사람들의 비난과 형벌은 피할 수 있을지라도 하나님께서는 이 계명의 위반자를 방면케 하여 구해 주시기는커녕 그들로 하여금 그의 의의 심판을 결단코 피하지 못하게 하실 것이라 함이다. (출 20:7, 레 19:12, 겔 36:21~23, 신 28:58~59, 슥 5:2~4, 삼상 2:12, 17, 22, 24, 3:13)

문 115   제 사 계명은 무엇인가?
답   제 사 계명은 「안식일을 기억하여 거룩히 지키라 엿새 동안은 힘써 네 모든 일을 행할 것이나 제 칠일은 너희 하나님 여호와의 안식일인즉 너나 네 아들이나 네 딸이나 네 남종이나 네 여종이나 네 육축이나 네 문안에 유하는 객이라도 아무 일도 하지 말라 이는 엿새 동안에 나 여호와가 하늘과 땅과 바다와 그 가운데 모든 것을 만들고 제 칠일에 쉬었음이라 그러므로 나 여호와가 안식일을 복되게 하여 그 날을 거룩하게 하였느니라」 하신 것이다.
(출 20:8~11)

문 116   제 사 계명에서 요구되는 것은 무엇인가?
답   제 사 계명이 모든 사람에게 요구하는 것은 하나님께서 자기의 말씀에 지정하신 정한 시기, 특히 칠일 중에 하루 온종일 거룩하게 하는 것 곧 거룩히 지키는 것인데, 이는 창세로부터 그리스도의 부활까지 제 칠일이고 그 후부터는 매주 첫날이 되어 세상 끝날까지 이렇게 계속하게 되어 있으니 이것이 기독교의 안식일인데 신약에서 주일이라고 일컫는다.
(신 5:12~14, 창 2:2~3, 고전 15:12, 행 20:7, 마 5:17~18, 사 56:2, 4, 6, 7, 계 1:10)

문 117   안식일 혹은 주일을 어떻게 거룩하게 하여야 하는가?
답   안식일 혹은 주일을 거룩하게 함은 온종일 거룩히 쉼으로 할 것이니 언제나 죄악된 일을 그칠 뿐 아니라 다른 날에 합당한 세상 일이나 오락까지 그만두어야 하되 부득이한 일과 자선 사업에 쓰는 것을 제외하고는 그 시간을 공사간 예배하는 일에 드리는 것을 기쁨으로 삼을 것이다. 그 목적을 위하여 우리 마음을 준비할 것이며, 세상 일을 미리 부지런히 절제 있게 배치하여 적절히 처리하여 주일의 의무들에 더욱더 자유로이 또는 적당히 행할 수 있어야 할 것이다.
(출 20:8, 10, 16:25~29, 느 13:15~22, 렘 17:21~22, 마 12:1~13, 사 58:13, 눅 4:16, 행 20:7, 고전 16:1~2, 시 92편, 사 66:23, 레 23:3, 눅 23:54, 56, 출 16:22, 25, 26, 29)

문 118 왜 가장들과 기타 윗사람들에게 안식일을 지키라는 훈령이 특별히 지향되는가?

답 특별히 가장들과 기타 윗사람들에게 안식일을 지키라는 훈령이 더욱 특별히 지향되는 것은 그들 자신에게 안식일을 지킬 의무가 있을 뿐 아니라 그들의 통솔 아래 있는 사람들도 안식일을 반드시 지키게 할 의무가 있기 때문이며, 그들 자신의 일로 아랫사람들이 안식일을 못 지키게 방해하는 일이 흔히 있기 때문이다.
(출 20:10, 수 24:15, 느 13:15, 17, 렘 17:20~22, 출 23:12)

문 119 제 사 계명에서 금지된 죄들은 무엇인가?

답 제 사 계명에서 금지된 죄들은 요구된 의무 중에 어느 것이라도 빠뜨림이며, 이 의무들을 모두 부주의하며 태만하여 무익하게 이행함과 이에 지쳐 괴로워함이며, 게으름과 그 자체가 죄인 일을 함으로, 그리고 세상의 일과 오락에 대하여 필요없는 일, 말, 생각 등을 함으로 그 날을 더럽힘이다.

(겔 22:26, 행 20:7, 9, 겔 33:30~32, 암 8:5, 말 1:13, 겔 23:38, 렘 17:24, 27, 사 58:13)

문 120 제 사 계명을 더욱더 강화하려고 여기에 어떠한 이유들이 부가되었는가?

답 제 사 계명을 더욱더 강화하려고 부가된 이유들은, 하나님께서 이레 중 엿새를 허락하셔서 우리 자신의 일을 돌보게 하시고, 자기 자신을 위해서는 하루만을 남겨 두신 이 계명의 공평성에 있으니 「엿새 동안은 힘써 네 모든 일을 행할 것이다」 하신 말씀에 나타나 있는 것이며, 「제 칠일은 너희 하나님 여호와의 안식일인즉」이라 하시어 그 날의 특별한 적절성에 대해 하나님께서 주의를 촉구하신 데 있으며, 이는 「엿새 동안에 하늘과 땅과 바다와 그 가운데 모든 것을 만들고 제 칠일에 쉬신」 하나님의 본을 받음에 있으며, 하나님께서 이 날을 자기를 섬기는 거룩한 날로 거룩하게 하실 뿐 아니라 우리가 이 날을 거룩히 지킬 때 우리에게 주시는 복의 방편으로 정하심으로 하나님께서 이 날을 복되게 하신 데 있는 것이다.

(출 20:9~11)

문 121 제 사 계명의 첫머리에 왜 기억하라는 말이 있는가?

답 제 사 계명의 첫머리에 기억하라는 말이 있음은 부분적으로 안식일을 기억함에서 오는 큰 혜택 때문이니, 우리가 그것에 의하여 이 날을 지키려고 준비하는 일에 도움을 받으며 이를 지킴에 있어서 남은 모든 계명을 지킴과 짧은 종교의 요약을 포함하는 창조와 구속의 두 가지 큰 혜택을 계속하여 감사히 기억함은 더 좋은 일이기 때문이며, 부분적으로는 우리가 이 날을 흔히 잊어 버리기 쉽기 때문이니, 이것에 대한 자연의 빛이 조금 적으나 이 것은 오히려 다른 때에 합당한 일들에 있어서의 우리의 본래의 자유를 제재하며, 이것은 이레 중에 단 한 번만 오고 여러 가지 세상의 일들이 그 사이에 옴으로 우리들의 마음을 이 날에 대한 생각으로부터 빼앗아 가서 이 날을 준비하거나 이 날을 거룩히 하는 일에 지장이 있게 하며, 사단은 그의 기구들을 가지고 많이 힘써 이 날의 영광을 거두어 버리고, 심지어 이를 기억하지 못하게 하여 모든 비종교적, 불경한 요소를 들어오게 하려 한다.
(출 20:8, 16:23, 눅 23:54, 56, 막 15:42, 시 92:13~14, 겔 20:12, 19, 20, 창 2:2~3, 시 118:22, 24, 행 4:10~11, 계 1:10, 겔 22:26, 느 9:14, 출 34:21, 신 5:14~15, 암 8:5, 애 1:7, 렘 17:21~23, 느 13:15~23)

문 122 사람에 대한 우리 의무를 포함하는 나머지 여섯 가지 계명의 대강령은 무엇인가?

답 사람에 대한 우리의 의무를 포함하는 나머지 여섯 가지 계명의 대강령은 우리 이웃을 내 몸같이 사랑하며 남에게 대접을 받고자 하는 대로 우리도 남을 대접하는 것이다.
(마 22:39, 7:12)

문 123 제 오 계명은 무엇인가?

답 제 오 계명은 「네 부모를 공경하라 그리하면 너의 하나님 나 여호와가 네게 준 땅에서 네 생명이 길리라」는 것이다.
(출 20:12)

문 124 제 오 계명에 있는 부모는 누구를 뜻하는가?

답 제 오 계명에 있는 부모는 혈육의 부모뿐 아니라 연령, 은사의 모든 윗사람과 특히 하나님의 규례에 의하여 가정, 교회, 국가를 막론하고 우리 위에 권위의 자리에 있는 자들을 뜻한다.

(잠 23:22, 25, 엡 6:1~2, 딤전 5:1~2, 창 4:20~22, 잠 14:8, 왕하 5:13, 2:12, 13:14, 갈 4:19, 사 49:23)

문 125 왜 윗사람들을 부모라 칭하여야 하는가?

답 윗사람들을 부모라 칭함은 아랫사람들에 대한 모든 의무를 가르쳐 육신의 부모같이 그 몇몇 관계에 따라 아랫사람들을 사랑으로 부드럽게 대하게 하고 아랫사람들로 하여금, 마치 그들 자신의 부모에게 하듯 자기 윗사람들에 대한 의무를 더욱더 기꺼이 유쾌하게 행하게 하려 함이다.

(엡 6:4, 고후 12:14, 살전 2:7~8, 민 11:11~12, 고전 4:14~16, 왕하 5:13)

문 126 제 오 계명의 일반적 범위는 무엇인가?

답 제 오 계명의 일반적 범위는 아랫사람 윗사람 혹은 동등자들로서 몇몇 상호 관계에 있어서 우리가 서로 지고 있는 의무들을 행하는 것이다.

(엡 5:21, 벧전 2:17, 롬 12:10)

문 127 아랫사람들이 윗사람들에게 어떻게 존경을 표시해야 할 것인가?

답 아랫사람들이 윗사람들에게 표시해야 할 존경은 언행 심사 간에 모든 합당한 경의와 그들을 위한 기도와 감사, 그들의 덕행을 본받음과 그들의 합법적인 명령과 권고에 즐거이 순종함과, 그들의 징계에 당연히 굴복함과 그들의 여러 등급 및 그들의 지위의 성질에 따라 윗사람들의 인물과 권위에 충성하고, 옹호하며 지지함과 그들의 연약성을 참고, 이를 사랑으로 덮음으로써 그들로 하여금 그들과 그들의 정부에게 영예가 되게 함이다.
(말 1:6, 레 19:3, 잠 31:28, 벧전 3:6, 레 19:32, 왕상 2:19, 딤전 2:1~2, 히 13:7, 빌 3:17, 엡 6:1~2, 5~7, 벧전 2:13~14, 롬 13:1~5, 히 13:17, 잠 4:3~4, 23:22, 출 18:19, 24, 히 12:9, 벧전 2:18~20, 딛 2:9~10, 삼상 26:15~16, 삼하 18:3, 엡 6:2, 마 22:21, 롬 13:6~7, 딤전 5:17~18, 갈 6:6, 창 45:11, 47:12, 9:23, 시 127:3~5, 잠 31:23)

문 128 아랫사람들이 윗사람들에게 대하여 범하는 죄들은 무엇인가?
답 아랫사람들이 윗사람들에게 범하는 죄들은 그들에게 요구된 의무를 소홀히 함과, 합법적인 권고의 명령, 징계에 그들의 인물과 지위를 시기하고 경멸하고 반역함과 그들과 그들의 정부에 치욕과 불명예로 판명되는 그런 모든 다루기 힘든 수치스러운 태도 등이다.
(마 15:4~6, 민 11:28~29, 삼상 8:7, 사 3:5, 삼하 15:1~12, 출 21:15, 삼상 2:25, 10:27, 신 21:18~21, 잠 30:11, 17, 19:26)

문 129 아랫사람들에 대하여 윗사람들에게 요구되는 것이 무엇인가?
답 윗사람들에게 요구되는 것은 하나님에게서 받은 권세와 그들이 가진 관계에 따라서 그들의 아랫사람들을 사랑하고, 위하여 기도하고, 축복하며, 그들을 가르치고, 권고하고, 훈계하며, 잘

하는 자들을 격려하고, 칭찬하고, 포상하며, 잘못하는 자들을 반대하고 책망하고 징벌하며, 영혼과 몸에 필요한 모든 것을 그들을 위하여 보호하고 예비하며, 정중하고 지혜롭고 거룩하고 모범적인 태도로 하나님께 영광 돌리고 자신들에게 영예가 있게 하여 하나님께서 그들에게 주신 권위를 보존하는 것이다. (골 3:19, 삼상 12:23, 욥 1:5, 왕상 8:55~56, 히 7:7, 창 49:28, 신 6:6~7, 엡 6:4, 벧전 3:7, 2:14, 욥 29:12~17, 사 1:10, 17, 딤전 5:8, 4:12, 딛 2:3~5, 왕상 3:28, 딛 2:15)

문 130 윗사람들의 죄들이란 무엇인가?

답 윗사람들이 짓는 죄들은 요구된 의무를 소홀히 하는 일 외에 자기 자신들, 자기 자신들의 명예, 평안함, 유익 혹은 쾌락을 과도히 추구함과 불법하거나 아랫사람들의 권한에 있지 않는 일을 하라고 명령함이며, 악한 일을 권고하고 격려하거나 찬성함이며, 선한 일을 못하게 말리며 낙심시키거나 반대함이며, 그들을 부당하게 징계함이며, 부주의하여 잘못된 일, 시험, 위험에 그들을 폭로하거나 내버려둠이며, 그들을 격동하여 격분케 함이며 혹은 어떤 모양으로든지 그들 자신을 욕되게 하거나, 불공평, 무분별, 가혹하거나, 태만한 행동으로 그들의 권위를 삭감함이다. (겔 34:2~4, 빌 2:21, 요 5:44, 7:18, 사 56:10~11, 신 17:17, 단 3:4~6, 행 4:17~18, 히 12:10, 신 25:3, 창 38:11, 26, 행 18:17, 엡 6:4, 창 9:21, 왕상 12:13~16, 1:6, 삼상 2:29~31)

문 131 동등자들의 의무는 무엇인가?

답 동등자들의 의무는 피차의 존엄과 가치를 존중하여 서로서로

경의를 표하며, 피차 받은 바 은사 및 높아짐을 자기 자신의 것처럼 기뻐하는 것이다.
(벧전 2:17, 롬 12:10, 12:15~16, 빌 2:3~4)

문 132 동등자들끼리의 죄는 무엇인가?

답 동등자들끼리의 죄는 명령 받은 의무를 소홀히 하는 일 외에 피차의 가치를 과소 평가하고, 피차의 은사를 질투하고, 피차의 높아짐과 번영함을 기뻐하지 않고, 다른 사람보다 우수해지고자 횡포하는 것 등이다.
(롬 13:8, 딤후 3:3, 행 7:9, 갈 5:26, 민 12:2, 에 6:12~13, 요삼 1:9, 눅 22:24)

문 133 제 오 계명을 더욱 강화하도록 부가된 이유는 무엇인가?

답 「너의 하나님 나 여호와가 네게 준 땅에서 네 생명이 길리라」는 말씀에 나타나 있는 제 오 계명에 부가된 이유는 하나님의 영광과 그들 자신의 선을 이룰 수 있는 한에 있어서 이 계명을 지키는 모든 사람들에게 주시려는 장수와 번영의 분명한 약속이다.
(출 20:12, 신 5:16, 왕상 8:25, 엡 6:2~3)

문 134 제 육 계명은 무엇인가?

답 제 육 계명은 「살인하지 말지니라」 함이다.
(출 20:13)

문 135 제 육 계명에서 요구된 의무들은 무엇인가?

답 제 육 계명에서 요구된 의무들은 우리 자신들과 다른 사람들의 생명을 보존하기 위해 주의 깊은 연구와 합법한 노력을 아끼지 않는 것이니 누구의 생명이든지 불법하게 빼앗아 가려는 모든 사상과 목적에 대항하고 모든 격분을 억제하고, 그런 모든 경우와 시험과 습관을 피함으로, 폭력에 대한 정당 방위, 하나님의 손길을 참아 견디는 것, 마음의 종용, 영의 유쾌와 고기, 음료, 의약, 수면, 노동 및 오락의 온당한 사용으로, 자비로운 생각, 사랑, 민망, 온유, 우아함과 친절, 화평, 부드럽고 예의 있는 언행과 관용, 화해되기 쉬움, 상해의 관용 및 용서, 또한 악을 선으로 갚음과 곤궁에 빠진 자들을 위로하고 구제함, 죄 없는 자를 보호하고 옹호함으로 할 것이다.

(엡 5:28~29, 왕상 18:4, 렘 26:15~16, 행 23:12, 16~17, 21, 27, 엡 4:26~27, 삼하 2:22, 신 22:8, 마 4:6~7, 잠 1:10~11, 15~16, 삼상 24:12, 26:9~11, 창 37:21~22, 시 82:4, 잠 24:11~12, 삼상 14:45, 약 5:7~11, 히 12:9, 살전 4:11, 벧전 3:3~4, 시 37:8~11, 잠 17:22, 25:16, 27, 16:26, 전 3:4, 11, 삼상 19:4~5, 22:13~14, 롬 13:10, 눅 10:33~34, 골 3:12~13, 약 3:17, 벧전 3:8~11, 잠 15:1, 삿 8:1~3, 마 5:24, 엡 4:2, 32, 롬 12:17, 20~21, 살전 5:11, 욥 31:19~20, 마 25:35~36, 잠 31:8~9)

문 136 제 육 계명에서 금지된 죄들은 무엇인가?

답 제 육 계명에서 금지된 죄들은 공적 재판, 합법적인 전쟁 혹은 정당 방위 외에 우리 자신들이나 다른 사람들의 생명을 박탈하는 모든 것, 합법적이며 필요한 생명 보존의 방편을 소홀히 하거나 철회하는 것, 죄악한 분노, 증오심, 질투, 복수하려는 욕망을 가지는 것, 모든 과도한 격분, 산란케 하는 염려와, 육류와

음료, 노동 및 오락을 무절제하게 사용함과, 격동시키는 말과, 압박, 다툼, 구타, 상해, 다른 무엇이든지 사람의 생명을 파멸하기 쉬운 것이다.

(행 16:28, 창 9:6, 민 35:31, 33, 렘 48:10, 신 20:5~20, 출 22:2~3, 마 25:42~43, 약 2:15~16, 전 6:1~2, 마 5:22, 요일 3:15, 레 19:17, 잠 14:30, 롬 12:12, 2:22~23, 사 5:12, 잠 15:1, 12:18, 겔 18:18, 출 1:14, 갈 5:15, 잠 23:29, 민 35:16~18, 21, 출 21:18~36)

문 137 제 칠 계명은 무엇인가?
답 제 칠 계명은 「간음하지 말지니라」 함이다.
(출 20:14)

문 138 제 칠 계명에서 요구된 의무는 무엇인가?
답 제 칠 계명에서 요구된 의무는 몸, 마음, 애정, 말, 행위상의 정절과 우리들 자신들 및 다른 사람들 안에 정절을 보존하는 것, 눈과 기타 모든 감관(感管)들에 대하여 방심치 않고 주의를 깊이하는 것, 절제, 정절 있는 친구와 사귀며 온당한 의복 차림, 금욕의 은사 없는 자들의 결혼, 부부의 사랑과 동거, 우리의 사명에 근실한 노력, 모든 경우의 부정을 피함과 그것에 향하는 시험을 저항하는 것이다.

(살전 4:4, 고전 7:34, 골 4:6, 벧전 3:2, 고전 7:2, 9, 35~36, 욥 31:1, 행 24:24~25, 잠 2:16~20, 딤전 2:9, 잠 5:19~20, 벧전 3:7, 잠 31:11, 27~28, 5:8, 창 39:8~10)

문 139 제 칠 계명에서 금지된 죄들은 무엇인가?

답 제 칠 계명에서 금지된 죄들은 요구된 의무들을 소홀히 하는 외에 간통과 사통, 강간, 근친 상간, 남색, 모든 부자연스러운 정욕, 모든 부정한 상상과 생각, 목적 및 애정이며, 부패하거나 더러운 모든 서신 왕래, 혹은 그것에 귀를 기울임이며, 음탕한 표정, 뻔뻔스럽고 가벼운 행동, 근신치 않는 무례한 옷차림을 하는 것, 또한 합법한 결혼을 금지하고, 불법한 결혼을 시행함이며, 매음을 허락 관용 보존하며 그들에게 종종 가는 것이며, 독신 생활의 서약에 휩쓸어 넣는 것, 결혼을 부당하게 지연시키는 것이며 동시에 하나 이상의 아내나 남편을 가지는 것이며, 불의의 이혼 혹은 유기(遺棄)이며, 그리고 게으름, 폭식, 술 취함, 음란한 친구 사귐이며, 음탕한 노래와 서적, 춤, 연극, 우리들 자신이나 다른 사람들에게 음란을 자극시키는 것이나 음란의 행위 자체들이다.

(잠 5:7, 히 13:4, 갈 5:19, 삼하 13:14, 고전 5:1, 롬 1:24, 26, 27, 레 20:15~16, 마 5:28, 15:19, 골 3:5, 엡 5:3~4, 잠 7:5, 21~22, 사 3:16, 벧후 2:14, 잠 7:10, 13, 딤전 4:3, 레 18:1~21, 막 6:18, 말 2:11~12, 왕상 15:12, 왕하 23:7, 신 23:17~18, 레 19:29, 렘 5:7, 잠 7:24~27, 마 19:10~11, 고전 7:7~9, 창 38:26, 말 2:14~16, 마 19:5, 5:32, 겔 23:14~16, 사 23:15~17, 3:16, 막 6:22, 롬 13:14, 벧전 4:3, 왕하 9:30, 렘 4:30, 겔 23:40)

문 140 제 팔 계명은 무엇인가?

답 제 팔 계명은 「도적질하지 말지니라」 함이다.

(출 20:15)

문 141 제 팔 계명에서 요구된 의무는 무엇인가?

답 제 팔 계명에서 요구된 의무는 사람과 사람 사이의 계약들과 거래에 진실, 신실, 공의로움이니 매사람에게 당연히 줄 것을 주는 것이며, 바른 소유주에게서 불법 점유된 물건을 배상함이며, 우리들의 능력과 다른 사람들의 필요에 따라 아낌없이 주며 빌리는 것이며 이 세상 물건에 대한 우리의 판단, 의지, 애정의 절제이며, 우리의 성질의 유지에 필요하고 편리하며 우리의 상태에 맞는 것들을 획득하여 보존하며 사용하고 치리하려는 주의 깊은 용심과 연구이며, 합법한 천직과 그것에 근면함이며, 검약함이며, 불필요한 소송과 보증 서는 일이나 기타 그와 같은 용무들을 피함이며, 우리들 자신의 것과 마찬가지로 다른 사람들의 부와 외형적 재산을 구하여 보존하고 증진하기 위해 모든 공정하고 합법한 수단 방법으로 노력함이다.

(시 15:2, 4, 스 7:4, 10, 8:16~17, 롬 13:7, 레 6:2~5, 눅 19:8, 6:30, 38, 요일 3:17, 엡 4:28, 갈 6:10, 딤전 6:6~9, 갈 6:14, 딤전 5:8, 잠 27:23~27, 전 2:24, 3:12~13, 딤전 6:17~18, 사 38:1, 마 11:18, 고전 7:20, 창 2:15, 3:19, 엡 4:28, 잠 10:4, 요 6:12, 잠 21:20, 고전 6:1~9, 잠 6:1~6, 11:15, 레 25:35, 잠 22:1~4, 출 23:4~5, 47:14, 20, 빌 2:4, 마 22:39)

문 142 제 팔 계명에 금지된 죄들은 무엇인가?

답 제 팔 계명에 금지된 죄들은 요구된 의무들을 소홀히 하는 일 외에 절도, 강도 행위, 사람 납치, 장물 취득, 물건을 받음과 사기 거래, 속이는 저울질과 치수 재기, 땅 경계표를 마음대로 옮기는 것, 사람들 사이에 맺어진 계약이나 신탁의 사건들에 있어서 불공정하고, 불성실함이며, 억압, 착취, 고리대금, 뇌물 징수, 성가신 소송, 불법적으로 담을 두르는 것과 주민을 절멸하는 일들이며, 물건 값을 올리기 위해서 사람의 마음을 쏠리게 하는 상품, 부당한 값을 부르는 일과 우리의 이웃에게 속하는 것을 그에게서 취하거나 억류해 두거나 우리들 자신을 부유하게 하기 위한 다른 모든 불공평하거나 죄악한 방법들이며, 탐욕과 세상 재물을 과도하게 소중히 여기고 좋아함이며, 세상 재물을 얻어 보존하고 사용하는 일에 의심 많고 마음을 산란케 하는 염려와 노력이며, 다른 사람들이 잘되는 것에 대한 질투이며, 그와 마찬가지로 게으름, 방탕, 낭비하는 노름과 우리들의 외형적 재산에 대하여 부당한 편견을 가짐이며, 우리 자신을 속여 하나님께서 우리에게 주신 재물을 바로 사용하고 안락하게 즐기지 못하게 하는 것이다.

(약 2:15~16, 요일 3:17, 엡 4:28, 시 62:10, 딤전 1:10, 잠 29:24, 살전 4:6, 잠 11:1, 20:10, 신 19:14, 마 23:25, 겔 22:12, 시 15:15, 욥 15:34, 고전 6:6~8, 잠 3:29~30, 사 5:8, 미 2:2, 잠 11:26, 행 19:19, 24~25, 욥 20:19, 약 5:4, 잠 21:6, 눅 12:15, 딤전 6:5, 골 3:2, 잠 23:5, 시 62:10, 마 6:25, 31, 34, 전 5:12, 시 73:3, 37:1, 7, 살후 3:11, 잠 18:9, 21:17, 23:20~21, 28:19, 전 4:8, 6:2, 딤전 5:8)

문 143 제 구 계명은 무엇인가?

답 제 구 계명은 「네 이웃에 대하여 거짓 증거하지 말지니라」 함이다.

(출 20:16)

문 144 제 구 계명에서 요구된 의무는 무엇인가?

답 제 구 계명에서 요구된 의무는 사람과 사람 사이에 진실과 우리 이웃의 좋은 평판을 우리 자신의 것과 같이 보존하고 조장함이며 진실을 위하여 출두하며 이를 옹호함이며, 재판과 처벌의 사정들에 있어서, 무슨 일에 있어서든지 마음속에서부터 성실히, 자유로이 명백히, 충분히 진실만을 말함이며, 우리의 이웃을 관대히 평가함이며, 이웃의 좋은 평판을 사랑하며, 소원하며, 기뻐함이며, 그들의 연약을 슬퍼하며, 덮어 줌이며, 그들의 재능과 미덕을 너그럽게 승인하고, 그들의 결백을 변호함이며, 그들에 관한 좋은 소문을 쾌히 받아들이고 나쁜 소문을 시인하기를 즐겨하지 않음이며, 고자질하는 자, 아첨하는 자, 중상하는 자들을 낙망시킴이며, 우리들 자신의 좋은 평판을 사랑하고 보호하여 필요시에는 이를 옹호함이며, 합법한 약속을 지킴이며, 무엇이든지 참되고 정직하고 사랑스럽고 좋은 평판 있는 것을 연구하여 실천함이다.

(스 8:16, 요삼 1:12, 잠 31:8~9, 시 15:2, 대하 19:9, 삼상 19:4~5, 수 7:19, 삼하 14:18~20, 레 19:15, 잠 14:5, 25, 고후 1:17~18, 엡 4:25, 히 6:9, 고전 13:7, 롬 1:8, 요삼 1:3, 4, 고전 1:4, 5, 7, 딤후 1:4~5, 삼상 22:14, 고전 13:6~7, 시 15:3, 잠 25:23, 26:24, 시 101:5, 잠 22:1, 요 8:49, 시 15:4, 빌 4:8, 고후 2:4, 12:21, 잠 17:9, 벧전 4:8)

문 145 제 구 계명에서 금지된 죄들은 무엇인가?

답 제 구 계명에서 금지된 죄들은 우리 자신의 것과 마찬가지로 이웃이 지니고 있는 진실과 좋은 평판을 특히 공적 재판 사건에서 해치는 모든 일들이니, 거짓 증거를 제공하고, 위증을 시키고, 고의적으로 나와서 악한 소송을 변호하고, 진실을 외면하고, 억압함이며 불의한 판결을 하고, 악을 선하다 선을 악하다 함이며, 악인을 의인의 행사에 따라 보상하고, 의인을 악인의 행사에 따라 보상하는 것이며, 문서 위조, 진실을 은폐, 공의의 소송에도 불구하고 부당한 침묵, 불법 행위가 우리 자신들로부터 책망을, 다른 사람들에게 항고를 요구할 때에 잠잠함이며, 진리를 불합리하게 말하거나 그릇된 목적을 위해 악의로 말하고, 혹은 그릇된 의미로 혹은 의심스럽고 애매한 표현으로 진리 혹은 공의에 불리하도록 진리를 곡해함이며, 비진리를 말하고, 거짓말하고, 중상하고, 험담하고, 훼방하고, 고자질하고, 수군수군하고, 냉소하고, 욕설함이며, 조급하고, 가혹하고, 편파적으로 비난하는 것이며, 또한 오해하는 의도, 언어와 행동이며, 아첨, 허영심에 가득 찬 자만, 우리들 자신이나 다른 사람들을 과대 평가 혹은 과소 평가하는 것이며, 하나님의 은사와 은혜를 부인함이며, 적은 과실들을 더욱 악화시킴이며, 자유로이 죄를 자백하라고 호출된 때에 죄를 숨기거나 변명하거나 경감함이며, 연약한 점을 쓸데없이 찾아내는 것이며, 거짓 소문을 내는 것이며, 나쁜 보도들을 받아들이고, 찬성하고, 공정한 변호에 대하여 귀를 막는 것이며, 악한 의심을 품는 것이며, 누구의 것이든 받을 만해서 받는 신앙에 대해 시기하거나 마음 아파하는 것이며, 그것을 손상시키려 노력하거나 욕망함과 그들의 불명예와 추문을 기뻐하는 것이며, 조소하는 멸시, 어리석은 칭찬이며, 정당한 약속을 위반함이며, 좋은 소문이 있는 일들을 소홀히 함이며, 누명을 초래할 일들을 우리들 자신이 실행하고 피하지 아니하거나, 다른 사람들이 못하도록 능히 할 수 있는데도 막지 아니하는 것이다.

(삼상 17:28, 삼하 16:3, 1:9~10, 15~16, 레 19:15, 합 1:4, 잠 19:5, 6:16, 19, 행 6:13, 렘 9:3, 5, 행 24:2, 5, 시 12:2~4, 52:1~4, 잠 17:15, 왕상 21:9~14, 사 5:23, 시 119:69, 눅 19:8, 16:5~7, 레 5:1, 신 13:8, 행 5:3, 8~9, 딤후 4:16, 왕상 1:6, 레 19:7, 사 59:4, 잠 29:11, 삼상 22:9~10, 시 52:1~5, 56:5, 요 2:19, 마 26:60~61, 창 3:5, 26:7, 9, 사 59:13, 레 19:11, 골 3:9, 시 15:3, 약 4:11, 렘 38:4, 레 19:16, 롬 1:29~30, 창 21:9, 갈 4:29, 고전 6:10, 마 7:1, 행 28:4, 창 38:24, 롬 2:1, 느 6:6~8, 롬 3:8, 시 69:10, 삼상 1:13~15, 16:3, 딤후 3:9, 눅 18:9, 11, 롬 12:16, 고전 4:6, 행 12:23, 출 4:10~14, 렘 17:5~6, 마 7:3~5, 잠 28:13, 30:20, 창 3:12~13, 렘 2:35, 왕하 5:25, 창 4:9, 9:22, 잠 25:9~10, 출 23:1, 잠 29:12, 행 7:56~57, 욥 31:13~14, 고후 13:5, 딤전 6:4, 민 11:29, 마 21:15, 슥 4:12~13, 렘 48:27, 시 35:15~16, 21, 마 27:28~29, 유 1:16, 행 12:22, 롬 1:31, 딤후 3:3, 삼상 2:24, 삼하 13:12~13, 잠 5:8~9, 6:33)

문 146 제 십 계명은 무엇인가?

답 제 십 계명은 「네 이웃의 집을 탐내지 말지니라 네 이웃의 아내나 그의 남종이나 그의 여종이나 그의 소나 그의 나귀나 무릇 네 이웃의 소유를 탐내지 말지니라」함이다.

(출 20:17)

문 147 제 십 계명에서 요구된 의무는 무엇인가?

답 제 십 계명에서 요구된 의무는 우리들 자신이 가진 그대로 온전히 만족하고 우리의 이웃에 대하여 온 영혼의 인자한 태도를 가짐으로써 그에게 대한 우리의 모든 내부적 동기와 애정이 그의 소유 전체에 주의하고 조장함이다.
(히 13:5, 딤전 6:6, 욥 31:29, 롬 12:15, 시 122:7~9, 딤전 1:5, 에 10:3, 고전 13:4~7)

문 148 제 십 계명에서 금지된 죄들은 무엇인가?
답 제 십 계명에서 금지된 죄들은 우리들 자신이 소유한 재산으로만은 불만하여, 이웃의 소유를 질투하고 마음 아파하는 동시에 이웃의 소유에 대한 난폭한 동향과 애착심을 가짐이다.
(왕상 21:4, 에 5:13, 고전 10:10, 갈 5:26, 약 3:14, 16, 시 112:9~10, 느 2:10, 롬 7:7, 8:9, 골 3:5, 신 5:21)

문 149 어떤 사람이든지 하나님의 계명을 완전히 지킬 수 있는가?
답 아무도 자기 스스로가 현세에서 받는 어떠한 은혜로나 하나님의 계명을 완전히 지킬 수 없고, 언행 심사 간에 매일 계명을 범할 뿐이다.
(약 3:2, 요 15:15, 롬 8:3, 전 7:20, 요 1:8, 10, 갈 5:17, 롬 7:18~19, 창 6:5, 8:21, 롬 3:9, 약 3:2~13)

문 150 하나님의 율법의 위범은 그 자체들에서와 하나님 보시기에 동등하게 흉악한가?
답 하나님의 율법의 위범은 동등하게 흉악한 것이 아니지만 어떤 죄만은 더욱 악화되는 까닭에 하나님 보시기에 다른 죄보다 더 흉악하다.

(요 19:11, 겔 8:6, 13, 15, 요일 5:16, 시 78:17, 32, 56)

문 151 어떤 죄들을 다른 죄들보다 더 흉악하게 악화시키는 것들은 무엇인가?

답 죄는 다음과 같은 데서 더 악화하게 되는 것이다.

1. 범죄하는 사람들 때문에

범죄자의 연령이 높거나 더욱더 많은 경험이나 은혜를 가졌거나, 직업, 재능, 지위, 직임에서 탁월하고 다른 사람들의 지도자, 다른 사람들이 따를 만한 모범이 될 수 있는 경우에 그렇다.

2. 피해 입은 당사자들 때문에

하나님과 그의 속성들, 그의 예배에 대항하여, 그리스도와 그의 은혜에 대항하여, 성령과 그의 증거 및 역사에 대항하여, 윗사람들, 탁월한 사람들, 우리가 특별히 관계되고 약속된 사람들에 대항하여, 어떤 성도들 특별히 연약한 성도들과 그들 혹은 다른 사람의 영혼들, 모든 사람들 혹은 많은 사람들의 공통적 복리에 대항하여 범죄한 때에 그렇다.

3. 범죄의 성격과 특질 때문에

율법의 명시된 문자를 그대로 범했거나, 많은 계명을 범했으므로 거기에 많은 죄가 포함되어 있든가, 마음에 품었을 뿐 아니라 말과 행동으로 쏟아져 나오고, 다른 사람들을 중상하고 배상할 의지가 없다든가, 긍휼을 베푸는 일, 심판들, 본성의 빛, 양심, 판결, 공적 혹은 사적 훈계, 교회의 권징, 세속적 징벌이나 하나님 혹 사람들을 향한 우리들의 기도, 목적, 약속, 서약, 언약, 용무에 대항하여 고의로, 일부러, 뻔뻔스럽게, 으스대면서, 악의로, 자주, 완강히, 기쁨으로, 계속적으로, 혹은 회개한 후에 다시 타락함으로 범죄하는 경우에 그렇다.

4. 때와 장소의 상황 때문에

주일이나 다른 예배시 또는 예배 직전이나 직후에 실수를 미리 막거나, 고치는 데 도움이 있거나, 공석이나, 또는 다른 사람들이 있어서 이로써 그들이 선동되거나 불결해지기 쉬운 경우에 범죄하면 그렇다.

(렘 2:8, 욥 32:7, 9, 전 4:13, 왕상 11:4, 9, 삼하 12:14, 고전 15:1, 약 4:17, 눅 12:47~48, 렘 5:4~5, 삼하 12:8~9, 겔 8:11~12, 롬 2:17~24, 갈 2:11~14, 마 21:38~39, 삼상 2:25, 행 5:4, 시 51:4, 롬 2:4, 말 1:8, 14, 히 2:2~3, 12:25, 10:29, 마 12:31~32, 엡 4:30, 히 6:4~6, 유 1:8, 민 12:8~9, 사 3:5, 잠 30:17, 고후 12:15, 시 55:12~15, 스 2:8, 10, 11, 마 18:6, 고전 6:8, 계 17:6, 고전 8:11~12, 롬 14:13, 15, 21, 겔 13:19, 계 18:12~13, 마 23:15, 살전 2:15~16, 수 22:20, 잠 6:30~33, 스 9:10~12, 왕상 11:9~10, 골 3:5, 딤전 6:10, 잠 5:8~12, 요 15:22, 사 1:3, 신 32:6, 암 4:8~11, 렘 5:3, 롬 1:26~27, 1:32, 단 5:22, 잠 29:1, 딛 3:10, 잠 27:22, 23:35, 시 78:34~37, 렘 2:20, 13:5~6, 20~21, 전 5:4~6, 잠 20:25, 레 26:25, 잠 2:17, 겔 17:18~19, 시 36:4, 렘 6:16, 민 15:30, 출 21:14, 렘 3:3, 잠 7:13, 시 52:1, 요삼 1:10, 민 16:22, 스 7:11~12, 잠 2:14, 사 57:17, 렘 34:8~11, 벧후 2:20~22, 왕하 5:26, 렘 7:10, 사 26:10, 겔 23:37~39, 사 58:3~5, 민 25:6~7, 고전 11:20~21, 렘 7:8~10, 잠 7:14~15, 요 13:27, 30, 스 9:13~14, 삼하 16:22, 삼상 2:22~24)

문 152 모든 죄는 하나님의 손에 무엇을 받아야 합당한가?

답 모든 죄는 심지어 지극히 작은 것이라도 하나님의 주권과 선과 거룩에 또는 그의 의로운 율법에 대항하는 것이므로 현세와 내세에서 하나님의 진노와 저주를 받아 마땅한 것이니 그리스도의 피가 아니고서는 속죄될 수 없다.
(약 2:10~11, 출 20:1~2, 히 1:13, 레 10:3, 11:44~45, 요일 3:4, 롬 7:12, 엡 5:6, 갈 3:10, 애 3:39, 신 28:15~68, 마 25:41, 히 9:22, 벧전 1:18~19)

문 153 범법으로 인하여 우리가 마땅히 받아야 할 하나님의 진노와 저주를 피하게 하시기 위하여 하나님께서 우리에게 요구하시는 바가 무엇인가?

답 범법으로 인하여 우리가 마땅히 받아야 할 하나님의 진노와 저주를 피하게 하기 위하여 하나님께서는 하나님을 향한 회개와 우리 주 예수 그리스도를 향한 믿음과 그리스도께서 자기의 중보의 혜택을 우리에게 전달하시는 외적 방편을 부지런히 사용하는 것을 우리에게 요구하신다.
(행 20:21, 마 3:7~8, 눅 13:3, 5, 행 16:30~31, 요 3:16, 18, 잠 2:1~5, 8:33~36)

문 154 그리스도께서 자기 중보의 혜택을 그 몸된 교회에 전달하시는 외적 방편은 무엇인가?

답 그리스도께서 자기 중보의 혜택을 그 몸된 교회에 전달하시는 외적 또는 통상한 방편은 그의 모든 규례인데, 특별히 말씀과 성례 및 기도이다. 이 모든 것은 택함을 입은 자들의 구원에 유효하게 되는 것이다.
(마 28:19~20, 행 2:42, 46~47)

문 155 말씀이 어떻게 구원에 유효하게 되는가?

답 하나님의 영이 말씀을 읽는 것을, 특별히 말씀을 전하는 것을 방편으로 하여 죄인들을 계몽시키시고 확신시키시고 낮아지게 하시며, 그들을 자기 자신들로부터 몰아내어 그리스도께로 가까이 이끄시고, 그들로 하여금 그의 형상을 본받게 하시며, 그의 뜻에 복종케 하시며, 그들을 강건케 하시어 시험과 부패에 빠지지 않게 하시고, 그들을 은혜로 쌓아 올리시어 구원에 이르는 믿음을 통하여 그들의 마음을 거룩함과 위로로 굳게 세우시는 것이다.
(느 8:8, 행 26:18, 시 19:8, 고전 14:24~25, 대하 34:18~19, 26~28, 행 2:37, 41, 8:27~39, 고후 3:18, 10:4~6, 롬 6:17, 마 4:4, 7, 10, 엡 6:16~17, 시 19:11, 고전 10:11, 행 20:32, 딤후 3:15~17, 롬 16:25, 살전 3:2, 10~11, 13, 롬 15:4, 10:13~17, 1:16)

문 156 하나님의 말씀은 모든 사람이 읽어야 하는가?

답 비록 누구나 다 공적으로 회중에게 말씀을 봉독하게 허락되어 있지 않으나, 모든 종류의 사람들이 각각 홀로 그리고 가족들과 함께 읽어야 할 의무가 있는 것이다. 이 목적을 위해 성경이 원어에서 그것이 오는 매백성의 방언으로 번역될 것이다.
(신 31:9, 11~13, 느 8:2~3, 9:3~5, 신 11:19, 계 1:3, 요 5:39, 사 34:16, 신 6:6~9, 창 18:17, 19, 시 78:5~7, 고전 14:6, 9, 11~12, 15~16, 24, 27~28)

문 157 하나님의 말씀을 어떻게 읽어야 하는가?

답 성경은 높이 또는 경외하여 평가함으로 읽어야 할 것이다. 곧 성경은 하나님의 말씀이라는, 하나님께서만 우리로 성경을 깨달을 수 있게 하실 수 있다는 굳은 신념으로 그 가운데 계시되어 있는 하나님의 뜻을 알고 믿고 순종하고 싶어하는 욕망으로, 부지런함과 성경의 내용 및 범위에 주의함으로, 묵상함과 적용함과 자기를 부인함과 기도함으로 성경을 읽어야 할 것이다.
(시 19:10, 느 8:3~10, 출 24:7, 대하 34:27, 사 66:2, 벧후 1:19~21, 눅 24:45, 고후 3:13~16, 신 17:19~20, 행 17:11, 8:30, 34, 눅 10:26~28, 시 1:2, 119:97, 대하 34:21, 잠 3:5, 신 33:3, 잠 2:1~6, 시 119:18)

문 158 하나님의 말씀은 누가 강도할 수 있는가?

답 하나님의 말씀은 충분한 은사를 받았을 뿐만 아니라 정식으로 공인되어 이 직분에 부름을 받은 자만이 강도할 수 있는 것이다.
(딤전 3:2, 6, 엡 4:8~11, 호 4:6, 말 2:7, 고후 3:6, 렘 14:15, 롬 10:15, 히 15:4, 고전 12:28~29, 딤전 3:10, 4:14, 5:22)

문 159 강도하기로 부름을 받은 사람들은 하나님의 말씀을 어떻게 강도해야 할 것인가?

답 말씀의 사역에 부름을 받은 자들은 바른 교리를 강도하되 부지런히 때를 얻든지 못 얻든지 할 것이며, 명백히 사람의 지혜의 권하는 말로 하지 아니하고 오로지 성령의 나타나심과 능력으로 할 것이며, 충성스럽게 하나님의 전 도모를 알게 할 것이며, 지혜롭게 자신들을 청중들의 수요들과 재량들에 기울일 것이며, 열렬히 하나님과 그의 백성의 영혼들에 대한 뜨거운 사랑으로 할 것이며, 성실히 하나님의 영광과 그들의 회심, 건덕, 구원을 목표로 삼고 할 것이다.
(딛 2:1, 8, 행 18:25, 딤후 4:2, 고전 14:19, 2:4, 렘 23:28, 고전 4:1~2, 행 20:27, 골 1:28, 딤후 2:15, 고전 3:2, 히 5:12~14, 눅 12:42, 행 18:25, 고후 5:13~14, 빌 1:15~17, 골 4:12, 고후 12:15, 2:17, 4:2, 살전 2:4~6, 요 7:8, 고전 9:19~22, 고후 12:19, 엡 4:13, 딤전 4:14, 행 26:16~18)

문 160 설교 말씀을 듣는 자들에게 요구되는 바는 무엇인가?
답 설교 말씀을 듣는 자들에게 요구되는 바는 부지런하고, 준비하고, 기도하며, 설교 말씀을 청종하며, 들은 바를 성경으로 살피며, 믿음과 사랑과 온유함과 준비된 마음으로 진리를 하나님의 말씀으로 받아들이며, 그것을 묵상하고 참고하며, 그들의 마음속에 간직하여 그들의 생활에 그 말씀의 열매가 맺혀야 한다.
(잠 8:34, 벧전 2:1~2, 눅 8:18, 시 119:18, 엡 6:18~19, 행 17:11, 히 4:2, 살전 2:10, 약 1:21, 행 17:11, 살전 2:13, 눅 9:44, 히 2:1, 눅 24:14, 신 6:6~7, 잠 2:1, 시 119:11, 눅 8:15, 약 1:25)

문 161 성례는 어떻게 구원의 유효한 방편이 되는가?
답 성례가 구원의 유효한 방편이 되는 것은 그것들 자체 안에 있는 어떤 능력이라든지 혹은 그것들을 거행하는 자의 경건이나 의도에서 나오는 어떤 효능으로 말미암는 것이 아니고 다만 성령의 역사와 그것들을 제정하신 그리스도의 복 주심으로 말미암는 것이다.

(벧전 3:21, 행 8:13, 23, 고전 3:6~7, 12:13)

문 162 성례란 무엇인가?

답 성례는 그리스도께서 자기 교회 안에 제정하신 거룩한 규례이니 이 규례는 은혜의 언약 안에 있는 자들에게 주의 중보의 혜택을 표시하시고, 인치시고, 나타내시기 위한 것이며, 그들의 신앙과 다른 모든 은혜들을 강화하고, 더하게 하기 위한 것이며, 그들로 하여금 순종케 하기 위한 것이며, 그들의 상호 간에 사랑과 교통을 증거하고 소중히 기르며 그들을 은혜의 언약 밖에 있는 자들과 구별하기 위한 것이다.

(창 17:7, 10, 출 12:1~51, 마 28:19, 26:26~28, 롬 4:11, 고전 11:24~25, 롬 15:8, 행 2:38, 고전 10:16, 갈 3:27, 롬 6:3~4, 고전 10:21, 엡 4:2~5, 고전 12:13, 엡 2:11, 창 34:14)

문 163 성례의 부분들은 무엇인가?

답 성례의 부분들은 둘이니 하나는 그리스도 자신의 명령에 따라 사용되는 외부적이고 감각할 수 있는 표요, 다른 하나는 이로써 표시되는 내적, 영적 은혜이다.

(마 3:11, 벧전 3:21, 롬 2:28~29)

문 164 신약에서 그리스도께서 몇 가지 성례를 제정하셨는가?

답 신약에서 그리스도께서 그의 교회 안에 두 가지 성례만을 제정하셨으니 곧 세례와 성찬이다.

(마 28:19, 고전 11:23~26, 마 26:26~28)

문 165 세례란 무엇인가?

답 세례는 그리스도께서 성부와 성자와 성령의 이름으로 물로 씻음을 정하신 신약의 한 성례이다. 이것은 그리스도 자신에게 접붙이고, 그의 피로 죄 사함을 받고, 그의 영으로 거듭나고, 양자가 되어 영생에 이르는 부활의 표와 인침이다. 이로써 세례 받은 당사자들은 엄숙히 유형적 교회에 가입하게 되어 전적으로 오직 주께만 속한다는 약속을 공개적으로 고백함으로 맺게 되는 것이다.

(마 28:19, 26:26~28, 엡 5:26, 갈 3:26~27, 고전 15:29, 롬 6:5, 고전 12:13, 롬 6:4)

문 166 누구에게 세례를 베풀게 되는가?

답 그리스도를 믿는 믿음과 그에게 대한 순종을 고백하기까지는, 유형적 교회 밖에 있어 약속의 언약에 외인인 자들에게는 세례를 베풀 수 없으나 그리스도를 믿는 신앙과 그를 향한 순종을 고백하는 양친 또는 그 중 한 사람만 믿는 부모에게서 난 어린 아기들은 그 점에서 언약 안에 있으므로 세례를 베풀 수 있다.

(행 8:36~37, 2:38, 창 17:7, 9, 갈 3:9, 14, 골 2:11~12, 행 2:38~39, 롬 4:11~12, 고전 7:14, 마 28:19, 눅 18:15~16, 롬 11:16)

문 167 우리의 세례를 어떻게 잘 사용할 수 있는가?

답 필요하지만 많이 소홀히 되어 온 바 세례를 잘 사용하는 의무는 우리가 평생 동안 이행해야 할 것이니 특별히 시험을 당할 때와, 다른 사람들이 세례 받고 있는 자리에 참석했을 때, 세례의 성질과 그리스도께서 그것을 제정하신 목적, 그것에 의해 우리에게 주어지고, 보증된 특권 및 혜택, 그것에서 행한 엄숙한 서약 등을 심각히 또는 감사히 고찰함으로써, 우리의 죄악한 더러움과 세례의 은혜 및 우리의 약속들에 미급 또는 역행하는 것 때문에 겸손하여짐으로써, 그 성례 안에서 우리에게 보증된 죄 사함과 다른 모든 행복에 대한 확신에 이르기까지 성숙함으로써, 우리가 향하여 세례 받는 그리스도의 죽음과 부활로부터 힘을 얻어 죄를 억제하며 은혜를 소생시킴으로써, 그리고 신앙으로 살기를, 세례를 받음으로 그리스도에게 자기들의 이름들을 바쳐 버린 자들로서 거룩함과 의로운 생활을 살기를 같은 성령으로 세례 받아 한 몸을 이룬 자들로서 형제의 사랑으로 행하기를 노력함으로써 할 것이다.

(골 2:11~12, 롬 6:2~6, 11, 고전 1:11~13, 롬 4:11~12, 벧전 3:21, 갈 3:26~27, 롬 6:22, 행 2:38, 고전 12:13, 25~27)

문 168 성찬이란 무엇인가?

답 성찬이란 예수 그리스도의 정명하신 바를 따라 떡과 포도즙을 주고받음으로써, 그의 죽음을 보여 주는 신약의 성례이다. 성찬에 합당히 참여하는 자는 주의 살과 피를 먹고 마심으로 영적 영양이 되고 은혜로 자라는 것이며, 주님과의 연합과 교통이 확고하여지고, 하나님께 대한 감사와 약속 같은 신비한 몸의 지체로서 서로 사랑하고 사귐을 증거하고 새롭게 하는 것이다.

(눅 22:20, 마 26:26~28, 고전 11:23~26, 10:14~17, 21)

문 169 성찬식에서 그리스도께서 떡과 포도즙을 어떻게 주고받으라고 명하셨는가?

답 그리스도께서 성찬의 성례를 거행함에서 자기의 말씀의 사역자들을 정명하여 식사의 말씀과 감사와 기도로 떡과 포도즙을 보통 사용으로부터 구별하고 떡을 집어 떼어 떡과 포도즙을 성찬 참여하는 자들에게 나누어 주면 그들은 같은 정명에 의해서 그들을 위하여 그리스도의 몸을 떼어 주시고 그 피를 흘려 주신 것을 감사히 기억하면서 떡을 떼어 먹고 포도즙을 마시게 하신 것이다.
(고전 11:23~24, 마 26:26~28, 막 14:22~24, 눅 22:19~20)

문 170 성찬에 합당하게 참여하는 사람들은 어떻게 그리스도의 살과 피를 먹는가?

답 그리스도의 몸과 피가 성찬 떡과 포도즙 안에, 함께 혹은 밑에 육체적으로 임재하지 않지만, 그 떡과 포도즙 자체는 수찬자의 외적 감각 못지않게 믿음에도 진실로 임재한다. 그러므로 주님의 성찬에 합당히 참여하는 자들은 육체적이 아니라 영적으로 그리스도의 몸과 피를 먹고 마신다. 그러나 진실로 그들은 믿음으로 십자가에 달려 죽으신 그리스도와 그의 죽음에서 오는 모든 혜택을 받아 자신들에게 적용하는 것이다.
(행 3:21, 마 26:26~28, 고전 11:24~29, 10:16)

문 171 성찬의 성례를 받고자 하는 사람들은 성찬에 참여하기 전에 어떠한 준비를 해야 하는가?

답 성찬의 성례를 받고자 하는 사람들은 성찬에 참여하기 전에 이에 대한 준비를 해야 한다. 곧 자신들이 그리스도 안에 있는가를, 자신들의 죄와 부족을, 자신들의 지식, 믿음, 회개, 하나님과 형제들에게 대한 사랑, 모든 사람에게 대한 자선, 그들에게 해를 준 사람들에게 용서를, 그들의 그리스도를 추구하는 욕망을, 그들의 새로운 순종을 검토함으로써, 이 은혜들의 운용을 새롭게 함으로써, 심각하게 묵상하고 열렬히 기도함으로써 성찬 준비를 해야 할 것이다.

(고전 11:28, 고후 13:5, 5:7, 출 12:15, 고전 11:29, 13:5, 마 26:28, 슥 12:10, 고전 11:31, 10:16~17, 행 2:46~47, 고전 11:18, 20, 마 5:23~24, 사 55:1, 요 7:37, 고전 5:7~8, 11:25~26, 28, 히 10:21~22, 24, 시 26:6, 고전 11:24~25, 대하 30:18~19, 마 26:26)

문 172 자신이 그리스도 안에 있는지 혹은 성찬에 합당한 준비가 되어 있는지 의심하는 자도 성찬식에 참여할 수 있을까?

답 자신이 그리스도 안에 있는지 혹은 성찬의 성례에 합당한 준비가 되어 있는지 의심하는 사람도, 아직 확실치 못할지라도, 그리스도께 대한 진정한 관심을 가지고 있을 수 있는 것이다. 그런 관심의 결핍을 우려하고 그리스도 안에서 발견되며 죄악을 떠나고 싶어하는 거짓 없는 소원이 있으면 하나님의 계정에는 그가 그것을 가지고 있는 것이다. 그런 경우에는 약하고 의심하는 신자들이라도 구출하기 위해 약속들이 되어 있고 이 성례가 정명된 것이기 때문에 그는 불신앙을 애통하고 의심을 해결하려 노력해야 할 것이다. 그는 그리함으로써 앞으로 더욱더 강화하기 위하여 성찬에 참여해도 좋을 뿐 아니라 참여할 의무가 있는 것이다.

(사 1:10, 요일 5:13, 시 88:1~18, 77:1~12, 요 2:4, 7, 사 54:7~10, 마 5:3~4, 시 31:22, 73:22~23, 빌 3:8~9, 시 10:17, 42:1, 2, 5, 11, 딤후 2:19, 시 66:18~20, 사 40:11, 29, 31, 마 11:28, 12:20, 26:28, 막 9:24, 행 2:37, 16:30, 롬 4:11, 고전 11:28)

문 173 신앙을 고백하고 성찬을 받고 싶어하는 자에게 성찬을 못 받게 할 수 있을까?

답 신앙고백과 성찬 받고 싶어하는 욕망이 있을지라도 무식하거나 의혹이 있으면 그들이 가르침을 받아 사상 개혁이 나타나기까지는 그리스도께서 자기 교회에 맡기신 권세로 그들로 하여금 성찬을 못 받게 할 수 있다.
(고전 11:27~34, 마 7:6, 고전 5:1~13, 유 1:23, 딤전 5:22, 고후 2:7)

문 174 성찬식 거행 당시에 성찬의 성례를 받는 자에게 요구되는 바가 무엇인가?

답 성찬의 성례를 받는 자에게 요구되는 바는 성찬식 거행 당시에 모든 거룩한 경외심과 주의로 그 규례에서 하나님을 앙망할 것이며, 성례의 요품 및 행동 등을 정려(精勵)하여 관찰할 것이며, 주님의 몸을 주의깊게 분별하고 그의 죽음과 고난을 애정을 다해 묵상함으로써 자신들을 분기시켜 자신들의 은혜들을 강하게 운용하게 할 것이니, 자신을 판단하여 죄를 슬퍼하게 되고 그리스도를 열심으로 추구하여 주리고 목말라하게 되어 믿음으로 그를 먹게 되며 그의 충만을 받게 되고, 그의 공로를 의지하고 그의 사랑을 기뻐하며 그의 은혜에 대하여 감사하게 됨에서, 하나님과의 언약과 모든 성도들에 대한 사랑을 새로워지게 함에서 그리하게 할 것이다.

(레 10:3, 히 12:28, 시 5:7, 고전 11:17, 26~27, 출 24:8, 마 26:28, 고전 11:29, 눅 22:19, 고전 10:3~5, 11, 14, 11:31, 슥 12:10, 계 22:17, 요 6:35, 1:16, 빌 3:9, 시 58:4~5, 대하 30:21, 시 22:26, 렘 50:5, 시 1:5, 행 2:42)

문 175 성찬의 성례를 받은 후에 그리스도인들의 의무는 어떠한 것인가?

답 성찬의 성례를 받은 후에 그리스도인들의 의무는 성찬식에서 어떻게 행동했으며 또한 어떠한 열매를 거두었는가를 심각하게 숙고하여야 할 것이다. 만일 그들이 소생함과 위로를 받았으면 하나님을 찬송하며 이 은혜의 계속을 빌며 뒷걸음질 않도록 주의하며 맹세한 것을 실행하며 이 규례에 자주 참여하도록 힘쓸 것이다. 그러나 현재 아무런 혜택이 없으면 이 성례를 위한 준비와 이것에서 가진 자세를 더 정확히 검토하여야 할 것이다.

만일 그들이 두 가지에서 다 하나님 앞과 자신의 양심에 비추어 자신들을 가납할 수 있으면 때가 이르면 열매가 나타날 것을 믿고 기다릴 것이다. 그러나 만일 그들이 어느 편으로 보나 실패했음을 깨달으면 그들은 스스로 낮아져서 후에 더 많은 용심과 정려(精勵)로 성찬식에 임해야 할 것이다.

(시 28:7, 85:8, 고전 11:17, 30~31, 대하 30:21~23, 25~26, 행 2:42, 46~47, 시 36:10, 아 3:4, 대상 29:18, 고전 10:3~5, 12, 시 50:14, 고전 11:25~26, 전 5:1~6, 시 123:1~2, 42:5, 8, 43:3~5, 대하 30:18~19, 사 1:16, 18, 고후 7:11, 대상 15:12~14)

문 176 세례와 성찬의 성례들은 어떠한 점에서 동의하는가?

답 세례와 성찬의 성례들이 동의하는 것은 둘 다 창시자가 하나님이시라는 점과 양자의 영적 부분이 그리스도와 그의 혜택이라는 점, 양자가 다 같은 언약의 인호라는 점, 양자가 다 복음의 사역자 곧 목사에 의해서 시행되고, 그 밖의 아무에 의해서도 시행될 수 없다는 점과 주님께서 재림하실 때까지 그리스도의 교회에서 계속 시행되어야 한다는 점에서다.

(마 28:19~20, 롬 6:3~4, 고전 10:16, 롬 4:11, 골 2:12, 마 26:26~28, 요 1:33, 고전 11:23, 4:1, 히 5:4)

문 177 세례와 성찬의 성례들이 어떠한 점에서 다른가?

답 세례와 성찬의 성례들이 다른 것은 세례는 우리의 거듭남과 그리스도께 접붙임 됨의 표와 보증으로 물로 시행되며 심지어 어린아이에게까지 단 한 번만 시행되는 반면에 성찬은 떡과 포도즙으로 자주 시행되며 영혼의 신령한 양식이 되시는 그리스도를 표시하고 나타내며 우리가 그 안에 계속하여 거하고 자라남을 확인하기 위함인데 자신을 검토할 수 있는 연령과 능력에 이른 사람들에게만 시행되는 점에서 다른 것이다.

(마 3:11, 딛 3:5, 갈 3:27, 창 17:7, 9, 행 2:38~39, 고전 7:14, 11:23~26, 10:16, 11:28~29)

문 178 기도란 무엇인가?

답 기도는 그리스도의 이름으로, 성령의 도우심으로 말미암아 우리의 소원을 하나님께 바쳐 올리는 것인 바, 우리 죄를 자백함과 그의 긍휼을 감사히 인정하면서 하는 것이다.

(시 62:8, 요 16:23, 롬 8:26, 시 32:5~6, 단 9:4, 빌 4:6)

문 179 우리는 하나님께만 기도할 것인가?

답 하나님만이 마음을 감찰하시고 우리의 요청을 들으시며, 죄를 용서하시고 모든 사람의 소원을 들어 주실 수 있으며, 그만이 신앙이 되시고 종교적 예배로 예배되실 수 있으므로 예배의 특별한 부분인 기도는 모든 사람이 그에게만 올려야 되고 그 밖의 아무에게도 올려서는 안 된다.
(왕상 8:39, 행 1:24, 롬 8:27, 시 65:2, 미 7:18, 사 145:18~19, 롬 10:14, 마 4:10, 고전 1:2, 시 50:15)

문 180 그리스도의 이름으로 기도함은 무엇인가?

답 그리스도 이름으로 기도함은 그의 명령에 순종하고 그의 약속들을 신뢰하여 그의 이름 때문에 긍휼을 간구하는 것이나, 그의 이름을 단순히 언급함으로 되는 것이 아니고, 우리가 기도할 용기와 기도에서 우리의 담력과 힘, 그리고 기도가 수납되리라는 소망을 그리스도와 그의 중재로부터 인출함으로 할 것이다.
(요 14:13~14, 16:24, 단 9:17, 마 7:21, 히 4:14~18, 요일 5:13~15)

문 181 우리는 왜 그리스도의 이름으로 기도해야 하는가?

답 사람의 죄악성과 이로 인하여 하나님과 사람 사이에 생긴 거리가 심히 크므로 중보자 없이는 하나님 목전에 접근할 수 없으며, 그리스도 한 분밖에는 그 영광스러운 사역에 임명받았거나, 그것에 적합한 자가 하늘이나 땅에 없으므로 우리는 다른 이름으로 할 수 없고, 오로지 그의 이름으로만 기도할 수 있다. (요 14:6, 사 59:2, 엡 3:12, 요 6:27, 히 7:25~27, 딤전 2:5, 골 3:17, 히 13:15)

문 182 성령께서는 어떻게 우리의 기도를 도우시는가?

답 우리가 무엇을 위해 마땅히 기도하여야 할지 모르므로 성령께서 우리의 연약을 도우셔서 누구를 위하여 무엇을 어떻게 기도할 것을 우리로 하여금 깨달을 수 있게 하심으로써, 또는 그 의무를 옳게 이행하는 데 필수적인 이해, 애착, 은혜를 우리 마음 가운데 공작하시고 소생시킴으로써(비록 모든 사람에게나 어느 때에든지 다 같은 분량으로 하는 것은 아니지만) 우리를 도우신다. (롬 8:26~27, 시 10:17, 슥 12:10)

문 183 우리는 누구를 위하여 기도할 것인가?

답 우리는 지상에 있는 그리스도의 전 교회를 위하여, 정사자들과 교역자들을 위하여, 우리 자신들과 우리 형제들뿐만 아니라 원수들을 위해서, 살아 있는 혹은 장차 살아 있을 모든 종류의 사람들을 위하여 기도할 것이지만, 죽은 자나 죽음에 이르는 죄를 범한 것으로 알려져 있는 사람들을 위해 기도해서는 안 될 것이다. (엡 6:18, 시 28:9, 딤전 2:1~2, 골 4:3, 창 32:11, 약 5:16, 5:44, 딤전 2:1~2, 요 17:20, 삼하 7:29, 12:21~23, 요일 5:16)

문 184 우리는 무엇을 위하여 기도할 것인가?

답 우리는 하나님의 영광, 교회의 안녕, 우리들 자신과 다른 사람들의 선을 위하여 기도할 것이나 무엇이든지 불법적인 것을 위해서 기도해서는 안 될 것이다.

(마 6:9, 시 51:18, 122:6, 마 7:11, 시 125:4, 요일 5:14)

문 185 우리는 어떻게 기도해야 하는가?
답 우리는 하나님의 위엄에 대한 엄숙한 이해와 우리 자신의 무가치함과 수요, 죄의 깊은 의식을 가지고, 통회하며, 감사하는 확대된 마음을 가지고, 이해와 믿음, 성실, 열정, 사랑, 인내, 하나님을 섬김으로, 그의 뜻에 겸손히 복종함으로 기도해야 할 것이다.

(전 5:1, 창 18:27, 32:10, 눅 15:17~19, 18:13~14, 시 51:17, 빌 4:6, 삼상 1:15, 2:1, 고전 14:15, 막 11:24, 약 1:6, 시 17:1, 145:18, 약 5:16, 딤전 2:8, 엡 6:18, 미 7:7, 마 26:39)

문 186 하나님께서 기도의 의무에 관한 지시로 어떠한 법칙을 주셨는가?
답 하나님의 말씀 전체가 기도의 의무에 관한 지시로 사용되지만 특별한 지도 법칙은 보통 주기도라고 하는 우리 구주 그리스도께서 자기 제자들에게 가르친 기도의 양식이 있다.

(요일 5:14, 마 6:9~13, 눅 11:2~4)

문 187 주기도문을 어떻게 사용하여야 할 것인가?
답 주기도문은 우리가 본을 따라 다른 기도를 만들어 내어야 할 하나의 표준으로서 지도만을 위한 것이 아니고 이것을 또한 기도로 사용할 수 있는 고로 이해, 믿음, 경외, 그리고 기도의 의무를 바로 이행하는 데 필요한 다른 은혜들을 가지고 사용할 것이다.

(마 6:9, 눅 11:2)

문 188 주기도문은 몇 부분으로 구성되어 있는가?
답 주기도문은 세 부분으로 구성되어 있으니 서언과 간구와 결론이다(참고 성구 없음).

문 189 주기도문의 서언은 무엇을 가르치고 있는가?
답 「하늘에 계신 우리 아버지여」라고 한 주기도문의 서언은 우리가 기도할 때에 부성적(父性的) 선하심에 대한 신뢰감과 관심을 가지고 하나님의 주권적 능력, 위엄 및 은혜로운 비하에 대한 경외심, 아이 같은 모든 성향, 지고의 애정을 가지고 하나님께 가까이 나아가야 하는 것을 가르친다.
(마 6:9, 눅 11:13, 롬 8:15, 사 64:9, 시 123:1, 렘 3:41, 사 63:15~16, 느 1:4~6, 행 12:5)

문 190 첫 간구에서 우리는 무엇을 위하여 기도하는가?
답 첫 간구 「이름을 거룩하게 하옵시며」에서 우리 자신들과 모든 사람들에게 있는 바 곧 하나님을 옳게 공경할 수 없는 전적 무능과 부적당함을 인정하면서 우리는 하나님께서 그의 은혜로 우리와 다른 사람들을 능하게 하며 경향하게 하시어 하나님과 그의 성호, 속성, 규례, 말씀, 역사 및 자기를 알게 하시기를 기뻐하시는 무슨 일이든지 인정하여 높이 존경할 수 있게 하실 것, 사언행에 하나님을 영화롭게 하게 하실 것, 하나님께서 무신론, 무지함, 우상 숭배, 신성 모독과 무엇이든지 그에게 불경스러운 일을 예방하시고 제거하실 것, 그가 압도하시는 섭리로 그 자신의 영광을 위하여 만사 만물을 지도하시고 처리하실 것을 기도한다.

(마 6:9, 고후 3:5, 시 51:15, 67:1~4, 86:10~12, 15, 살후 3:1, 시 147:19~20, 138:1~3, 고후 2:14~15, 시 145:1~21, 8:1, 103:1, 빌 1:9, 11, 엡 1:17~18, 시 97:7, 74:18, 22~23, 왕하 19:15~16, 대하 20:6, 10~12, 시 83:1~18, 140:4, 8)

문 191 제 이 간구에서 우리는 무엇을 위해 기도하는 것인가?

답 제 이 간구 「나라이 임하옵시며」에서, 우리 자신들과 모든 인류가 본질상 죄와 사단의 주관 아래 있음을 인정하면서 우리는 죄와 사단의 나라는 파멸되고 복음이 세계를 통하여 보급되고 유대인들이 부르심을 받고 이방 사람들의 충만한 수가 들어오기를, 교회는 모든 복음 직원들과 규례들로 설비되고 부패로부터 정화되고 세속 위정자의 호의와 지지를 받기를, 그리스도의 규례들이 순수하게 시행되고 아직 죄 중에 있는 자들의 회심에 또는 이미 회심된 자들의 확립, 위안, 증강에 유효하게 되기를, 그리스도께서 현세에서 우리의 마음을 주관하시고 그의 재림의 때와 우리의 그로 더불어 왕 노릇 할 것을 재촉하시기를, 그가 그의 권세의 나라를 이 목적들에 최선으로 이바지하도록 온 세계에 운동하기를 기뻐하시기를 기도한다.

(마 6:10, 엡 2:2~3, 시 68:1, 계 12:9, 살후 3:1, 시 67:2, 롬 10:1, 11:25, 시 67:1~7, 마 9:38, 엡 5:26~27, 말 1:11, 고후 4:2, 행 26:18, 살후 2:16~17, 엡 3:14~20, 계 22:20, 사 64:1~2, 대하 20:6, 10~12)

문 192 제 삼 간구에서 우리는 무엇을 위하여 기도하는 것인가?

답 제 삼 간구 「주의 뜻이 하늘에서 이루어진 것같이 땅에서도 이루어지이다」에서 본질상 우리와 다른 모든 사람들이 아무도 하나님의 뜻을 행하기에 전적으로 무능하고 행하려고 의욕하지도 않을 뿐 아니라 그의 말씀에 대항하여 반역하며 그의 섭리에 대항하여 원망하고 불평하고, 육체와 마귀의 뜻을 행하기에 전적으로 경향한다는 것을 인정하면서 우리는 하나님이 그의 성령으로 우리 자신들과 다른 사람들에게서 모든 우매, 연약, 불쾌와 사악을 제거하여 그의 은혜로 우리로 하여금 하늘에서 천사들이 하는 것과 같은 겸손, 유쾌, 충성, 근면, 열심, 성실, 항구성(恒久性)으로 범사에 하나님의 뜻을 알고 행하고 복종하기 능하고 즐겨 할 수 있게 하여 주시기를 기도한다.

(마 6:10, 롬 7:18, 욥 21:14, 고전 2:14, 롬 8:7, 출 17:7, 민 14:2, 엡 2:2, 1:17~18, 3:16, 마 26:40~41, 렘 31:18~19, 시 119:1, 8, 35~36, 행 21:14, 미 6:8, 시 100:2, 욥 1:21, 삼하 15:25~26, 사 38:3, 시 119:4~5, 롬 12:11, 시 119:80, 112, 사 6:2~3, 시 103:20~21, 마 18:10)

문 193 제 사 간구에서 우리는 무엇을 위하여 기도하는 것인가?

답 제 사 간구 「오늘날 우리에게 일용할 양식을 주옵시고」에서, 아담 안에서 또는 우리 자신들의 죄로 우리는 현세의 모든 외면적 행복을 받을 권리를 상실하였으므로 하나님에게 그것들을 전적으로 박탈당하는 것이 마땅하고 우리가 이를 사용할 때에 우리에게 저주가 되어도 마땅하다는 것, 그것들 자체가 우리를 유지할 수도 없고, 우리가 그것들을 받을 공로도 없고, 우리들 자신의 근면으로 그것들을 얻을 수도 없고, 다만 불법적으로 그것들을 욕망하며 취하며 사용하려는 경향이 있다는 것을 인정하면서, 우리는 우리 자신들과 다른 사람들을 위하여 기도하기를 그들과 우리가 다 합법적 방편들을 사용하는 데 매일 하나님의 섭리를 앙망하면서, 거저 주시는 선물로, 하나님 아버지로 보시기에는 가장 좋게, 그것들의 상당한 부분을 누리며, 그것들을 거룩히, 안락하게 사용하며 그것들로 만족을 누릴 때에 그것들을 계속하여 우리에게 주시고, 현세적 유지와 안락에 배치하는 모든 일에서 우리를 억제해 주소서 한다.
(마 6:11, 창 2:17, 롬 8:20~22, 렘 5:25, 신 28:15~68, 창 32:10, 신 8:17~18, 렘 6:13, 막 7:21~22, 호 12:7, 약 4:3, 창 43:12~14, 28:20, 엡 4:28, 살후 3:11~12, 빌 4:6, 딤전 4:3~5, 6:6~8, 잠 30:8~9)

문 194 제 오 간구에서 우리는 무엇을 위하여 기도하는가?

답 제 오 간구 「우리가 우리에게 죄 지은 자를 사하여 준 것같이 우리 죄를 사하여 주옵시고」에서, 우리와 다른 모든 사람들이 원죄와 본죄의 죄책을 지니어 하나님의 공의에 빚진 자가 되었다는 것, 우리나 다른 아무 피조물이라도 그 빚을 조금도 갚을 수 없다는 것을 인정하면서, 우리는 자신들과 다른 사람들을 위하여 기도하기를 하나님께서 거저 주시는 은혜로 말미암아, 믿음에 의하여 이해되고 적용된 그리스도의 순종과 만족을 통하여 우리를 죄의 죄책과 형벌에서 방면하시고 그의 사랑하시는 자 안에서 우리를 받으시고, 그의 은총과 은혜를 우리에게 계속해 주시며, 우리들의 매일 범하는 실수를 용서하시고, 사죄의 확신을 매일 더욱더 주심으로써 우리를 화평과 기쁨으로 채우소서 하는 것이니 그것은 우리가 다른 사람의 죄를 마음속에서 용서한다는 증거가 우리에게 있을 때 우리가 담대히 구하게 되고, 기대할 용기가 생기는 것이다.
(마 6:12, 롬 3:9~22, 마 18:24~25, 시 130:3~4, 롬 3:24~26, 히 9:22, 엡 1:6~7, 벧후 1:2, 호 14:2, 렘 14:7, 롬 15:13, 시 51:7~10, 12, 눅 11:4, 마 6:14~15)

문 195 제 육 간구에서 우리는 무엇을 위하여 기도하는 것인가?
답 제 육 간구「우리를 시험에 들지 말게 하옵시고 다만 악에서 구하옵소서」에서, 가장 지혜로우시고, 의로우시며 은혜로우신 하나님께서 여러 가지 거룩하고 의로운 목적을 위하여, 우리가 시험들의 습격을 당해 실패하고 잠시 동안 포로가 되도록, 사단과 세상과 육체가 강력하게 우리를 곁길로 이끌어 함정에 빠뜨리려고 준비하도록, 우리는 심지어 죄 사함을 받은 후에도 우리의 부패성과 연약과 주의 깊지 못함으로 인하여 시험을 받게 굴복하고 우리 자신들을 촉진하여 시험에 폭로하게 할 뿐 아니라, 또한 우리들 스스로 그것들에 저항하는 것, 그것들에서 회복되어 나오는 것, 그것들을 이용하는 것을 능히 하지도 못하고, 즐겨 하지도 아니하여 그것들의 권세 밑에 버림받아 마땅하게 되도록 하나님께서 사물을 처리하실 수 있다는 것을 인정하면서, 우리는 기도하기를 하나님께서 세상과 그 안에 있는 모든 것을 그처럼 위압하시고 육체를 복종시키고, 사단을 제어하시며, 만사를 처리하시고, 모든 은혜의 방편들을 주시고 복 주시며, 우리를 자극하여 조심스럽게 그것들을 사용케 하여 우리와 그의 모든 백성이 하나님의 섭리로 죄의 시험을 받지 않게 지켜 주시옵소서, 혹은 만일 시험 받으면 시험당할 때에 우리를 그의 영으로 강력히 붙드심을 받아 설 수 있게 하시며, 혹 넘어지면 다시 일으킴을 받아 회복됨으로 시험을 거룩히 사용하고 이용하여 우리의 성화와 구원을 완성하고 사단을 우리 발밑에 짓밟고 우리는 죄와 시험과 모든 악에서 완전히 영원히 자유하게 되게 하옵소서 한다.

(마 6:13, 대하 32:31, 눅 21:34, 막 4:19, 약 1:14, 갈 5:17, 마 26:41, 26:69~72, 갈 2:11~14, 대하 18:3, 19:2, 롬 7:23~24, 대상 21:1~4, 대하 16:7~10, 시 81:11~12, 요 17:15, 시 51:10, 119:133, 대하 12:7~8, 고전 10:12~13, 히 13:20~21, 시 19:13, 엡 3:14~17, 살전 3:13, 유 1:24, 시 51:12, 벧전 5:8~10, 고후 13:7, 9, 롬 16:20, 눅 22:31~32, 요 17:15, 살전 5:23)

문 196 주기도문의 결론이 우리에게 무엇을 가르치는가?

답 주기도문의 결론 「대개 나라와 권세와 영광이 영원히 주께 있사옵나이다 아멘」은 우리에게 가르치기를 우리는 우리의 진정들을 강화하되 우리들 자신이나 어떤 다른 피조물 안에 있는 무슨 가치로부터 취해지지 않고 오직 하나님께로부터 취해진 변론으로 하며, 오로지 하나님께만 영원한 주권, 전능, 영화로운 우월성을 돌리는 찬송과 연합하는 기도로 할 것이니, 그것에 관하여 하나님께서 우리를 도우실 수 있고 또 도우시고자 하시는 만큼 우리의 요청들을 이루어 주실 것을 믿음으로 담대히 변소하며 고요히 신뢰할 것이라 한다. 그뿐 아니라 이것이 우리의 소원이며 확신임을 증언하기 위하여 우리는 아멘 하는 것이다.

(마 6:13, 롬 15:30, 단 9:4, 7~9, 16~19, 빌 4:6, 대상 29:10~13,

엡 3:20~21, 눅 11:13, 대하 20:6, 11, 14:11, 고전 14:16, 계 22:20~21)

이 웨스트민스터 大要理問答譯文은 內容을 美國 聯合長老敎會의 大要理問答에 따른 것임.

譯者 白

IV

정치

정 치

총 론 …………………………………………………………… 147
제 1 장 원리 ……………………………………………………… 148
제 2 장 교회 ……………………………………………………… 151
제 3 장 교회 직원 ………………………………………………… 152
제 4 장 목사 ……………………………………………………… 154
제 5 장 치리 장로 ………………………………………………… 158
제 6 장 집사 ……………………………………………………… 160
제 7 장 교회 예배 의식 …………………………………………… 161
제 8 장 교회 정치와 치리회 ……………………………………… 162
제 9 장 당회 ……………………………………………………… 163
제10장 노회 ……………………………………………………… 166
제11장 대회 ……………………………………………………… 171
제12장 총회 ……………………………………………………… 173
제13장 장로 집사 선거 및 임직 ………………………………… 175
제14장 목사 후보생과 강도사 …………………………………… 177
제15장 목사 선교사 선거 및 임직 ……………………………… 180
제16장 목사 전임 ………………………………………………… 185
제17장 목사 사면 및 사직 ……………………………………… 186
제18장 선교사 …………………………………………………… 187
제19장 회장과 서기 ……………………………………………… 189
제20장 교회 소속 각 회의 권리 및 책임 ……………………… 190
제21장 의회 ……………………………………………………… 191
제22장 총회 총대 ………………………………………………… 193
제23장 헌법 개정 ………………………………………………… 194

정 치

총 론

주후 1517년 신구 2대 분파로 나누어진 기독교는 다시 수다한 교파를 이룩하여 각각 자기들의 신경, 의식, 규칙, 정치 제도가 있어서 그 교훈과 지도하는 것이 다른 바 이를 다음과 같이 구분한다.

1. **교황 정치** 이 정치는 주로 로마 가톨릭교와 희랍 정교의 정치인 바 교황 전제로 산하 전 교회를 관리하는 정치이다.
2. **감독 정치** 이 정치는 감독이 교회를 주관하는 정치인 바 감독 교회와 감리 교회에서 쓰고 있는 정치이다.
3. **자유 정치** 이 정치는 다른 회의 관할과 치리를 받지 아니하고 각개 지교회가 자유로 행정(行政)하는 정치이다.
4. **조합 정치** 조합 정치는 자유 정치와 방불하나 다만 각 지교회의 대표로서 조직된 연합회가 있어 피차 유익한 문제를 의논하나 그러나 산하 교회에 명령하거나 주관하는 권한은 없고 모든 치리하는 일과 권징과 예식과 도리 해석을 각 교회가 자유로 하는 정치이다.
5. **장로회 정치** 이 정치는 지교회 교인들이 장로를 선택하여 당회를 조직하고 그 당회로 치리권을 행사하게 하는 주권이 교인들에게 있는 민주적 정치이다.

당회는 치리 장로와 목사인 강도 장로의 두 반으로 조직되어 지교회를 주관하고, 그 상회로서 노회, 대회 및 총회 이같이 3심제의 치리회가 있다. 이런 정책은 모세(출 3:16, 18:25, 민 11:16)와 사도(행 14:23, 16:4, 딛 1:5, 벧전 5:1, 약 5:14) 때에 일찍 있던 성경적 제도요, 교회 역사로 보더라도 가장 오랜 역사와 항상 우위를 자랑하는 교회는 이 장로회 정치를 채용한 교회들이며, 또한 이 장로회 정치는 다 웨스트민스터 헌법을 기본으로 한 것인 바, 이 웨스트민스터 헌법은 영국 정부의 주관으로 120명의 목사와 30명의 장로들이 1643년에 런던 웨스트민스터 예배당에 모여서 이 장로회 헌법을 초안하고 영국 각 노회와 대회에 수의 가결한 연후에 총회가 완전히 교회 헌법으로 채용 공포한 것이다.

본 대한예수교장로회 교회의 헌법도 1912년 총회가 조직되고, 1917년 제6회 총회 때 본 총회의 헌법을 제정할 때에 이 웨스트민스터 헌법을 기초로 해서 수정 편성한 것이다.

제1장 원리(原理)

예수교 장로회 정치의 일정한 원리 8개조가 있으니 이것을 이해하여야 교회의 성질을 알 것이다.

제 1 조 양심 자유

양심의 주재는 하나님뿐이시라. 그가 양심의 자유를 주사 신앙과 예배에 대하여 성경에 위반되거나 과분(過分)한 교훈과 명령을 받지 않게 하셨나니 그러므로 일반 인류(人類)는 종교에 관계되는 모든 사건에 대하여 속박을 받지 않고, 각기 양심대로 판단할 권리가 있은즉 누구든지 이 권리를 침해(侵害)하지 못한다.

제 2 조 교회 자유

1. 전조(前條)에 설명한 바 개인 자유의 일례(一例)로 어느 교파 어느 교회든지 각기 교인의 입회 규칙과 입교인 및 직원의 자격과 교회 정치의 일체(一切) 조직을 예수 그리스도의 정하신 대로 설정(設定)할 자유권이 있다.
2. 교회는 국가의 세력을 의지하지 아니하고 오직 국가에서 각 종교의 종교적 기관을 안전 보장하며 동일시(同一視)함을 바라는 것뿐이다.

제 3 조 교회의 직원과 그 책임

교회의 머리 되신 주 예수 그리스도께서 그 지체 된 교회에 덕을 세우기 위하여 직원을 설치(設置)하사 다만 복음을 전파하며 성례를 시행하게 하실 뿐 아니라, 신도로 진리와 본분을 준수하도록 관리(管理)하게 하신 것이라. 이러므로 교우 중에 거짓 도리를 신앙하는 자와 행위가 악한 자가 있으면 교회를 대표한 직원과 치리회가 당연히 책망하거나 출교할 것이라. 그러나 항상 성경에 교훈한 법례(法例)대로 행한다.

제 4 조 진리와 행위의 관계

진리는 선행의 기초라. 진리가 진리 되는 증거는 사람으로 성결하게 하는 경향(傾向)에 있으니 주 말씀하시되 「과실로 그 나무를 안다」 하심과 같으니 진리와 허위(虛僞)가 동일(同一)하며 사람의 신앙이 어떠하든지 관계 없다 하는 이 말보다 더 패리(悖理)하고 더 해로운 것은 없다. 신앙과 행위는 연락하고 진리와 본분은 서로 결탁(結託)되어 나누지 못할 것이니 그렇지 아니하면 진리를 연구하거나 선택할 필요가 없다.

제 5 조 직원의 자격

제4조의 원리에 의지하여 교회가 당연히 직원을 선정하되 교회의 도리를 완전히 신복(信服)하는 자로 선택하도록 규칙을 제정(制定)할 것이다.

그러나 성격(性格)과 주의(主義)가 다 같이 선한 자라도 진리와 교규(敎規)에 대한 의견(意見)이 불합할 수 있다. 이런 경우에는 일반 교우와 교회가 서로 용납하여야 한다.

제 6 조 직원 선거권

교회 직원의 성격과 자격과 권한과 선거와 위임하는 규례는 성경에 기록되었으니 어느 회에서든지 그 직원을 선정하는 권한은 그 회에 있다.

제 7 조 치리권

치리권은 치리회로나 그 택해 세운 대표자로 행사함을 묻지 않고 하나님의 명령대로 준봉 전달(遵奉傳達)하는 것뿐이다. 대개 성경은 신앙과 행위에 대한 유일한 법칙인즉, 어느 교파의 치리회든지 회원의 양심을 속박할 규칙을 자의(自意)로 제정할 권리가 없고 오직 하나님의 계시하신 뜻에 기인(基因)한다.

제 8 조 권징

교회가 이상(以上) 각 조의 원리를 힘써 지키면 교회의 영광과 복을 증진(增進)할 것이니 교회의 권징은 도덕상과 신령상의 것이요, 국법상의 시벌(施罰)이 아닌즉, 그 효력(效力)은 정치의 공정(公正)과 모든 사람의 공인(公認)과 만국 교회의 머리 되신 구주의 권고와 은총에 있다.

제2장 교 회

제 1 조 교회 설립(設立)
하나님이 만국 중에서 대중(大衆)을 택하사 저희로 영원토록 무한하신 은혜와 지혜를 나타내게 하시나니 저희는 생존(生存)하신 하나님의 교회요, 예수의 몸이요, 성령의 전(殿)이라. 전과 지금과 이후에 만국의 성도니 그 명칭은 거룩한 공회라 한다.

제 2 조 교회의 구별(區別)
교회에 두 가지 구별이 있으니 유형(有形)한 교회와 무형(無形)한 교회라. 무형한 교회의 교인은 하나님만 아시고 유형한 교회는 온 세계에 흩어져 있는 교회니 그 교인은 그리스도인이라 칭하고 성부 성자 성령 삼위일체 되신 하나님을 공경하는 자이다.

제 3 조 교회 집회(集會)
대중이 한 곳에만 회집하여 교제하며 하나님을 경배할 수 없으니 각처에 지교회를 설립하고 회집하는 것이 사리(事理)에 합당하고 성경에 기록한 모범에도 그릇됨이 없다(갈 1:22, 계 1:4, 20).

제 4 조 각 지교회(支敎會)
예수를 믿는다고 공언(公言)하는 자들과 그 자녀들이 일정한 장소에서 그 원대로 합심하여 하나님을 경배하며 성결하게 생활하고, 예수의 나라를 확장하기 위하여 성경에 교훈한 모범대로 연합하여 교회 헌법에 복종하며, 시간을 정하여 공동 예배로 회집하면 이를 지교회라 한다(행 2:47).

제3장 교회 직원

제 1 조 교회 창설(創設) 직원
우리 주 예수께서 최초에 이적을 행할 권능이 있는 자로(마 10:8) 자기의 교회를 각 나라 중에서 선발(選拔)하사(시 2:8, 계 7:9) 한 몸(고전 10:17)이 되게 하셨다.

제 2 조 교회의 항존직(恒存職)
교회에 항존(恒存)할 직원은 다음과 같으니 **장로**(감독) (행 20:17, 28, 딤전 3:7)와 **집사**요, 장로는 두 반이 있으니
1. 강도(講道)와 치리를 겸한 자를 **목사**라 일컫고
2. 치리만 하는 자를 **장로**라 일컫나니 이는 교인의 대표자이다.
3. 항존직의 시무 연한은 만 70세로 한다.

제 3 조 교회의 임시 직원
교회 사정에 의하여 다음과 같은 직원을 안수(按手) 없이 임시로 설치(設置)한다. 단 교회의 모든 임시직의 설치 연한은 70세까지로 한다.
1. **전도사** 남·녀 전도사를 당회의 추천으로 노회가 고시하여 자격을 인가하면 유급 교역자로 당회나 목사의 관리하는 지교회 시무를 방조하게 한다.
   1) **권한** 남 전도사가 그 당회의 회원은 되지 못하나 특별한 이유가 있으면 언권 방청이 되고 미조직 교회에서는 당회장의 허락으로 제직회 임시 회장이 될 수 있다.
   2) **자격** 신학생과 신학 졸업자로 노회가 고시 인가하되 특별한 경우에는 이 한도에서 벗어난다. 단, 다른 노회에서 전도사 고시 받은

자와 총회 신학교를 졸업한 자는 필답 고사를 면제한다.
2. **전도인** 남·녀 전도인은 유급 사역자로 불신자에게 전도하는 자니 그 사업 상황을 파송한 기관에 보고하고, 다른 지방에서 전도에 착수할 때는 그 구역 감독 기관에 협의하여 보고한다.
3. **권사(勸師)**
   1) **권사의 직무와 권한** 권사는 당회의 지도 아래 교인을 방문하되 병환자와 환난을 당하는 자와 특히 믿음이 연약한 교인들을 돌보아 권면하는 자로 제직회 회원이 된다.
   2) 권사의 자격과 선거와 임기
      ① 자격 : 여신도 중 만 45세 이상 된 입교인으로 행위가 성경에 적합하고 교인의 모범이 되며 본 교회에서 충성되게 봉사하는 자.
      ② 선거 : 공동의회에서 투표수 3분 2 이상의 찬성을 얻어야 한다. (단, 당회가 공동의회에 그 후보를 추천할 수 있다.)
      ③ 임기 : 권사는 안수 없는 종신 직원으로서 정년(만 70세) 때까지 시무할 수 있다. (단, 은퇴 후에는 은퇴 권사가 된다.)
   3) **무임 권사** 타교회에서 이명 와서 아직 취임을 받지 못한 권사다. (단, 만 70세 미만자는 공동의회에서 권사로 피선되면 취임식을 행하여 시무 권사가 될 수 있다.)
   4) **은퇴 권사** 권사가 연로하여 퇴임한 권사이다.
   5) **명예 권사** 당회가 다년간 교회에 봉사한 여신도 중에 60세 이상 된 입교인으로 행위가 성경에 적합하고 모범된 자를 임명할 수 있다.
4. **남녀 서리 집사** 교회 혹은 목사나 당회가 신실한 남녀로 선정하여 집사 직무를 하게 하는 자니 그 임기는 1개년이다.

제 4 조 준직원(準職員)

강도사와 목사 후보생은 준직원이다.
1. **강도사**는 당회의 추천에 의하여 총회의 고시로 노회에서 강도할 인허를 받고 그 지도대로 일하되 교회 치리권은 없다.
2. **목사 후보생**은 목사직을 희망하는 자로 노회에서 자격 심사를 받고 그 지도대로 신학에 관한 학과로써 수양을 받는 자이다.
3. **강도사**와 목사 후보생은 개인으로는 그 당회 관리 아래 있고 직무상으로는 노회 관리 아래 있다.

제4장 목 사

제 1 조 목사의 의의(意義)

목사는 노회의 안수로 임직(任職)함을 받아 그리스도의 복음을 전파하고 성례를 거행하며 교회를 치리하는 자니 교회의 가장 중요하고 유익한 직분이다(롬 11:13). 성경에 이 직분 맡은 자에 대한 칭호가 많아 그 칭호로 모든 책임을 나타낸다.
1. 양의 무리를 감시하는 자이므로 **목자**라 하며(렘 3:15, 벧전 5:2~4, 딤전 3:1),
2. 교회 안에서 그리스도를 봉사하는 자이므로 **그리스도의 종**이라, **그리스도의 사역자**라 하며 또 **신약의 집사**라 하며(빌 1:1, 고전 4:1, 고후 3:6),
3. 엄숙하고 지혜롭게 하여 모든 사람의 모범이 되고, 그리스도의 집과 그 나라를 근실히 치리하는 자이므로 **장로**라 하며(벧전 5:1~3),
4. 하나님의 보내신 사자이므로 교회의 **사자**라 하며(계 2:1),
5. 하나님의 거룩한 뜻을 죄인에게 전파하며 그리스도로 말미암아 하

나님과 화목하라 권하는 자이므로 그리스도의 **사신**이라 혹은 복음의 **사신**이라 하며(고후 5:20, 엡 6:20),
6. 정직한 교훈으로 권면하며 거역하는 자를 책망하여 각성(覺醒)하게 하는 자이므로 **교사**라 하며(딛 1:9, 딤전 2:7, 딤후 1:11),
7. 죄로 침륜할 자에게 구원의 복된 소식을 전하는 자이므로 **전도인**이라 하며(딤후 4:5),
8. 하나님의 광대하신 은혜와 그리스도의 설립하신 율례(律例)를 시행하는 자이므로 하나님의 **오묘한 도를 맡은 청지기**라 한다(눅 12:42, 고전 4:1~2). 이는 계급을 가리켜 칭함이 아니요, 다만 각양 책임을 가리켜 칭하는 것뿐이다.

제 2 조 목사의 자격

목사 될 자는 총신대학교 신학대학원을 졸업하고 학식이 풍부하며 행실이 선량(善良)하고 신앙이 진실하며 교수에 능한 자가 할지니 모든 행위가 복음에 적합하여 범사에 존절함과 성결함을 나타낼 것이요, 자기 가정을 잘 다스리며 외인(外人)에게서도 칭찬을 받는 자로 연령은 만 29세 이상 자로 한다. 단, 군목과 선교사는 만 27세 이상 자로 한다(딤전 3:1~7).

제 3 조 목사의 직무

하나님께서 모든 목사 되는 자에게 각각 다른 은혜를 주사 상당한 사역을 하게 하시니 교회는 저희 재능대로 목사나 교사나 그 밖의 다른 직무를 맡길 수 있다(엡 4:11).
1. 목사가 **지교회**를 관리할 때는 양무리 된 교인을 위하여 기도하며, 하나님 말씀으로 교훈하고 강도하며, 찬송하는 일과 성례를 거행

할 것이요, 하나님을 대리하여 축복하고 어린이와 청년을 교육하며 고시하고 교우를 심방하며 궁핍한 자와 병자와 환난 당한 자를 위로하고 장로와 합력(合力)하여 치리권을 행사한다.
2. 목사가 종교상 도리와 본분을 **교훈하는** 직무를 받을 때는 목자같이 돌아보며 구원하기 위하여 각 사람의 마음 가운데 성경의 씨를 뿌리고 결실되도록 힘쓴다.
3. **선교사**로 외국에 선교할 때에는 성례를 거행하며 교회를 설립하고 조직할 권한이 있다.
4. 목사가 기독교 **신문**이나 **서적**에 관한 사무를 시무하는 경우에는 교회에 덕의(德義)를 세우고 복음을 전하는 데 유익하도록 힘써야 한다.
5. **기독교 교육 지도자**로 목사가 노회나 지교회나 교회에 관계되는 기독교 교육 기관에서 청빙을 받으면 교육하는 일로 시무할 수 있다.
6. 강도사가 위 2, 4, 5항의 직무를 감당할 때 노회의 고시를 받고 지교회 목사가 될 자격까지 충분한 줄로 인정하면 목사로 임직할 수 있다.
7. 동성애자와 본 교단의 교리에 위배되는 이단에 속한 자가 요청하는 집례를 거부하고, 교회에서 추방할 수 있다.

제 4 조 목사의 칭호

목사가 그 담임한 시무와 형편으로 인하여 다음과 같은 칭호가 있다.
1. **위임 목사** 한 지교회나 1구역(4지교회까지 좋으나 그 중 조직된 교회가 하나 이상됨을 요함)의 청빙으로 노회의 위임을 받은 목사니 특별한 이유가 없으면 그 담임한 교회를 만 70세까지 시무한다.
　위임 목사가 본 교회를 떠나 1년 이상 결근하게 되면 자동적으로 그 위임이 해제된다.

2. **시무 목사** 조직교회 시무 목사는 공동의회에서 출석 교인 3분의 2 이상의 가결로 청빙을 받으나 그 시무 기간은 1년간이요, 조직 교회에서는 위임 목사를 청함이 원칙이나 부득이한 형편이면 다시 공동의회에서 3분의 2의 가결로 계속 시무를 청원하면 1년간 더 허락할 수 있다.

   단, 미조직 교회에서 시무 목사 시무 기간은 3년이요, 연기를 청원할 때에는 당회장이 노회에 더 청원할 수 있다.

3. **부목사** 부목사는 위임 목사를 보좌하는 임시 목사니 당회의 결의로 청빙하되 계속 시무하게 하려면 매년 당회장이 노회에 청원하여 승낙을 받는다.

4. **원로 목사** 동일(同一)한 교회에서 20년 이상 시무한 목사가 연로(年老)하여 노회에 시무 사면을 제출하려 할 때에 본 교회에서 명예적 관계를 보존하고자 하면 공동의회를 소집하고 생활비를 작정하여 원로 목사로 투표하여 과반수로 결정한 후 노회에 청원하면 노회의 결정으로 원로 목사의 명예직을 준다. 단, 정년이 지나면 노회의 언권만 있다.

5. **무임 목사** 담임한 시무가 없는 목사니 노회에서 언권이 있으나 가부권은 없다.

6. **전도 목사** 교회 없는 지방에 파견되어 교회를 설립하고 노회의 결의로 그 설립한 교회를 조직하며 성례를 행하고 교회의 부흥 인도도 한다. 단, 노회의 언권은 있으나 결의권은 없다.

7. **교단 기관 목사** 노회의 허락을 받아 총회나 노회 및 교회 관계 기관에서 행정과 신문과 서적 및 복음 사역에 종사하는 목사이다.

8. **군종 목사** 노회에서 안수를 받고 배속된 군인 교회에서 목회와 전

도를 하며 성례를 행한다.
9. 군 선교사 본 교단에서 강도사 고시에 합격하고 목사 안수를 받은 후 군인 교회를 섬기는 목사이다.
10. 교육 목사 노회의 허락을 받아 교육 기관에서 성경과 기독교 교리를 교수하는 목사이다.
11. 선교사 다른 민족을 위하여 외지에 파송을 받은 목사이다.
12. 은퇴 목사 목사가 연로하여 시무를 사면한 목사로 한다.

제5장 치리 장로

제 1 조 장로직의 기원
율법 시대에 교회를 관리하는 장로가 있음과 같이 복음 시대에도 목사와 협력하여 교회를 치리하는 자를 세웠으니 곧 치리 장로이다.

제 2 조 장로의 권한
강도와 교훈은 그의 전무 책임은 아니나 각 치리회에서는 목사와 같은 권한으로 각 항 사무를 처리한다(딤전 5:17, 롬 12:7~8).

제 3 조 장로의 자격
만 35세 이상 된 남자 중 입교인으로 흠 없이 5년을 경과하고 상당한 식견과 통솔력이 있으며 디모데전서 3:1~7에 해당한 자로 한다.

제 4 조 장로의 직무
1. 교회의 신령적 관계를 총찰한다.
   치리 장로는 교인의 택함을 받고 교인의 대표자로 목사와 협동하여 행정과 권징을 관리하며, 지교회 혹은 전국 교회의 신령적 관계를 총찰한다.
2. 도리 오해(道理誤解)나 도덕상 부패를 방지한다.
주께 부탁 받은 양무리가 도리 오해나 도덕상 부패에 이르지 않기 위하여 당회로나 개인으로 선히 권면하되 회개하지 아니하는 자가 있을 때에는 당회에 보고한다.
3. 교우를 심방하되 위로, 교훈, 간호한다.
교우를 심방하되 특별히 병자와 조상자(遭喪者)를 위로하며 무식한 자와 어린아이들을 가르치며 간호할 것이니 평신도보다 장로는 신분(身分)상 의무와 직무(職務)상 책임이 더욱 중하다.
4. 교인의 신앙을 살피고 위하여 기도한다.
장로는 교인과 함께 기도하며, 위하여 기도하고 교인 중에 강도의 결과를 찾아본다.
5. 특별히 심방할 자를 목사에게 보고한다.
병환자와 슬픔을 당한 자와 회개하는 자와 특별히 구조 받아야 할 자가 있는 때에는 목사에게 보고한다.

제 5 조 원로 장로

동일한 교회에서 20년 이상 시무하던 장로가 연로하여 시무를 사임할 때 그 교회가 그의 명예를 보존하기 위하여 공동의회의 결의로 원로 장로로 추대할 수 있다. 단, 당회의 언권 회원이 된다.

제 6 조 은퇴 장로

연로하여 퇴임한 장로이다.

제 7 조 협동 장로

무임 장로 중에서 당회 의결로 협동 장로로 선임하고 당회의 언권 회원이 된다.

제6장 집사(執事)

제 1 조 집사직(職)

집사직은 목사와 장로직과 구별되는 직분이니 무흠한 남교인으로 그 지교회 교인들의 택함을 받고 목사에게 안수(按手) 임직을 받는 교회 항존(恒存)직이다.

제 2 조 집사의 자격

집사는 선한 명예와 진실한 믿음과 지혜와 분별력이 있어 존숭(尊崇)을 받고 행위가 복음에 합당하며, 그 생활이 다른 사람의 모범이 될 만한 자 중에서 선택한다. 봉사적 의무는 일반 신자의 마땅히 행할 본분(本分)인즉 집사 된 자는 더욱 그러하다(딤전 3:8~13).

제 3 조 집사의 직무

집사의 직무는 목사 장로와 합력(合力)하여 빈핍 곤궁한 자를 권고하며 환자와 갇힌 자와 과부와 고아와 모든 환난당한 자를 위문하되 당회 감독 아래서 행하며 교회에서 수금한 구제비와 일반 재정을 수납 지출(收納支出)한다(행 6:1~3).

제 4 조 집사의 칭호

1. 시무 집사 : 본 교회에서 임직 혹은 취임 받아 시무하고 있는 집사

2. 휴직 집사 : 본 교회에서 집사로 시무하다가 휴직 중에 있거나 혹은 사임된 자
3. 은퇴 집사 : 연로하여 은퇴한 집사
4. 무임 집사 : 타 교회에서 이명 와서 아직 취임을 받지 못한 집사이니, 만 70세 미만인 자는 서리 집사직을 맡을 수 있고, 본 교회에 전입하여 만 2년이 경과하고, 공동의회에서 집사로 피선되면 취임식만 행하고 안수 없이 시무 집사가 된다.

제7장 교회 예배 의식(儀式)

교회는 마땅히 교회의 머리 되신 그리스도의 설립하신 예배 의식을 준수(遵守)할지니 그 예식은 아래와 같다.

1. 기도(행 6:4, 딤전 2:1)
2. 찬송(골 3:16, 시 9:11, 엡 5:19)
3. 성경 낭독(행 15:21, 눅 4:16~17)
4. 성경 해석과 강도(딛 1:9, 행 9:20, 10:42, 눅 24:47, 딤후 4:2)
5. 세례(마 28:19~20, 막 16:15~16)
6. 성찬(고전 11:23~28)
7. 금식과 감사(눅 5:35, 빌 4:6, 딤전 2:1, 시 50:14, 95:2)
8. 성경 문답(히 5:12, 딤후 3:14~17)
9. 헌금(행 11:27~30, 고전 16:1~4, 갈 2:10, 6:6)
10. 권징(勸懲)(히 13:17, 살전 5:12~13, 고전 5:4~5, 딤전 1:20, 5:20)
11. 축복(고후 13:13, 엡 1:2)

제8장 교회 정치와 치리회

제 1 조 정치의 필요
교회를 치리함에는 명백한 정치와 조직이 있어야 한다(고전 14:40). 정당한 사리(事理)와 성경 교훈과 사도 시대 교회의 행사(行事)에 의지한즉 교회 치리권은 개인에게 있지 않고 당회, 노회, 대회, 총회 같은 치리회에 있다(행 15:6).

제 2 조 치리회의 성질과 관할
교회 각 치리회에 등급(等級)은 있으나 각 회 회원은 목사와 장로뿐이므로 각 회가 다 노회적 성질이 있으며, 같은 자격으로 조직한 것이므로 같은 권리가 있으나 그 치리의 범위는 교회 헌법에 규정하였다.
1. 교회의 교리와 정치에 대하여 쟁론(爭論) 사건이 발생하면 성경 교훈대로 교회의 성결과 화평을 성취하기 위하여 순서에 따라 상회에 상소함이 가하며, 각 치리회는 각 사건을 적법(適法)하게 처리하기 위하여 관할 범위를 정할 것이요, 각 회(各會)는 고유한 특권이 있으나 순서대로 상회의 검사와 관할을 받는다.
2. 각 치리회는 각립(各立)한 개체가 아니요 서로 연합한 것이니 어떤 회에서 어떤 일을 처결하든지 그 결정은 법대로 대표된 치리회로 행사하게 하는 것인즉 전국 교회의 결정이 된다.

제 3 조 치리회의 회집
당회와 노회는 매년 1회 이상, 대회와 총회는 매년 1회 회집하되 기도로 개회와 폐회한다.

제 4 조 치리회의 권한

교회 각 치리회는 국법상 시벌(施罰)을 과(科)하는 권한이 없고(눅 12:2~14, 요 18:36) 오직 도덕과 신령상 사건에 대하여 교인으로 그리스도의 법을 순종하게 하는 것뿐이다(행 15:1, 32). 만일 불복하거나 불법한 자가 있으면 교인의 특권을 향유(享有)하지 못하게 하며, 성경의 권위를 보장하기 위하여 증거를 수합(收合)하여 시벌하며, 교회 정치와 규례(規例)를 범한 자를 소환하여 심사하기도 하며, 관할 아래에 있는 교인을 소환하여 증거를 제출하게 할 수도 있으니 가장 중한 벌은 교리에 패역한 자와 회개하지 아니한 자를 교인 중에서 출교할 뿐이다 (마 18:15~17, 고전 5:4~5).

제9장 당 회

제 1 조 당회의 조직

당회는 노회의 파송을 받아 지교회를 담임하는 목사와 치리 장로로 조직하되 세례 교인 25인 이상을 요하고(행 14:23, 딛 1:5) 장로의 증원도 이에 준한다.

제 2 조 당회의 성수

당회에 장로 2인이 있으면 장로 1인과 당회장의 출석으로 성수가 되고, 장로 3인 이상이 있으면 장로 과반수와 당회장이 출석하여야 성수가 된다. 장로 1인만 있는 경우에도 모든 당회 일을 행하되 그 장로 치리 문제나 다른 사건에 있어 장로가 반대할 때에는 노회에 보고하여 처리한다.

제 3 조 당회장

당회장은 교회의 대표자로 그 지교회 담임 목사가 될 것이나 특별한 경우에는 당회의 결의로 본 교회 목사가 그 노회에 속한 목사 1인을 청하여 대리 회장이 되게 할 수 있으며 본 교회 목사가 신병이 있거나 출타한 때에도 그러하다.

제 4 조 당회 임시 회장

당회장은 목사가 되는 것이므로 어떤 교회에서든지 목사가 없으면 그 교회에서 목사를 청빙할 때까지 노회가 당회장 될 사람을 파송할 것이요, 노회의 파송이 없는 경우에는 그 당회가 회집할 때마다 임시 당회장 될 목사를 청할 수 있으나 부득이한 경우에는 당회장 될 목사가 없을지라도 재판 사건과 중대 사건 외에는 당회가 사무를 처리할 수 있다.

제 5 조 당회의 직무

1. **교인의 신앙과 행위를 총찰** 당회의 직무는 신령상 모든 사무를 처리하는 것이니(히 13:17) 교인의 지식과 신앙상 행위를 총찰한다.
2. **교인의 입회와 퇴회** 학습과 입교할 자를 고시하며 입교인 된 부모를 권하여 그 어린 자녀로 세례를 받게 하며, 유아 세례 받은 자를 고시하여 성찬에 참여하게 하며 주소 변경한 교인에게는 이명 증서(학습, 입교, 세례, 유아 세례)를 접수 또는 교부(交附)하며 제명도 한다.
3. **예배와 성례 거행** 목사가 없을 때에는 노회의 지도로 다른 목사를 청하여 강도하게 하며 성례를 시행한다.
4. **장로와 집사 임직** 장로나 집사를 선택하여 반 년 이상 교양하고 장로는 노회의 승인과 고시한 후에 임직하며 집사는 당회가 고시한 후에 임직한다.

5. **각 항 헌금 수집하는 일을 주장** 각 항 헌금 수집할 날짜와 방침을 작정한다.
6. **권징하는 일** 본 교회 중 범죄자와 증인을 소환 심사하며 필요한 경우에는 본 교회 회원이 아닌 자라도 증인으로 소환 심문할 수 있고 범죄한 증거가 명백한 때에는 권계(勸誡), 견책(譴責), 수찬 정지 (受餐停止), 제명(除名), 출교(黜敎)를 하며 회개하는 자를 해벌한다 (살전 5:12~13, 살후 3:6, 14~15, 고전 11:27~30).
7. **신령적 유익을 도모하며 각 기관을 감독** 당회는 교회의 신령적 유익을 도모하며, 교인을 심방하고 성경 가르치는 일과 주일학교를 주관하며, 전도회와 면려회와 각 기관을 감독한다.
8. **노회에 총대를 파송하며 청원과 보고** 노회에 파송할 총대 장로를 선정하며 청원을 제출하며 교회 정황을 노회에 보고한다.

제 6 조 당회의 권한
당회는 예배 모범에 의지하여 예배 의식을 전관하되 모든 회집 시간과 처소를 작정할 것이요, 교회에 속한 토지 가옥에 관한 일도 장리(掌理)한다.

제 7 조 당회 회집
당회는 1년 1회 이상을 정기회로 회집하며, 본 교회 목사가 필요한 줄로 인정할 때와 장로 반수(半數) 이상이 청구할 때와 상회가 회집을 명할 때에도 소집하되, 만일 목사가 없는 경우에는 필요에 응하여 장로 과반수(過半數)가 소집할 수 있다.

제 8 조 당회 회록
당회록에는 결의 사항을 명백히 기록하고 회록과 재판 회록은

1년 1차씩 노회 검사를 받는다.

제 9 조 각종 명부록
당회는 아래와 같은 명부록을 비치(備置)한다.
1. 학습인 명부(학습 년월일 기입)
2. 입교인 명부(입교 년월일 기입)
3. 책벌 및 해벌인 명부(책벌, 해벌 년월일 기입)
4. 별 명부(1년 이상 실종된 교인)
5. 별세인 명부(별세 년월일 기입)
6. 이전인 명부(이명서 접수 및 발송 년월일 기입)
7. 혼인 명부(성혼 년월일 기입)
8. 유아 세례 명부(세례 및 성찬 허락 년월일 기입)

　성명은 호적대로 기록하되 여자와 아이는 친족의 성명도 기입한다.

제 10 조 연합 당회
도시에 당회가 2개 이상 있으면 교회 공동 사업의 편리를 위하여 연합 당회를 조직할 수 있나니, 그 회원은 각 당회원으로 하며 본회는 치리권은 없으나 협동 사무, 기타(其他) 교회 유익을 서로 도모할 수 있다.

제10장 노 회

제 1 조 노회의 요의(要義)
그리스도의 몸된 교회가 나뉘어 여러 지교회가 되었으니(행 6:1~6, 9:31, 21:20) 서로 협의하며 도와 교회 도리의 순전을 보전하며, 권징을 동일하게 하며, 신앙상 지식과 바른 도리를 합심하여 발휘(發揮)하며, 배도(背道)함과 부도덕(不道德)을 금지할 것이요, 이를 성취하려면 노회와 같은 상회(上會)가 있는 것이 긴요하다(사도 시대 노회와 같은 회가 있었나니 교회가 분산한 후에 다수의 지교회가 있던 것은 모든 성경에 확연하다) (행 6:5~6, 9:31, 21:20, 2:41~47, 4:4). 이런 각 교회가 한 노회 아래 속하였고(행 15:2~4, 11:22, 30, 21:17~18) 에베소 교회 외에도 많은 지교회가 있고 노회가 있는 증거가 있다(행 19:18, 20). (비교 고전16:8, 9, 19, 행 18:19, 24~26, 20:17~18, 25~31, 36~37, 계 2:1~6)

제 2 조 노회 조직
노회는 일정한 지방 안에 모든 목사와 각 당회에서 총대로 세례 교인 200명 미만이면 1인, 200명 이상 500명 미만이면 2인, 500명 이상 1,000명 미만은 3인, 1,000명 이상은 4명씩 파송하는 장로로 조직한다. 단, 21당회 이상을 요한다.

제 3 조 회원 자격
지교회 시무 목사와 정년 이전의 원로 목사와 총회나 노회가 파송한 기관 사무를 위임한 목사는 회원권을 구비하고, 그 밖의 목사는 언권 회원이 되며 총대권은 없다.

제 4 조 총 대
총대 장로는 서기가 천서를 접수 호명한 후부터 회원권이 있다.

제 5 조 노회의 성수
노회가 예정한 장소와 날짜에 본 노회에 속한 정회원 되는 목사와 총대 장로 각 3인 이상이 회집하면 개회할 성수가 되나니 노회의 일체 사무를 처리할 수 있다.

제 6 조 노회의 직무

1. 노회는 그 구역에 있는 당회와 지교회와 목사와 강도사와 전도사와 목사 후보생과 미조직 교회를 총찰한다.
2. 노회는 각 당회에서 규칙대로 제출하는 헌의와 청원과 상소 및 소원과 고소와 문의와 위탁 판결을 접수하여 처리하며, 재판건은 노회의 결의대로 권징 조례에 의하여 재판국에 위임 처리하게 할 수 있다(고전 6:1, 8, 딤전 5:19). 상소건 등은 접수하여 상회에 보낸다.
3. 목사 후보생을 고시하여 받고 그 교육, 이명, 권징하는 것과 강도사를 인허하고 이명, 권징, 면직을 관리하며 지교회의 장로 선거를 승인하며 피택 장로를 고시하여 임직을 허락하고 전도사를 고시하여 인가하며 목사 지원자의 고시, 임직, 위임, 해임, 전임, 이명, 권징을 관리하며(딤전 4:14, 행 13:2~3) 당회록과 재판 회록을 검열하여 처리 사건에 찬부(贊否)를 표하며 도리와 권징에 관한 합당한 문의를 해석한다(행 15:10, 갈 2:2~5).
4. 교회의 신성과 화평을 방해하는 언행을 방지하며(행 15:22, 24) 교회 실정과 폐해(弊害)를 감시하고 교정(矯正)하기 위하여 각 지교회를 시찰한다(행 20:17, 30, 6:2, 15:30).
5. 지교회를 설립, 분립, 합병, 폐지 및 당회를 조직하는 것과 지교회와 미조직 교회의 목사의 청빙과 전도와 학교와 재정 일체 사항의 처리 방침을 지도 방조한다.
6. 본 노회의 청원과 헌의를 상회에 올려 보내며 상회에서 내려 보내는 공한(公翰)을 접수하여 그 지휘를 봉행하며, 교회 일을 질서 있게 처리하며(고전 14:33, 40), 전도 사업을 직접 경영함과 상회 총대를 선

정 파송함과 범사(凡事)에 관한 각 교회의 신령적 유익을 도모한다.
7. 목사 고시를 행하되 그 과목은 신조, 권징 조례, 예배 모범, 목회학, 면접 등이다.
8. 어느 지교회에 속한 것을 물론하고 토지 혹 가옥 사건에 대하여 변론이 나면 노회가 지도할 권한이 있다.
9. 노회는 교회를 감독하는 치리권을 행사하기 위하여 그 소속 목사 및 장로 중에서 시찰 위원을 선택하여 지교회 및 미조직 교회를 순찰하고 모든 일을 협의하여 노회의 치리하는 것을 보조할 것이니 위원의 정원과 시찰할 구역은 노회에서 작정한다. 시찰 위원은 치리회가 아니니 목사 청빙 청원을 가납(可納)하거나 목사에게 직전(直傳)하지 못하고 노회가 모이지 아니하는 동안 임시 목사라도 택하여 세울 권한이 없다. 그러나 허위 당회에서 강도할 목사를 청하는 일을 같이 의논할 수 있고 또 그 지방의 목사와 강도사의 일할 처소와 봉급에 대하여 경영하여 노회에 보고한다.
10. 노회는 허위 교회를 돌아보기 위하여 시찰 위원 혹은 특별 위원에게 위탁하여 노회 개회 때까지 임시로 목사를 택하게 할 수 있고 혹 임시 당회장도 택하게 할 수 있다. 시찰 위원을 두는 목적은 교회와 당회를 돌아보고 노회를 위하여 교회 형편을 시찰하는 것이니 시찰 위원은 교회의 청함이 없을지라도 그 지방 안에 있는 당회와 연합 당회와 제직회와 부속한 각 회에 언권 방청원으로 출석할 수 있고 투표권은 없다. 각 당회는 장로 및 전도사를 선정할 일에 대하여 의논할 때에는 시찰과 협의함이 가하다.

　　시찰 위원은 그 구역 안 교회 형편과 위탁 받은 사건을 노회에 보고할 것이나 당회나 교회 헌법에 의하여 얻은 직접 청구권을 침해하지 못한다.

11. 시찰 위원은 가끔 각 목사와 교회를 순찰하여 교회의 신령상 형편과 재정 형편과 전도 형편과 주일 학교 및 교회 소속 각 회 형편을 시찰하고, 목사가 결과 있고 유익하게 역사하는 여부와 그 교회 장로와 당회와 제직회와 교회 대표자들의 제출하는 문의(問議) 및 청원서를 노회에 제출한다.

제 7 조 노회록과 보고

노회는 강도사 및 전도사 인허와 목사의 임직과 이명과 별세(別世)와 후보생의 명부와 교회 설립, 분립(分立), 합병과 지방 안 각 교회 정황(情況)과 처리하는 일반 사건을 일일이 기록하여 매년 상회에 보고한다.

제 8 조 노회가 보관하는 각종 명부

(1) 시무 목사   (2) 무임 목사   (3) 원로 목사   (4) 공로 목사
(5) 전도사   (6) 목사 후보생   (7) 강도사

제 9 조 노회 회집

노회는 예정한 날짜와 장소에 회집하고 특별한 사건이 있는 경우에는 각 다른 지교회 목사 3인과 각 다른 지교회 장로 3인의 청원에 의하여 회장이 임시회를 소집할 수 있다(회장이 유고한 때는 부회장 또는 서기가 대리로 소집한다).

  회장이 임시회를 소집할 때는 회의(會議)할 안건과 회집 날짜를 개회 10일 선기(先期)하여 관하(管下) 각 회원에게 통지하고 통지서에 기재한 안건만 의결(議決)한다.

제11장 대 회

제 1 조 대회 조직
대회는 1지방 안 모든 노회(3개 이상 노회 됨을 요한다)를 관할하는 회니 각 노회에서 파송하는 총대 목사와 장로로 조직하되 목사와 장로는 그 수를 서로 같게 한다.

총대는 매 5당회에 목사, 장로 각 1인 비율로 파송하며 5당회가 미급되고 3당회 이상이면 목사, 장로 각 1인씩 더 택하고 3당회가 미급(未及)되는 노회는 목사, 장로 각 1인씩 언권 회원으로 참석한다.
단, 1당회에 총대 목사, 장로 각 1인을 초과하지 못한다.

제 2 조 개회 성수
예정한 날짜와 장소에 목사 7인과 장로 3인 이상이 회집하면 개회 성수가 된다.

제 3 조 언권 방청
다른 노회 목사나 또는 서로 교통하는 교파 목사를 언권 방청원으로 허락할 수 있다.

제 4 조 대회 권한과 직무
1. 노회 판결에 대한 공소 및 상고를 수리 처결한다.
2. 모든 하회의 문의에 대하여 결정 지시권이 있다.
3. 각 노회록을 검사 인준한다.
4. 각 노회에 법규(法規)를 위반한 사실이 있으면 교정하게 하고 교회 헌법을 잘 준수하게 한다.

5. 노회를 설립, 합병, 분설(分設)하며 노회 구역을 변경하는 일을 행할 수 있다.
6. 교회의 건덕(健德)과 유익될 일을 각 교회에 권장하며 총회에 헌의할 수 있다.
7. 대회는 고소, 소원, 공소, 상고에 대한 결정을 전권으로 행하되 직접 판결하든지 또한 하회에 반환할 수 있다.
8. 대회에 제기한 상고, 고소, 문의의 안건이 교회의 도리나 헌법에 관계되는 일이 아니면 대회가 최종 심의(最終審議)회가 된다.
9. 당회는 교인을 직접, 노회는 목사를 직접 재판할 수 있으나 대회는 노회에서 판결한 데 대하여 불복 상고한 것이나 노회에서 제출한 문의 같은 문서(文書)를 받은 후에야 재판할 수 있다.
10. 대회가 하회(下會)에 대하여 만일 불법한 사건이 있는 줄로 아는 때는 상고하는 일이 없을지라도 자세히 조사하며, 하회 회록을 검사하여 과연 사실이 있으면 심사 교정하든지 하회에 명령하여 교정하게 한다.
11. 대회는 재판국을 두어(국원은 목사 장로 9인 이상) 권징 조례대로 재판한다. 재판국 개회 성수는 국원 4분의 3 이상이 출석하여야 개심하며 재판국 판결은 법규에 대한 사건 외에는 변경하지 못한다. 그러나 대회가 직접 재판회로 다시 일일이 재판한 후에 재판국 판결을 변경할 수 있다.
12. 대회는 총회에 헌의와 청원을 제출할 수 있고 다른 노회나 대회의 헌의에 대하여 동의(同意)를 표할 수 있다.

제 5 조 대회 회집

대회는 매년 1회 정기회로 회집하고 필요한 때는 임시회와 계속회도 할 수 있다. 임시회는 2개 노회의 목사 장로 각 3인의 청원에 의하여 회장이 임시회를 소집한다. 임시회는 개회 10일 전기하여 회집 통지서와 의안을 관하 각 회원에게 통고하고 통지(通知)서에 기재한 안건만 의결(議決)한다.

제 6 조 회록 및 보고
서기는 회의록을 작성 보관하며 특별히 재판 기록을 자세히 하여 총회의 검사를 받으며 대회 상황을 총회에 보고한다.

제12장 총 회

제 1 조 총회의 정의(定義)
총회는 대한예수교장로회의 모든 지교회 및 치리회의 최고회(最高會)니 그 명칭은 대한예수교장로회 총회라 한다.

제 2 조 총회의 조직
총회는 각 노회에서 파송한 목사와 장로로서 조직하되 목사와 장로는 그 수를 서로 같게 하고 총대는 각 노회 지방의 매 7당회에서 목사 1인, 장로 1인씩 파송하되 노회가 투표 선거하여 개회 2개월 전에 총회 서기에게 송달(送達)하고 차점순(順)으로 부총대 몇 사람을 정해 둔다. 단, 7당회 못되는 경우에는 4당회 이상에는 목사·장로 각 1인씩 더 파송할 수 있다. 3당회 이하 되는 노회는 목사·장로 각 1인씩 언권 회원으로 참석한다. 총회 총대는 1당회에서 목사·장로 각 1인을 초과하지 못한다.

제 3 조 총회의 성수

총회가 예정한 날짜에 노회의 과반수와 총대 목사 장로 각 과반수가 출석하면 개회할 성수가 되어 일반 회무를 처리한다.

제 4 조 총회의 직무

총회는 소속 교회 및 치리회의 모든 사무와 그 연합 관계를 총찰하며, 하회에서 합법적으로 제출하는 헌의와 청원과 상고와 소원과 고소와 문의와 위탁 판결을 접수하여 처리하고, 각 하회록을 검열하여 찬부를 표하고 산하 각 교회 간에 서로 연락하며 교통하며 신뢰(信賴)하게 한다.

제 5 조 총회의 권한

1. 총회는 교회 헌법(신조, 요리 문답, 정치, 권징 조례, 예배 모범)을 해석할 전권이 있고 교리(敎理)와 권징에 관한 쟁론(爭論)을 판단하고 지교회와 노회의 오해와 부도덕(不道德)한 행위를 경책하며 권계(勸戒)하며 변증(辨證)한다.
2. 총회는 노회, 대회를 설립, 합병, 분립하기도 하며 폐지하는 것과 구역을 작정하며 강도사 지원자를 고시하며 전국 교회를 통솔하며, 본 총회와 다른 교파 교회 간에 정한 규례에 의하여 교통한다.
3. 교회를 분열(分裂)하게 하는 쟁단(爭端)을 진압하며 전 교회(全敎會)를 위하여 품행을 단정하게 하고, 인애(仁愛)와 성실과 성결한 덕을 권장하기 위하여 의안(議案)을 제출하여 실행하도록 계도(計圖)한다.
4. 어느 교회에서든지 교회 재산에 대하여 쟁론이 있어 노회가 결정한 후 총회에 상고하면 이것을 접수하여 판결한다.
5. 내외지 전도 사업이나 기타 중대 사건을 주관할 위원을 설치(設置)할 수 있으며 신학교와 대학교를 설립할 수 있다.

6. 총회의 재산은 총회 소유로 한다.

제 6 조 총회의 회집
총회는 매년 1회 정례로 회집하되 예정한 날짜에 회장이 출석하지 못할 때는 부회장 혹 전 회장이 개회하고 신 회장을 선거할 때까지 시무할 것이요, 각 총대는 서기가 천서를 접수 호명(呼名)한 후부터 회원권이 있다.

제 7 조 개회 폐회 의식(儀式)
총회가 기도로 개회하고 폐회하되 폐회하기로 결정한 후에는 회장이 선언하기를 「교회가 나에게 위탁한 권세로 지금 총회는 파(罷)함이 가한 줄로 알며 이 총회같이 조직한 총회가 다시 아무 날 아무 곳에서 회집함을 요하노라」 한 후에 기도함과 감사함과 축도로 산회(散會)한다.

제13장 장로, 집사 선거 및 임직

제 1 조 선거 방법
치리 장로와 집사는 각 지교회가 공동의회 규칙에 의하여 선거하되 투표 3분의 2 이상의 찬성을 요한다. 단, 당회가 후보를 추천할 수 있다.

제 2 조 임직 승낙
치리 장로 혹은 집사를 선거하여 노회가 고시 승인하고(집사는 제외한다) 선거된 본인도 승낙한 후에 당회가 임직한다.

제 3 조 임직 순서
교회가 당회의 정한 날짜와 장소에 모여 개회하고 목사가 강도한 후에 그 직(장로 혹 집사)의 근원과 성질의 어떠한 것과 품행과 책임의 어떠한 것을 간단히 설명하고, 교회 앞에서 피선(被選)자를 기립하게 하고 아래와 같이 서약한다.

1. 신구약 성경은 하나님의 말씀이요 또한 신앙과 행위에 대하여 정확 무오(正確無誤)한 유일(唯一)의 법칙으로 믿느뇨?
2. 본 장로회 신조와 웨스트민스터 신도게요 및 대소요리 문답은 신구약 성경의 교훈한 도리를 총괄할 것으로 알고 성실한 마음으로 받아 신종하느뇨?
3. 본 장로회 정치와 권징 조례와 예배 모범을 정당한 것으로 승낙하느뇨?
4. 이 지교회 장로(혹 집사)의 직분을 받고 하나님의 은혜를 의지하여 진실한 마음으로 본직(本職)에 관한 범사를 힘써 행하기로 맹세하느뇨?
5. 본 교회의 화평과 연합과 성결함을 위하여 전력하기로 맹세하느뇨?

이상 4와 5항은 취임 서약이다.

피선(被選)자가 각 묻는 말에 대하여 서약한 후에 목사는 또 본 지교회 회원들을 기립하게 하고 아래와 같이 서약한다.

이 지교회 회원들이여, 아무 씨를 본 교회의 장로(혹 집사)로 받고 성경과 교회 정치에 가르친 바를 좇아서 주 안에서 존경하며 위로하고 복종하기로 맹세하느뇨?

교회원들이 거수로써 승낙의 뜻을 표한 후에 목사가 개인으로나 전 당회로 안수와 기도하고, 피선자를 치리 장로(혹 집사)의 직을 맡긴 다음 악수례를 행하고, 공포한 후, 새로이 임직한 자와 교인에게 특별히 합당한 말로 권면한다.

제 4 조 임기

치리 장로, 집사직의 임기는 만 70세까지다. 단, 7년에 1차씩 시무 투표 할 수 있고 그 표결수는 과반수를 요한다.

제 5 조 자유 휴직과 사직

장로 혹 집사가 노혼(老昏)하거나, 신병(身病)으로 시무할 수 없거나, 이단이나 악행(惡行)은 없을지라도 교회원 태반이 그 시무를 원하지 아니할 때, 본인의 청원에 의하여 휴직과 사직을 당회의 결의로 처리한다.

제 6 조 권고 휴직과 사직

장로나 집사가 범죄는 없을지라도 전조(前條) 사건과 방불하여 교회에 덕을 세우지 못하게 된 경우에는 당회가 협의 결정하여 휴직 혹 사직하게 하고 그 사실을 회록에 기록한다. 본인이 원하지 아니하면 소원할 수 있다.

제14장 목사 후보생과 강도사

제 1 조 양성의 요의(要義)

목사의 중임을 연약하고 부적당(不適當)한 자에게 위임함으로 성역(聖役)이 사람의 멸시됨을 면하기 위하며, 또한 교회를 교도(教導) 치리할 자의 능력을 알기 위하여 성경에 명한 대로 목사 지원자를 먼저 시험하는 것이 가하다(딤전 3:6, 딤후 2:2). 이러므로 총회가 신학 졸업생을 고시하고, 노회가 강도사로 인허한 후, 그 강도사는 특별한 이유가 없으면 총회 고시 합격 후 1개년 이상 노회 지도 아래서 본직의 경험을 수양한 후에야 목사 고시에 응할 수 있다.

제 2 조 관 할

목사 후보생 지원자는 소속 본 노회에 청원하여 그 노회 관하에서 양성을 받는다.

1. 혹 편의(便宜)를 인하여 멀리 있는 다른 노회 아래서 양성을 받고자 하면 본 노회 혹 본 노회 관할 아래 있는 무흠 목사 2인의 천서를 얻어 그 노회에 제출한다.
2. 천서는 그 사람의 무흠 교인 된 것과 모범적 신앙과 기타(其他) 목사 됨에 합당한 자격 유무(有無)를 증명한다.
3. 누구든지 총회가 인정하는 어느 신학교에 입학코자 할 때에는 마땅히 본 노회에 청원을 제출하여 노회 관할 아래 속한 목사 후보생이 되고, 대한예수교장로회 노회의 지도 아래서 수양받지 아니한 자는 신학 졸업 후 노회 관할 아래 후보생으로 1년간 총회 신학교에서 신학과 교회 헌법을 수업한 후에 강도사 고시 자격을 얻을 수 있다.

제 3 조 강도사 고시 및 인허

강도사 인허를 청원하는 자는 반드시 총회가 그 덕행(德行)이 단정함과 지교회의 무흠 회원 됨을 증명하는 당회 증명과 노회 추천서 및 지원서와 이력서를 제출하게 할 것이요, 총회는 그 사람의 신덕과 종교상 이력을 시문(試問)하며 성역(聖役)을 구하는 이유를 묻되 그 고시는 신중히 하고 인허는 노회가 한다.

제 4 조 고시 종목

고시는 구두(口頭)와 필기 2종이 있으니 그 과목은 아래와 같다.
조직신학, 교회 헌법, 교회사, 논문, 주해(註解), 강도.

고시부장은 강도사 지원자의 실지 능력을 알아보기 위하여 고시 5개월 전에 아래와 같은 고시 문제를 준다.
논문, 주해(註解), 강도.

제 5 조 인허 서약
노회는 강도사 인허할 자에게 아래와 같이 서약한다.
1. 신구약 성경은 하나님의 말씀이요 신앙과 행위에 대하여 정확 무오한 유일의 법칙으로 믿느뇨?
2. 장로회 신조와 웨스트민스터 신도게요 및 대·소요리 문답은 신구약 성경의 교훈한 도리를 총괄한 것으로 알고 성실한 마음으로 받아 자기의 사용할 것으로 승낙하느뇨?
3. 교회의 화평과 연합과 성결함을 도모하기로 맹세하느뇨?
4. 주 안에서 본 노회 치리를 복종하고 다른 노회에 이거할 때는 그 노회의 치리를 복종하기로 맹세하느뇨?

제 6 조 인 허 식
그 지원자가 전조와 같이 서약한 후에 회장이 기도하고 그 사람에게 아래와 같이 선언한다. "교회에 덕을 세우기 위하여 주신 권세와 주 예수 그리스도의 이름으로 우리가 하나님의 지도하시는 곳에서 복음을 전파하기 위하여 그대에게 강도사 인허를 주고, 이 일을 선히 성취하기 위하여 하나님께서 그대에게 복을 주시며, 그리스도의 성령이 충만하기를 바라노라 아멘."

제 7 조 인허 후 이전
강도사 인허를 받은 후에 본 노회 허락을 얻어 다른 노회 지방에 이거하게 되면 강도사 이명 증서를 받아 그 노회에 드린다.

제 8 조 인허 취소
강도사가 4년간 강도하는 데 덕을 세우지 못하는 경우에는 노회가 결의에 의하여 인허를 취소할 수 있다.

제15장 목사, 선교사 선거 및 임직

제 1 조 목사 자격
목사는 총신대학교 신학대학원 졸업 후 총회에서 시행하는 강도사 고시에 합격되어 1개년 이상 교역에 종사하고 노회 고시에 합격되고 청빙을 받은 자라야 한다.

제 2 조 목사 선거
지교회에 목사를 청빙하고자 하는 경우에는 당회의 결의로 공동의회를 소집하고, 임시 당회장이 강도한 후 공포하기를, 교회에서 원하면 목사 청빙할 일에 대하여 투표할 것이라고 그 의견(意見)을 물어 과반수가 찬성하면 즉시 투표한다.

제 3 조 청빙 준비
투표하여 3분의 2가 가(可)라 할지라도 부(否)라 하는 소수가 심히 반대하는 경우에는 회장은 교우에게 연기하라고 권고하는 것이 가하다.
　투표가 일치하든지 혹 거의 일치하든지 혹 대다수가 양보하지 아니하는 경우에는 회장은 합동하도록 권면한 후 규칙대로 청빙서를 작성(作成)하여 각 투표자로 서명 날인하게 하고 회장도 날인하여 공동의회의 경과 정형을 명백히 기록(반대자의 수와 그 사람들의 형편도 자세히 기록한다)하여 청빙서와 함께 노회에 드린다.

    단, 청빙서에는 투표자뿐 아니라 무흠 입교인 과반수의 날인을 요한다.

제 4 조 청빙 서식

○○곳 ○○교회 교인들은 귀하께서 목사의 재덕과 능력을 구비하여 우리 영혼의 신령적 유익을 선히 나누어 주실 줄로 확신하여 귀하를 본 교회 담임 목사(혹 시무 목사)로 청빙하오며, 겸하여 귀하께서 담임 시무 기간 중에는 본 교인들이 모든 일에 편의와 위로를 도모하며, 주 안에서 순복하고 주택과 매삭 생활비 ○○를 드리기로 서약하는 동시에 이를 확실히 증명하기 위하여 서명 날인하여 청원하오니 허락하심을 바라나이다.

년　　　　월　　　　일
각 교인 연서 날인
증인, 공동의회장 서명 날인
귀하

제 5 조 청빙 승낙

어느 목사나 강도사에게든지 청빙서를 드리면 그 교회가 원하는 줄로 인정할 것이요 그 목사나 강도사가 그 청빙서를 접수하면 승낙하는 것으로 인정한다. 강도사가 청빙서를 받아 목사로 임직하게 될 경우에는 노회는 구애되는 것이 없으면 동시에 위임식까지 행한다.

제 6 조 청빙서 제정(提呈)

청빙서는 청빙 받은 자를 관할하는 노회에 드릴 것이요 그 노회가 가합(可合)한 줄로 인정할 때는 청빙 받은 자에게 전함이 옳으니 목사 혹 강도사가 노회를 경유하지 아니하고 직접 청빙서를 받지 못한다.

제 7 조 서약 변경
청빙할 때에 약속한 목사의 봉급을 변경하고자 할 때에 목사와 교회가 승낙하면 노회에 보고하고 만일 승낙지 아니하는 경우에는 그 사유를 노회에 보고하되 반드시 정식으로 공개한 공동의회를 경유한다.

제 8 조 다른 노회 사역자 청빙
지교회가 청빙서를 노회 서기에게 송달한다. 노회 서기는 즉시 해노회에 통보하며 노회는 해당 사역자의 이명서를 접수하고 청빙을 허락한다.

제 9 조 임직 준비
노회는 청빙 받은 자가 성직(聖職)을 받을 만한 자격자인 줄 확인하면 편의를 따라 임직식을 교회나 노회 당석에서 행하고 위임식은 그 시무할 교회에서 거행하되 그 교회 교인들은 이것을 위하여 준비 기도를 할 것이다(행 13:2, 3).

제 10 조 임직 예식
1. 서 약 노회는 예정한 회원으로 임직에 적합하도록 강도한 후 회장이 정중히 취지를 설명하고 청빙 받은 자를 기립하게 한 후 다음과 같이 서약한다.
   ① 신구약 성경은 하나님의 말씀이요 신앙과 본분에 대하여 정확 무오한 유일의 법칙으로 믿느뇨?
   ② 본 장로회 신조와 웨스트민스터 신도게요 및 대·소요리 문답은

신구약 성경의 교훈한 도리를 총괄한 것으로 알고 성실한 마음으로 받아 신종하느뇨?

③ 본 장로회 정치와 권징 조례와 예배 모범을 정당한 것으로 승낙하느뇨?

④ 주 안에서 같은 직원 된 형제들과 동심 협력(同心協力)하기로 맹세하느뇨?

⑤ 목사의 성직을 구한 것이 하나님을 사랑하는 마음과 그 독생자 예수의 복음을 전포(傳布)하여 하나님의 영광을 나타내고자 하는 본심(本心)에서 발생한 줄로 자인(自認)하느뇨?

⑥ 어떠한 핍박이나 반대를 당할지라도 인내하고 충심으로 복음의 진리를 보호하며 교회의 성결과 화평을 힘써 도모하여 근실히 역사하기로 작정하느뇨?

⑦ 신자요 겸하여 목사가 되겠은즉 자기의 본분(本分)과 다른 사람에 대한 의무와 직무에 대한 책임을 성실히 실행하여 복음을 영화롭게 하며 하나님께서 그대에게 명하사 관리하게 하신 교회 앞에 경건한 모본을 세우기로 승낙하느뇨?

2. **안 수** 회장이 전항에 의하여 서약을 마친 후에 청빙 받은 자를 적당한 곳에 꿇어 앉게 하고 사도의 규례에 의하여 노회 대표자의 안수와 함께 회장이 기도하고 목사로 임직한 후 악수례를 행하여 말하기를 「성역(聖役)에 동사자가 되었으니 악수로 치하하노라」 한다(갈 2:9, 행 1:25).

3. **공 포**

4. **권 유** 회장 혹은 다른 목사가 신임 목사에게 권면할 것이요(딤후 4:1~2) 노회는 그 사건을 회록에 자세히 기록한다.

제 11 조 위임 예식
노회는 예정한 날짜와 장소에서 노회 전체로나 혹은 위원으로 예식을 다음과 같이 행한다.
1. 목사의 서약
   ① 귀하가 청빙서를 받을 때에 원하던 대로 이 지교회의 목사 직무를 담임하기로 작정하느뇨?
   ② 이 직무를 받는 것은 진실로 하나님께 영광 돌리며 교회에 유익하게 하고자 함이니 본심으로 작정하느뇨?
   ③ 하나님의 도와주시는 은혜를 받는 대로 이 교회에 대하여 충심으로 목사의 직분을 다하고 모든 일에 근신 단정하여 그리스도의 복음의 사역에 부합하도록 행하며 목사로 임직하던 때에 승낙한 대로 행하기를 맹세하느뇨?
   단, 전임하는 목사를 위임할 때에도 위와 같이 서약한다.
2. 교인의 서약
   본 교회 교인들을 기립하게 한 후에 다음과 같이 서약한다.
   ① ○○교회 교우 여러분은 목사로 청빙한 ○○씨를 본 교회 목사로 받겠느뇨?
   ② 여러분은 겸손하고 사랑하는 마음으로 그의 교훈하는 진리를 받으며 치리를 복종하기로 승낙하느뇨?
   ③ 목사가 수고할 때에 위로하며 여러분을 가르치고 인도하며 신령한 덕을 세우기 위하여 진력할 때에는 도와주기로 작정하느뇨?
   ④ 여러분은 저가 본 교회 목사로 재직(在職)중에 한결같이 그 허락한 생활비를 의수(依數)히 지급(支給)하며 주의 도에 영광이 되며 목사에게 안위가 되도록 모든 요긴한 일에 도와주기로 맹세하느뇨?

⑤ 공 포 내가 교회의 머리 되신 주 예수 그리스도의 이름과 노회의 권위로 목사 ○○씨를 본 교회 목사로 위임됨을 공포하노라.

이같이 서약을 마친 후에 회장이나 다른 목사가 신임 목사와 교회에게 정중히 권면한 후에 축도로 폐식한다.

제 12 조 시무 목사 권한

1. 특별한 이유가 있으면 노회 허락으로 조직 교회는 1년간 시무 목사로 시무하게 할 수 있고 만기 후에는 다시 노회에서 1년간 더 승낙을 받을 것이요, 미조직 교회는 3년간 시무 목사로 시무하게 할 수 있고 만기 후에는 다시 노회에 3년간 더 승낙을 받을 것이요, 노회 결의로 당회장권을 줄 수 있다.
2. 교회 각 기관에 종사하는 목사는 지교회 위임 목사가 될 수 없고 임시로 시무할 수 있다.

제 13 조 다른 교파 교역자

다른 교파에서 교역하던 목사가 본 장로교회에 속한 노회에 가입하고자 하면 반드시 본 장로회 신학교에서 총회가 정한 소정의 수업을 한 후 총회 강도사 고시에 합격하여야 한다. 한국 이외 다른 지방에서 임직한 장로파 목사도 같은 예(例)로 취급한다.

또한 본장 10조에 규정한 각 항의 서약을 하여야 한다.

제16장 목사 전임(轉任)

제 1 조 전임 승인

목사는 노회의 승낙을 얻지 못하면 다른 지교회에 이전하지 못하고 또 전임 청빙서를 직접 받지 못한다.

제 2 조 본 노회 안에 전임
본 교회의 결의로 청빙서와 청원서를 노회 서기에게 송달하고 노회 서기는 그 청빙 사유를 청빙 받은 목사와 해교회에 즉시 통지할 것이요 합의하면 노회는 그 교회를 사면케 하고 청빙을 허락한다.

제 3 조 다른 노회로 전임
다른 노회 소속 교회의 청빙을 받은 목사가 해교회와 합의되면 본 노회는 그 교회를 사면케 하고 이명서를 본인에게 교부한다.

제17장 목사 사면 및 사직

제 1 조 자유 사면
목사가 본 교회에 대하여 어려운 사정이 있어 사면원을 노회에 제출하면 노회는 교회 대표를 청하여 그 목사의 사면 이유를 물을 것이니 그 교회 대표가 오지 아니하든지 혹 그 설명하는 이유가 충분하지 못하면 사면을 승낙하고 회록에 자세히 기록할 것이요 그 교회는 허위 교회가 된다.

제 2 조 권고 사면
지교회가 목사를 환영하지 아니하여 해약하고자 할 때는 노회가 목사와 교회 대표자의 설명을 들은 후 처리한다.

제 3 조 자유 사직
목사가 그 시무로 교회에 유익을 주지 못할 줄로 각오할 때는 사직원을 노회에 제출할 것이요 노회는 이를 협의 결정한다.

제 4 조 권고 사직
목사가 성직에 상당한 자격과 성적이 없든지 심신(心身)이 건강하고 또 사역할 곳이 있어도 5년간 무임으로 있으면 노회는 사직을 권고한다.

제 5 조 목사의 휴양
시무 목사가 신체 섭양(攝養)이나 신학 연구나 기타 사정으로 본 교회를 떠나게 되는 경우에는 본 당회와 협의하며 2개월 이상 흠근(欠勤)하게 될 때는 노회의 승낙을 요하고 1개년이 경과할 때는 자동적(自動的)으로 그 교회 위임이 해제된다.

제18장 선교사

제 1 조 선 교 사
총회는 교회를 설립하기 위하여 내외(內外)지를 물론하고 다른 민족에게 선교사를 파송할 수 있나니 이런 일을 위하여 노회에 위탁하여 지교회의 청빙이 없는 이라도 선교사로 임직할 수 있으나 원하지 아니하는 자를 강권하지 못하고 자원하는 자라야 파송함이 옳고 선교사의 봉급과 기타 비용은 파송하는 치리회가 담당한다.

제 2 조 외국 선교사
외국 선교사는 곧 본 총회와 관계 있는 선교사를 가리킴이다.
1. 외국 장로파 선교사가 본 총회 관하(管下) 노회 구역 안에서 선교하게 되는 경우에는 그 선교사는 이명 증서를 그 노회에 제출하여 접수한

후에야 그 노회의 회원이 된다.
2. 각 노회는 이명 증서를 받은 선교사에 대하여 지교회 일을 맡긴 때에만 그 노회에서 가부 투표권이 있다.
3. 본 노회가 직무를 부담하게 아니한 선교사와 파견 증서만 받은 선교사는 투표권은 없으나 언권이 있고 위원회에서는 투표권도 있고 상회 총대권도 있다.
4. 본 총회 산하 노회에서 파견 증서로 시무하는 선교사는 대한예수교장로회 율례를 준행할 의무가 있으니 만일 도덕상 품행에 관한 범과(犯過)나 본 신경 정치 성경에 위반되는 때는 소관 노회가 심사한 후에 언권 회원권을 탈제(奪除)한다.
5. 외국 선교사는 본 총회에서 정한 서약서에 서명하여야 한다.
6. 외국 선교사에 대한 서약문
   ① 사도신경은 성경 말씀의 진리를 옳게 진술한 것으로 알며 또 그대로 믿느뇨?
   ② 본 대한예수교장로회의 12신조와 웨스트민스터 신도게요 및 대·소요리 문답을 정당한 것으로 믿느뇨?
   ③ 귀하는 신학상으로 말하는 신신학 및 고등 비평이나 신정통주의 내지 자유주의 신학을 잘못된 것으로 알며, 역사적 기독교의 전통을 항시 이와 투쟁적인 처지에서 진리를 수호해야 하는 줄 생각하느뇨?
   ④ 귀하는 본 대한예수교장로회의 헌법에 배치되는 교훈이나 행동을 하지 않기로 서약하느뇨?
   ⑤ 귀하는 1959년 제44회 본 총회가 의결한 본 총회의 원칙 및 정책을 시인하며 이러한 조치는 W.C.C. 및 W.C.C.적 에큐메니칼 운동이 비성경적이고 위태로운 것이므로 이에서 순수한 복음 신앙

을 수호하려는 것인 줄 생각하느뇨?
⑥ 귀하는 신앙 보수는 의논이나 체계적뿐만 아니라 그 생활도 응분 적이어야 할 줄 알며 따라서 우리 총회의 음주 흡연 및 속된 생활 등을 금지하는 의도를 잘 이해하며 잘 순응하겠느뇨?
⑦ 귀하는 본 총회 산하 노회 및 기관에서 봉직하는 동안 소속 치리회에 복종하며 순종하기로 맹세하느뇨?

제19장 회장과 서기

제 1 조 회 장
교회 각 치리회는 모든 사무를 질서 있고 신속하게 처리하기 위하여 회장을 선택할 것이요 그 임기는 그 회의 규칙대로 한다.

제 2 조 회장의 직권
회장은 그 회가 허락하여 준 권한 안에서 회원으로 회칙을 지키게 하고 회석의 질서를 정돈하며 개회, 폐회를 주관하고 순서대로 회무를 지도하되 잘 의논한 후에 신속한 방법으로 처리하고 각 회원이 다른 회원의 언권을 침해하지 못하게 하며 회장의 승낙으로 언권을 얻은 후에 발언하게 하되 의안(議案) 범위 밖에 탈선하지 않게 하고 회원 간에 모욕 혹은 풍자적 무례한 말을 금하며 회무 진행 중에 퇴장을 금하며 가부를 물을 의제(議題)는 회중에 밝히 설명한 후에 가부를 표결할 것이요 가부 동수인 때는 회장이 결정하고 회장이 이를 원하지 않으면 그 안건은 자연히 부결된다.

회장은 매사건에 결정을 공포할 것이요 특별한 일로 회의 질서를 유지할 수 없는 경우에는 회장이 비상 정회를 선언할 수 있다.

제 3 조 서기
각 치리회는 그 회록과 일체 문부를 보관하기 위하여 서기를 선택하되 그 임기는 그 회의 규칙대로 한다.

제 4 조 서기의 임무
서기는 회중 의사 진행을 자세히 기록하고 일체 문부 서류를 보관하고 상당한 자가 회록의 어떤 부분에 대하여 등본을 청구하면 회의 허락으로 등본하여 줄 수 있다. 서기가 날인한 등본은 각 치리회는 원본과 같이 인정한다.

제20장 교회 소속 각 회의 권리 및 책임

제 1 조 속회(屬會) 조직
지교회나 혹 여러 지교회가 전도 사업과 자선 사업이나 도리를 가르치는 것과 은혜 중에서 자라기 위하여 여러 가지 회를 조직할 수 있다.

제 2 조 속회 관리
어느 지교회든지 위에 기록한 대로 여러 회가 있으면 그 교회 당회의 치리와 관할과 지도를 받을 것이요 노회나 대회나 온 총회 지경 안에 보급(普及)하게 되면 그 치리회 관할 아래 있다.
    당회원이나 다른 직원으로 각 기관에 고문을 정하여 연락 지도할 수 있다.

제 3 조 속회 권한
이런 각 회가 그 명칭과 규칙을 제정하는 것과 임원 택하는 것과 재정 출납하는 것을 교회 헌법에 의하여 그 치리회의 검사와 감독과 지도를 받는다.

제21장 의회(議會)

제 1 조 공동의회

1. 회 원

  본 교회 무흠 입교인은 다 회원 자격이 있다.

2. 소 집

  공동의회는 당회가 필요로 인정할 때와 제직회의 청원이나 무흠 입교인 3분의 1 이상 청원이나 상회의 명령이 있는 때에 당회의 결의로 소집한다.

3. 임 원

  지교회의 당회장과 당회 서기는 공동의회의 회장과 서기를 겸한다. 당회장이 없는 경우에는 그 당회가 임시 회장을(본 노회 목사 중) 청할 것이요 회록은 따로 작성(作成)하여 당회 서기가 보관한다.

4. 회 집

  당회는 개회할 날짜와 장소와 의안(議案)을 1주일 전에 교회에 광고 혹은 통지하고 그 작정한 시간에 출석하는 대로 개회하되 회집 수가 너무 적으면 회장은 권하여 다른 날에 다시 회집한다.

5. 회 의(會議)

  연말 정기 공동의회에서는 당회의 경과 상황을 들으며 제직회와 부속 각 회의 보고와 교회 경비 결산과 예산서를 채용하며 그 밖에 법대로 제출하는 사건을 의결하나니 일반 의결은 과반수로 하되, 목사 청빙 투표에는 투표수 3분의 2 이상의 가와 입교인 과반수의 승낙을 요하며 장로, 집사 및 권사 선거에는 투표수 3분의 2 이상의 가로 선정한다.

부동산 변동은 지교회의 규정(정관)대로 하고, 규정이 없는 경우에는 공동의회 회원 3분의 2이상의 찬성으로 결정한다.

제 2 조 제직회

1. 조 직

   지교회 당회원과 집사와 권사를 합하여 제직회를 조직한다. 회장은 담임 목사가 겸무하고 서기와 회계를 선정한다. 당회는 각각 그 형편에 의하여 제직회 사무를 처리하기 위하여 서리 집사에게 제직 회원의 권리를 줄 수 있다.

2. 미조직 교회 제직회

   미조직 교회에서는 목사, 전도사, 권사, 서리 집사, 전도인들이 제직회 사무를 임시로 집행한다.

3. 재정 처리

   ① 제직회는 공동의회에서 위임하는 금전을 처리한다.

   ② 구제와 경비에 관한 사건과 금전 출납(出納)은 모두 회에서 처리하며 회계는 회의 결의에 의하여 금전을 출납한다.

   ③ 제직회는 매년 말 공동의회에 1년간 경과 상황과 일반 수지(收支) 결산을 보고하며 익년도(翌年度) 교회 경비 예산을 편성 보고하여 회에 통과하며 회계는 장부의 검사를 받는다.

4. 제직회 개회 성수

   회원 과반수의 출석으로 개회 성수가 되나 통상적인 사무 처리는 출석하는 회원으로 개회하여 처리할 수 있다.

5. 정 기 회

　　매월 1회 또는 1년에 4회 이상 정기회를 정함이 편하다.

제 3 조 연합 제직회

1. 조 직

　　각 지방 내에 편리한 대로 연합 제직회를 조직할 수 있다. 회원은 그 지방 내에 목사 전도사와 지교회 제직회에서 파송한 총대 1인 이상으로 조직하되 임원은 투표로 선정한다.

2. 직 무

　　본 회에 치리권은 없으나 그 지방 내 합동 재정과 전도 기타 부흥 사업과 주일 학교 및 기독교 교육에 관한 일을 의정(議定)할 수 있고 그 지방 내 교회 및 전도 상황 보고를 접수하며 남녀 전도사와 전도인을 선정하되 전도사는 노회의 승인을 받는다.

제22장 총회 총대

제 1 조 총회 총대 자격

1. **총회 총대**는 총회 전 정기 노회에서 선택할 것인데 총회 개회 6개월 이상을 격하여 택하지 못한다.
2. 새로 조직한 **노회 총대**는 개회 후 임원 선거 전에 그 노회 설립 보고를 먼저 받고 총대로 허락한다.
3. **총대 될 장로 자격**은 그 회에 속한 장로 회원으로 한다.

제 2 조 총대 교체

총회 원총대가 출석하였다가 자기 임의로 부총대와 교체하지 못할 것이나 부득이한 때에는 총회의 허락으로 부총대와 교체할 수 있다.

제 3 조 언권 회원
1. 본 총회의 파송으로 외국에서 선교하는 선교사
2. 파견 증서만 가지고 와서 본 총회 산하에서 선교에 종사하는 외국 선교사
3. 본 총회의 증경 총회장과 부총회장
4. 단, 총회에서 허락을 받아야 발언할 수 있다.

제 4 조 총대 여비
총대 여비는 그 노회에서 지급한다.

제23장 헌법 개정

제 1 조 정치, 권징 조례, 예배 모범을 변경하고자 할 때는 총회는 각 노회에 수의하여 노회 과반수와 모든 노회의 투표수 3분의 2 이상의 가표를 받은 후에 변경할 것이요 각 노회 서기는 투표의 가부를 총회 서기에게 보고하고 총회는 그 결과를 공포 실행한다.

제 2 조 신조와 **요리문답**을 개정하고자 할 때는 총회는 그 의견을 제출하고 각 노회에 수의하여 노회 중 3분의 2와 모든 투표수 3분의 2의 가표를 받고 그 다음 회가 채용하여야 한다.
각 노회 서기는 투표의 가부수를 서면으로 총회 서기에게 보고한다.

제 3 조 총회는 **신조**나 **요리문답**을 개정하는 의안(議案)을 각 노회에

보내기 전에 특별히 위원 15인 이상(목사와 장로)을 택하여 1년간 그 문제를 연구하게 한 후 총회 때에 보고하도록 할 것이요 그 위원은 1노회에 속한 회원 2인 이상됨을 금한다.

제 4 조 소속 노회 3분의 1 이상이 헌법을 개정하자는 헌의를 총회에 제출하면 총회는 그 의안을 각 노회에 보내고 그 결정은 위의 제1, 2조를 준용(準用)한다.

V
헌법적 규칙

헌법적 규칙

제 1 조 미조직 교회 신설립 ··· 199
제 2 조 교인의 의무 ·· 199
제 3 조 교인의 권리 ·· 200
제 4 조 주일 예배회 ·· 200
제 5 조 학습 ··· 201
제 6 조 성례 ··· 201
제 7 조 교회의 선거 투표 ·· 202
제 8 조 무임 집사 ··· 202
제 9 조 무임 장로 ··· 203
제10조 권찰 ··· 203
제11조 혼상례 ·· 203
제12조 병자에게 안수 ··· 204
제13조 문서 비치 ··· 204
부   칙 ··· 204

헌법적 규칙

제 1 조 미조직 교회 신설립

일정한 구역 안에 예배 장소를 준비하고 장년 신자 15인 이상 합심하여 예수 그리스도를 신봉하며 교회 신설(新設)을 원하는 때에는 다음과 같은 사항을 기록하여 그 구역 시찰회 경유(經由)로 노회에 청원하여 인가를 받는다. 만일 신자가 15인 미만 되거나 예배 장소가 준비되지 못한 때에는 기도회 처소로 하여 부근 어느 교회의 도움을 받는다. 1. 신설 교회 위치, 2. 신설 년 월 일, 3. 장년 신자수와 가정수, 4. 유년 주일 학생수, 5. 예배당 형편(기지 평수 건물과 소유자), 6. 신설 교회의 명칭, 7. 교회 유지 방법, 8. 부근 교회와 그 거리, 9. 구역 가호(家戶) 수(도시는 제외).

제 2 조 교인의 의무

1. 교인은 교회의 정한 예배회와 기도회와 모든 교회 집회에 출석하여야 한다.
2. 교인은 노력과 협력과 거룩한 교제로 교회 발전에 진력하며 사랑과 선행(善行)으로 하나님을 영화롭게 하여야 한다.
3. 교인은 교회의 경비와 사업비에 대하여 성심 협조하며 자선과 전도 사업과 모든 선한 일에 노력과 금전을 아끼지 않아야 한다.
4. 성경 도리를 힘써 배우며 전하고 성경 말씀대로 실행하기를 힘쓰며 예수 그리스도의 정신을 우리 생활에서 나타내어야 한다.

5. 교회의 직원으로 성일(聖日)을 범하거나 미신(迷信) 행위나 음주 흡연(飮酒吸煙) 구타하는 등의 행동이나 고의(故意)로 교회의 의무(義務)금을 드리지 않는 자는 직임(職任)을 면(免)함이 당연하고 교인으로는 의무를 이행하지 않는 자로 간주한다.
6. 교인은 진리(眞理)를 보수(保守)하고 교회 법규(法規)를 잘 지키며 교회 헌법에 의지하여 치리함을 순히 복종하여야 한다.

제 3 조 교인의 권리(權利)

교회의 주권과 모든 권리는 교인에게 있다.
1. 교인은 교회 헌법대로 순서를 따라 청원(請願) 소원(訴願) 상소(上訴)할 권리가 있다.
2. 교인은 지교회에서 법규대로 선거 및 피선거권이 있다. 그러나 무고히 6개월 이상 본 교회 예배회에 계속 출석치 아니한 교인은 위의 권리가 중지된다.
3. 무흠 입교인은 성찬에 참례하는 권한이 있다.
4. 교인은 그리스도의 몸된 교회를 위하여 분량(分量)에 따라 일할[奉仕] 특권이 있다.

제 4 조 주일 예배회

1. 종용히 묵도로 예배를 시작하며 단정하고 경건한 태도로 엄숙히 예배하여야 한다.
2. 이상한 동작과 경건하지 못한 태도로 찬송이나 찬양을 인도하여 예배의 신성함을 감손(減損)하게 하지 말 것.
3. 주일 예배 시간에는 예배와 성례 외에 다른 예식은 다른 날에 행하되 가급적 간단히 행함이 좋다.

4. 주일 예배 시간에 어떤 개인(個人)을 기념, 축하, 위안, 치하하는 예배를 행하지 말고 온전히 하나님께만 예배하여야 한다.
5. 주일에 음식을 사 먹거나 모든 매매하는 일은 하지 말며 연회나 세속적 쾌락을 삼가며 힘써 전도, 위문, 기도, 성경과 종교 서적 열람하는 일로 시간을 보내어야 한다.
6. 예배당 구내에 개인을 위하여 송덕비(頌德碑)나 공로 기념비나 동상 같은 것은 세우지 않는다.

제 5 조 학습(學習)

1. **연령이** 만 14세 이상이 되고 믿은 지 6개월이 경과되어 신앙이 독실한 자는 학습인 고시를 받을 자격이 있다.
2. 학습 서약문
   ① 천지 만물을 창조하시고 홀로 주장하시는 하나님을 성심으로 신봉(信奉)하느뇨?
   ② 예수는 우리 죄를 대속하신 구주이심을 믿느뇨?
   ③ 하나님의 말씀인 성경을 힘써 배우며 그대로 지키기를 힘쓰겠느뇨?
   ④ 주일을 거룩히 지키며 힘써 기도하기로 작정하느뇨?

제 6 조 성례(聖禮)

1. 신앙이 독실하고 학습인으로 6개월간 근실히 교회에 출석하면 세례 문답할 자격이 있다.
2. 만 6세까지 유아(幼兒) 세례를, 만 7세부터 13세는 어린이 세례를 줄 수 있으되, 부모 중 한 편만이라도 세례교인이면(혹은 입교인이면) 줄 수 있고, 부모의 부재 시 당회의 허락으로 가능하다.
3. 유아세례나 어린이세례를 받은 자가 만 14세 이상이 되면 입교

문답할 연령이 된다.
4. 교회가 성례를 1년에 2회 이상 거행함이 적당하고 성례 거행하기 1주일 전에 교회에 광고하고 준비 기도회로 교인의 마음을 준비하게 한다.
5. 성찬으로 쓰고 남은 떡과 포도즙은 정한 곳에 묻거나 불에 태운다.

제 7 조 교회의 선거 투표

1. 선거 투표는 무흠 입교인이 기도하는 마음으로 비밀히 할 것인데 교회에서나 어떤 회에서든지 투표하는 일에 대하여 사회에서와 같이 인위적(人爲的)으로 선거 운동을 하여 당선시키고자 하는 사람의 성명을 기록하여 돌리거나 방문 권유하거나 문서로나 집회를 이용하여 선거 운동하는 일을 금한다.
2. 교회 직원을 선거함에 있어 병로(病老) 여행(旅行)이나 그 외에 부득이한 사유(事由) 외에 무고히 계속 6개월 이상 본 교회 예배회에 참석하지 아니한 교인은 선거와 피선거권이 중지된다.
3. 연기명(連記名) 투표에 있어 계표(計票)함에 대하여 투표 정원(定員) 수를 초과하여 기록한 표는 무효로 인정하고 정원 수 이내를 기입(記入)한 표는 유효(有效)표로 정한다.
4. 지정한 투표 용지를 사용하지 않거나 백표가 잘못 기록한 투표지는 무효표로 하되 잘못 기록한 투표지는 총표수로 계산하고 백표는 총표수에 계입(計入)하지 않는다.

제 8 조 무임(無任) 집사

안수 집사가 다른 교회로 이거하여 무임 집사인 경우에 그 교회가 투표로나 당회의 결의로나 서리 집사의 임무(任務)를 맡길 수 있고 안수 집사로 투표를 받으면 위임 예식만 행하고 안수는 다시 하지 않는다.

제 9 조 무임 장로
1. 교회를 잘 봉사할 수 있는 무임 장로가 있는 경우에 당회의 결의로 그 장로를 제직회의 회원으로 참여시킬 수 있다.
2. 성찬 예식을 거행할 때에 필요하면 무임 장로에게 성찬 나누는 일을 맡길 수 있다.

제 10 조 권찰(勸察)
1. 제직회원 이외 권찰을 세워 교인 심방하는 일을 맡길 수 있으니 신앙이 독실한 남녀 교인 중에서 목사나 당회가 권찰을 임명하되 그 임기는 1개년이요 혹은 제직회원으로 권찰의 임무를 겸무하게 할 수도 있다.
2. 권찰의 임무는 구역을 정하고(1구역은 약 10가정) 남녀 권찰에게 맡겨 매주간 혹은 매월 교인의 가정을 방문하고 믿지 아니하는 가정을 심방 전도하며 구역 기도회도 하고 매월 정기(定期) 권찰회로 회집하여 구역 형편을 각각 보고한다.

제 11 조 혼상례(婚喪禮)
1. 혼상 예식에 번다(煩多)한 허례는 폐하고 정숙하고 간단히 행하며 비용은 절약하여야 한다.
2. 부모상에 상복은 소복(素服)을 입고 양복인 경우에 흰[白] 상장(喪章)을 가슴이나 왼편 팔 위에 붙인다. 장례식에 상주는 베 감투[頭巾]를 쓰고 여자는 베 수건을 쓴다.
3. 복기(服期)는 부모상에는 1개년이고 부(夫)상에는 6개월간으로 한다.

4. 시신을 입관할 때에 관 안에 고인(故人)의 성경과 찬송가를 넣거나 또는 불에 태우는 일은 옳지 않고 잘 보관하여 고인을 추념(追念)함이 정당하다.
5. 별세자의 무덤이나 관 앞에 촛불을 켜거나 향(香)을 사르거나 배례(拜禮)하는 일은 금한다.
6. 부부(夫婦)간 일방이 별세한 후에 재혼(再婚)하려면 별세한 후 6개월이 지나야 한다.

제 12 조 병자에게 안수

교회에서 헌법에 의지하여 성직(聖職)을 받은 자 외에 병자를 위하여 함부로 안수하는 일은 삼가야 한다.

제 13 조 문서 비치

교회마다 다음과 같은 문서(文書)를 비치(備置)하여야 한다.
1. 교인의 각종 명부, 2. 당회록, 3. 공동 회의록, 4. 재판 회록, 5. 제직 회록과 각 단체 기관 회록, 6. 본 교회 사기, 7. 교회 재산 목록, 8. 교회 물품 대장, 9. 각종 통계표, 10. 각 보고철과 참고 서류철.

부 칙

본 헌법적 규칙을 개정 증감하고자 할 때는 총회의 결의로 각 노회에 수의하여 노회 과반수의 가결로 한다.

VI

권징조례

권징조례

제1장 총론 ·· 207
제2장 원고와 피고 ···································· 208
제3장 고소장과 죄증 설명서 ·················· 210
제4장 각 항 재판에 관한 보통 규례 ······ 211
제5장 당회 재판에 관한 특별 규례 ········ 215
제6장 직원에 대한 재판 규례 ················· 216
제7장 즉결 처단의 규례 ·························· 218
제8장 증거조 규례 ···································· 221
제9장 상소하는 규례 ································ 224
제10장 이의와 항의서 ······························· 232
제11장 이명자 관리 규례 ························· 233
제12장 이주 기간에 관한 규례 ··············· 235
제13장 재판국에 관한 규례 ···················· 236
제14장 치리회 간의 재판 규례 ··············· 240

권 징 조 례

제1장 총 론

제 1 조 권징의 의의
권징은 예수 그리스도께서 그 교회에 주신 권을 행사하며, 설립하신 법도(法度)를 시행하는 것이니 교회에서 그 교인과 직원의 각 치리회를 치리하며 권고하는 사건이 일체 포함된다.

제 2 조 권징의 목적
진리를 보호하며 그리스도의 권병(權柄)과 존영을 견고하게 하며 악행을 제거하고 교회를 정결하게 하며 덕을 세우고 범죄한 자의 신령적 유익을 도모하는 것이다.
 1. 이상 목적을 성취하려면 지혜롭게 하며 신중히 처리할 것이다.
 2. 각 치리회는 권징할 때에 그 범행의 관계와 정형의 경중(輕重)을 상고하되 사건은 같으나 정형이 같지 아니함을 인하여 달리 처리할 것도 있다.

제 3 조 범 죄
교인, 직원, 치리회를 불문하고 교훈과 심술과 행위가 성경에 위반되는 것이나 혹 사정이 악하지 아니할지라도 다른 사람으로 범죄하게 한 것이나 덕을 세움에 방해되게 하는 것이 역시 범죄이다.

제 4 조 재판 안건

성경에 위반으로 준거(準據)할 만한 일이든지 성경에 의하여 제정한 교회 규칙과 관례에 위반되는 일이든지 다른 권징 조례로 금지할 일이 아니면 재판 안건이 되지 아니한다.

제 5 조 재판건과 행정건

교인이나 직원에 대하여 범죄 사건으로 소송하면 하회(下會)와 상회를 불문하고 이런 사건은 재판건이라 하고 기타는 행정건이라 한다.

제 6 조 교인의 자녀

교회 입교인의 소생 자녀는 다 교인이니 마땅히 세례를 베풀고 교회의 보호 아래 두어 정치와 권징에 복종하게 할 것이요 또 그가 장성하여 지각 있는 나이가 되면 교인의 각 항 본분을 마땅히 이행할 것이다.

제2장 원고와 피고

제 7 조

누가 범죄하였다는 말만 있고 소송하는 원고가 없으면 재판을 열 필요가 없다.

단, 권징할 필요가 있는 경우에는 치리회가 원고로 기소(起訴)할 수 있다.

제 8 조

혹시 범죄 사건이 중대할지라도 이상한 형편을 인하여 판결하기 극난한 경우에는 차라리 하나님께서 공의의 방침으로 실증을 주시기까지 유안(留案)하는 것이 재판하다가 증거 부족으로 중도에 폐지하여 일반 권징의 효력을 손실하는 것보다 낫다.

제 9 조 누가 다른 사람에게 피해되었다 하여 소송할 때에 치리회는 그 원고로 하여금 마태복음 18장 15~17절에 있는 주님의 교훈에 의하여 먼저 피고인과 화목하게 하여 볼 동안에는 재판을 열지 말 것이다.

「네 형제가 죄를 범하거든 가서 너와 그 사람과만 상대하여 권고하라 만일 들으면 네가 네 형제를 얻은 것이요 만일 듣지 않거든 한두 사람을 데리고 가서 두세 증인의 입으로 말마다 증참하게 하라 만일 그들의 말도 듣지 않거든 교회에 말하고」 하였다.

제 10 조 치리회가 직접 기소하고자 할 때에는 전조를 준용할 것이 없으나 치리회나 피해자 이외의 제3자가 기소하고자 할 때에는 치리회는 쌍방으로 종용히 화해하게 하고 가급적 재판하는 데 이르지 않게 하는 것이 옳다.

제 11 조 치리회가 기소할 때에는 곧 대한예수교장로회가 원고와 기소 위원이 되며 이 밖에는 소송하는 자가 원고가 된다.

제 12 조 치리회가 기소하여 재판할 때에는 그 회원 중 한 사람이나 혹 두세 사람을 기소 위원으로 선정할 것이니 그 위원이 자초지종(自初至終) 원고가 되어 상회의 판결이 나기까지 행사할 것이다.

만일 소송 사건이 상회에 송달될 때에는 기소 위원은 지원대로 상회원 중에서 자기 변호인을 지명 청구할 수 있고 상회는 그 청구에 의하여 본 회원 중 한 사람 혹은 두 사람을 선정하여 돕게 할 것이다.

제 13 조 교인이 다른 사람의 훼방을 당하고 그 치리회에 대하여 그 일의 조사 변명을 구하는 경우에는 그 치리회가 상당한 줄로 인정하

면 위원 일인 이상을 선정하여 조사 회보케 할 것이요 그 치리회는 그 위원의 회보를 접수하여 회록에 기재함으로 그 사건을 종결한다.

제 14 조 다음에 해당한 자의 제기(提起)하는 소송을 접수하려 할 때에는 신중히 고려함이 옳다.
  1. 평소에 피고에게 대하여 혐의가 있는 자
  2. 성격이 불량한 자
  3. 재판 혹 처벌 중에 있는 자
  4. 피고의 처벌을 인하여 이익을 얻을 자
  5. 소송을 좋아하는 성질이 있는 자
  6. 지각이 부족한 자

제 15 조 기소인이 치리회에서 선정한 위원이 아니요 자의(自意)로 소송한 자이면 개심(開審)하기 전에 치리회는 먼저 경계하되 「송사가 허망하여 너의 악의와 경솔한 심사가 발현되면 형제를 훼방하는 자로 처단하겠다」 언명할 것이다.

제3장 고소장과 죄증 설명서

제 16 조 소장에는 범하였다는 죄상을 밝히 기록하고 죄증 설명서에는 범죄의 증거를 상세히 기록하는 것이니 범죄의 날짜 및 처소와 정형과 각 조에 대한 증인의 성명을 자세히 기록할 것이다.

제 17 조 소장은 1조에 한 가지의 범죄 사건만 기록하되 한 사람에 대하여 여러 가지 범행을 동시에 고소할 수 있고 매사건에 죄증 설명

서를 각기 제출할 것이며 치리회는 결의에 의하여 그 모든 사건을 일시에 재판하되 매사건을 축조(逐條)하여 가부 결정한다.

제 18 조 손해를 당한 사건에 피해자 측의 개인 혹 두 사람 이상이 직접 고소하고자 하면 그 소장과 마태복음 18장 15~17절에 기록한 바 주님의 교훈대로 행하여 보았다는 진술서까지 제출할 것이다.

제4장 각 항 재판에 관한 보통 규례

제 19 조 목사에 관한 사건은 노회 직할에 속하고 일반 신도에 관한 사건은 당회 직할에 속하나 상회가 하회에 명령하여 처리하라는 사건을 하회가 순종하지 아니하거나 부주의로 처결하지 아니하면 상회가 직접 처결권이 있다.

제 20 조 치리회가 재판회로 회집하면 회장이 먼저 그 이유를 공포하고 정중히 처리하기를 선언한 후 그 고소장과 죄증 설명서를 한 번 낭독할지니 만일 원피고가 당석에서 심문함을 원하지 않고 연기를 청원하면 다음 몇 사건만 행한다.
  1. 고소장과 죄증 설명서 1통을 피고에게 교부할 것(각 조에 대한 증인의 성명도 자세히 기록할 것).
  2. 원피고와 그 관계자에게 다음 회에 출석하라는 소환장을 발할 것(10일 이상으로 정함).
  3. 소환장에는 그 치리회의 명칭을 기록하고 회장 서기가 날인할 것.
  4. 원고 혹 피고의 청구에 의하여 증인도 출석하게 할 것이요 피고는 자기 증인의 성명을 원고에게 알게 아니하여도 무방하다.

제 21 조 소환장은 그 치리회가 본인에게 전달할 것이니 본인에게 전달하지 못할 경우에는 최후 거주소에 송달하되 개심하기 전에 의식송달(依式送達)한 증거가 있어야 합당하다.

제 22 조 피고가 소환장을 받고도 출석하지 아니하면 치리회는 재차 소환장을 발송하되 그 소환장에 대하여 불가피한 사유 없이 출석하지 아니하면 본 권징 조례(34, 39, 47조)에 의하여 시벌하겠다고 밝힐 것이다.

피고가 두 번 소환을 받고 출석하지 아니하면 궐석한 대로 판결할 것이니 이런 경우에는 치리회가 피고를 위하여 변호할 자를 선정한다. 처음 소환할 때에는 재판 기일을 10일 이상으로 정할 것이나 재차 소환할 때에는 치리회가 형편에 의하여 기일을 정할 수 있고 증인 소환도 예에 준할 것이다.

제 23 조 피고는 소환장에 정한 기일대로 그 치리회에 출석할 것이요 사고가 있으면 대리인으로 출석하게 할 수 있다.
1. 피고는 아래와 같은 경우에 소원을 제출할 수 있다.
    (1) 그 치리회가 정규에 의한 집회가 아닌 줄로 인정하는 때
    (2) 소송 사건에 대하여 비법 간섭인 줄로 아는 때
    (3) 고소장이나 죄증 설명서가 양식에 위반되거나 헌법 적용이 부적당한 줄로 인정하는 때
    (4) 기타 중요한 사건에 대하여
2. 치리회는 재판하기 전에 그 소원에 대하여 원고 및 피고의 변명을 듣고 그 직권에 의하여 다음과 같이 처단할 수 있다.
    (1) 재판을 각하(却下)하는 일

(2) 공평 정직하기 위하여 그 고소장이나 재판 기록에 위반된 것을 그 사건의 본 성질을 변동하지 아니하는 범위 안에서 개정(改正)하기를 허락하는 일
3. 치리회는 그 고소한 사건이 적법적이요 고소장과 설명서가 재판할 가치가 있는 줄로 인정하면 피고에게 향하여 그 소송의 사실에 대하여 승인 여부를 심문할 것이요 그 공술은 유죄라든지 무죄라든지 부답(不答)이라든지 다 회록에 기록하고 재판하여 처리할 것이다.

제 24 조 본 치리회는 재판하기 위하여 개회 날짜를 정하고 원피고에게 정식 통지를 발한 후에 다음 순서에 의하여 처리한다.
1. 증인을 심문하되 원고는 피고의 증인에 피고는 원고의 증인에 대하여 각각 대질(對質)할 수 있으며 그 밖에도 정당한 증거를 제출할 수 있고
2. 그 후에 원고나 피고는 증거를 반증(反證)하기 위하여만 새 증인이나 새 증거를 제출할 수 있다.
3. 재판 중에 쌍방의 새 증거가 발견되면 치리회가 채납할 수 있으나 채납하기 전에 피고에게 증인의 성명과 증거의 성질을 통지하되 치리회가 상당한 유예 시간을 주기로 공평히 작정한다.
4. 증인의 말을 청취한 후에 원고 피고가 진술한다.
5. 치리회는 즉시 원고 피고와 변호인과 방청인을 일체 퇴석하게 하고 비밀회를 연다.
6. 본 치리회원만 합의(合議)한다.
7. 고소장과 설명서의 각 조에 대하여 일일이 가부 결정한다.
8. 본 안건 전부에 대하여 결정하고 그 최후 결정은 회록에 기록한다.

제 25 조 본 치리회는 고소장과 설명서와 피고의 답변과 최후 결정과 모든 처리 조건과 명령한 것과 그 이유를 회록에 밝혀 기록하고 상소될 때는 그 상소한다는 예고와 그 이유도 상세히 기록할 것이다.

쌍방의 구술(口述)과 각 항 서류도 수집하여 서기가 서명 날인하면 완전한 재판 기록이 된다.

제 26 조 최상급회를 제한 외에 다른 치리회에서 심리하는 안건에 대하여는 원고 피고가 반항할 수 있고 그 반항하는 것을 회록에 기재할 것이다.

제 27 조 원고와 피고는 변호인을 사용할 수 있고 구두(口頭) 혹 서면으로 답변을 제출할 수 있다.
  1. 본 장로회 목사 혹 장로 아닌 자를 변호인으로 선정하지 못할 것이요 변호인 된 자는 그 재판 회합 의석에 참여하지 못한다.
  2. 치리회가 소송의 원고가 될 때는 기소 위원(제12조에 말한 위원)과 상회에서 선정한 변호인이 치리회의 변호인이 된다.
  단, 누구를 물론하고 변호 보수금을 받는 것은 불가하다.

제 28 조 재판 진행 중에 규칙 혹 증거에 대하여 쟁론이 발생하면 회장은 쌍방의 변명을 들은 후 직권으로 시비를 결정할 것이니 회원 중 누구든지 그 결정에 불복하는 자는 그 재판회에 항의할 것이요 그 항의에 대하여는 이의(異義) 없이 회장이 즉시 가부 취결할 것이다. 이런 결정은 원고 혹 피고의 지원에 의하여 회록에 기재한다.

제 29 조 재판할 때 처음부터 나중까지 출석하여 전부를 듣지 아니한

회원은 원고 피고와 그 재판 회원이 동의 승낙하지 아니하면 그 재판에 대하여 투표권이 없고 최상급 재판회를 제한 외에는 정회 혹 휴식을 불문하고 개회 때마다 호명하고 결석한 회원의 성명은 회록에 기재한다.

제 30 조 원고와 피고는 등사비를 제공하고 그 안건 기록 등본을 청구할 수 있다.

　상소 안건은 판결한 후 기록과 상소 판결문을 원하회(原下會)에 내려 보낸다.

제 31 조 치리회가 시벌하거나 해벌하는 때에는 장로회 예배 모범 제 16, 17장의 규정한 바에 의하여 처리함이 옳다.

제 32 조 치리회는 회원 3분의 1의 가결로 비밀 재판회를 열 수 있다.

제 33 조 치리회가 교회의 덕을 세우기에 합당한 듯하면 재판이 귀결되기까지 피의자의 직무를 정지도 하고 성찬에 참여 못하게도 할 수 있으나 이런 경우에는 그 안건을 속히 판결함이 옳다.

제5장 당회 재판에 관한 특별 규례

제 34 조 당회는 피고가 재차 소환을 받고도 출석하지 아니하거나 대리 변호인도 파송하지 아니하거나 출석하였다 할지라도 심문에 대하여 응답하기를 불응할 때는 그 패려함을 회개하고 당회에 복종하게 될 때까지 시벌할 것이다.

제 35 조 당회가 정하는 책벌은 권계(勸誡), 견책(譴責), 정직, 면직, 수찬 정지, 제명, 출교니 출교는 종시 회개하지 아니하는 자에게만 한다.

　단, 해벌은 그 회개 여하에 의하여 행하거나 이에 준할 수 없는 경우에는 그 치리회가 의정(議定)할 것이다.

제 36 조 그 죄에 대하여 작정한 것을 교회에 공포 아니하기도 하며 공포할지라도 그 교회에나 혹 관계되는 교회에서만 할 것이다.

제6장 직원에 대한 재판 규례

제 37 조 복음의 영예와 발전은 목사의 명성에 관계됨이 많으므로 노회는 마땅히 조심하여 소속 목사의 개인적 행위나 직무상 행위를 자세히 살필지니 그 목사됨을 인하여 편호(偏護)하여 불공정한 판결을 하지 말며 혹 그 죄를 경하게 벌하지 말 것이나 또한 목사에 대하여 사소한 곡절로 소송하는 것을 경솔히 접수하지도 말 것이다.

제 38 조 목사가 본 주소에서 떠나 먼 곳에 있어 피소된 때 그 본 노회가 실정은 알 도리가 없고 그 소송 발생한 지방을 관할하는 노회가 유죄한 줄로 생각하면 그 사건의 성질이 어떠한 것을 당연히 그 본 목사의 노회에 통지할 것이요 본 노회는 그 통지를 접한 후에 그 사건이 종교상 명예에 관계되는 것이면 즉시 재판하는 것이 옳다.

제 39 조 피고된 목사가 재차 소환함을 받고 자기도 출석하지 아니하고 변호인도 파송하지 아니하면 노회는 그 거역함을 인하여 정직함이

옳고 삼차 소환에도 출석하지 아니하거나 대리할 변호인도 파송하지 아니하면 수찬 정지에 처할 것이다.

제 40 조 어느 치리회를 물론하고 소송 중에 있을 동안에는 그 치리회의 결의에 의하여 일반 의사에 언권과 투표권을 정지하게 할 수 있다.

제 41 조 피고를 정죄하게 되면 권계나 견책이나 정직이나 면직 (정직이나 면직할 때에 수찬 정지를 함께 할 때도 있고 함께 하지 아니할 때도 있다)이나 출교할 것이요 정직을 당한 지 1년 안에 회개의 결과가 없으면 다시 재판할 것 없이 면직할 수 있다.
    단, 해벌할 때는 제35조의 단항(但項)을 적용한다.

제 42 조 목사가 이단을 주장하거나 불법으로 교회를 분립하는 행동을 할 때에 그 안건이 중대하면 면직할 것이다(그 행동이 교리를 방해하려 하여 전력으로 다른 사람을 권유하는 형편이 있는지 지식이 부족한 중에서 발생하고 도에 별로 해되지 아니할 것인지 심사 후에 처단함이 옳다).

제 43 조 노회가 심사한 결과 그 안건이 사소한 사건이요 교인들도 그의 반성을 족한 줄로 알고 목사 시무에도 구애됨이 없으면 그 사건이 다시 발생하지 않도록만 처리하고 그 소송 사건을 취하(取下)하게 할 것이다.

제 44 조 악행을 인하여 목사직 해직을 당한 자가 깊이 회개할지라도 오랫동안 특별히 모범될 만한 겸손과 덕을 세우는 행위가 뚜렷하여 그 소재지 치리회의 관찰에, 교역에 종사함이 도에 방해가 되지 아니

할 줄로 확인할 때는 목사로 임직하되 당초 면직한 치리회가 직접 행사하든지 그 회의 결의대로 위탁 받은 치리회가 행사할 것이다.

제 45 조 지교회에 담임 목사 된 자가 면직을 당하고 출교는 되지 아니하였으면 노회는 그 해직됨은 선언할 것이요 이런 경우에는 그에게 평교인의 이명서를 주어 원하는 지교회로 보내되 이명서에는 그 정형을 자세히 기록할 것이다. 담임 목사를 정직할 때는 그 담임까지 해제할 수 있으나 상소한다는 통지가 있으면 그 담임을 해제하지 못한다.

제 46 조 노회는 교회에 덕을 세우기 위하여 피소된 목사의 직무를 임시 정지할 수 있으나 이런 경우에는 그 재판을 속결함이 옳다.

제 47 조 장로 및 집사에 대하여 재판할 사건이 있으면 본 장 각 조에 해당한 대로 적용할 것이다.

제7장 즉결 처단의 규례

제 48 조 누구든지 치리회 석상에서 범죄하거나 다른 곳에서 범죄한 것을 자복할 때는 치리회가 먼저 그 사실을 청취한 후 즉시 처결할 수 있다.
  1. 치리회 석상에서 범죄한 자는 그 재판에 대하여 2일 이상의 연기를 청구할 권이 있다.
  2. 이런 경우에는 범죄 사실과 결정한 이유를 회록에 상세히 기록할 것이요 다른 안건과 같이 상소할 수 있다.

제 49 조 재판할 만한 범죄가 없는 입교인이 당회에 자청하기를, 자기는 성찬에 참여할 자격이 없노라 자인할 때는 당회가 이 사건을 신중히 고려하여 그 청원이 도리에 대한 오인(誤認)이 아닌 줄로 확인하면 그 청원을 임시로 허락하고 그 사실을 당회록에 상세히 기록함이 옳다.

제 50 조 어떠한 입교인이든지 다른 지방에 옮겨 가면 본 교회 목사나 당회 서기는 그 거주를 그 지방 교회 목사 혹은 당회 서기에게 통지할 것이다.
  1. 다른 지방에 옮겨 간 교인이 상당한 이유 없이 2년이 경과하도록 이명서를 청구하지 아니하면 본 당회는 재삼 탐문하여 그 회보를 접하기까지 그 성명을 별명부에 옮겨 기록 年月日을 상세히 기록할 것이다.
  2. 어떠한 교인을 불문하고 다른 곳에 옮긴 지 3년간 실종된 경우에도 당회는 전 항을 준용하되 그 사유를 회록에 상세히 기록할 것이다.
  3. 책벌인 명부에는 시벌한 자를 기입하고 별명부에는 전 1, 2항에 해당한 자를 기입하고 노회에 제출하는 통계표에는 이를 완전한 교인으로 셈하지 말 것이다.
  4. 당회는 매년 노회에 통계표를 제출하기 전에 일반 교인의 명부에 일일이 검사하여 권징 조례에 의하여 정리하되 거주가 분명한 자에게는 먼저 통지함이 옳고 또 시벌된 자에게는 해벌되도록 힘쓸 것이다.

제 51 조 본 지방에 거주하는 본 교회 입교인이 뚜렷한 범과가 없이

교회 각 항 의식을 행하는 회석에 출석하지 아니하면 당회는 그 교인을 출석하도록 권면할 것이요 1년이 경과하도록 일향 듣지 아니하면 당회는 그 교인에게 먼저 통지한 후 책벌할 것이다. 그 후 교인에게 대하여 아무 비난이 없고 다시 교회의 각종 의식에 출석하면 해벌한다.

제 52 조 무흠한 목사가 정치 제17장 제1조 제3조에 의하여 노회에 청원을 제출하면 그 목적과 이유를 상세히 알아 결정하되 제3조의 경우에는 상당한 방법으로 만 1년간 유예를 지난 후 노회 관찰(觀察)에 그 목사가 단마음으로 유익하게 시무하지 못할 줄로 인정하면 사직을 허락할 것이요, 그 성명을 노회 명부에서 제거하고 입교인의 이명서를 주어 소원하는 지교회로 보낼 것이다.

제 53 조 어떠한 입교인이든지 본 교회의 이명서 없이 다른 교파에 가입하면 이는 무례한 일이니 본 당회는 제명하고 그 사건을 본 당회록에 기재할 뿐이요 그 교인에 대하여 착수한 송사 안건이 있으면 계속 재판할 수 있다.

제 54 조 뚜렷한 범과 없는 목사가 본 장로회의 관할을 배척하고 그 직을 포기하거나 자유로 교회를 설립하거나 이명서 없이 다른 교파에 가입하면 노회는 그 성명을 노회 명부에서 삭제만 하고 그 사유를 회록에 기재하되 그 사람에 대하여 착수한 송사 안건이 있으면 계속 재판할 수 있고 만일 이단으로 인정하는 교파에 가입하면 정직이나 면직 혹 출교도 할 수 있다.

제8장 증거조(證據調) 규례

제 55 조 치리회가 증거를 채용할 때에 마땅히 주의하여 공평하게 할 지니 증인 될 자 중에는 다 증인의 자격이 있는 자가 아니요 증인의 자격이 있는 자 중에도 다 믿을 만한 자가 못 된다.

제 56 조 하나님의 존재를 믿지 아니하는 자와 후세 상벌을 믿지 아니하는 자와 선서의 책임을 이해하지 못하는 자 외에는 채용할 만한 증인이 된다. 원피고는 각기 상대방의 증인 제출에 대하여 어떤 사람을 물론하고 거절할 수 있고 치리회는 그 증인에 대하여 채용할 가부를 결정할 것이다.

제 57 조 어떤 증인이든지 가히 믿을 만한 것과 어느 정도까지 시인할 만한 것은 다음 경우들을 참작할 수 있다.
  1. 원피고의 친척 되는 경우
  2. 소송 판결에 직접 이해 관계가 있는 경우
  3. 나이가 어린 경우
  4. 지력이 부족한 경우
  5. 품행이 악하거나 사나운 성품이 있는 경우
  6. 본 교회 책벌 아래 있는 경우
  7. 성질이 조급하고 판별력이 없는 경우
  8. 어떠한 형편을 불문하고 그 소송 사건에 바른 말 할 여부와 알 수 있는 여부와 간접으로 이해(利害) 받을 관계가 있는 여부를 인하여 치우칠 폐가 있는 경우

제 58 조 지아비는 아내에 대하여, 아내는 지아비에 대하여 증거할 수 있으나 치리회가 강권하지는 못할 것이다.

제 59 조 증거는 구두(口頭)로 하고 필기한 서면이나 인쇄한 문자로도 하고 직접으로 하며 형편을 따라 간접으로도 할 수 있다.

범죄 안건에는 한 사람의 증거뿐이요 다른 증거가 없으면 소송 안건을 확실히 결정하기 어려우나 소장 한 통에 같은 종류의 죄를 열거하였는데 매사건에 대하여 각각 다른 증인이 한 사람씩만 있을지라도 가히 믿을 만한 실증이면 그 소장은 전부 결정할 수 있다.

제 60 조 본회 회원 외에 선후(先後) 심문할 증인의 동석을 허락하지 않는다.

제 61 조 증인을 심문하는 순서는 치리회가 심문한 후 그 회의 허락을 받아 증인을 제출한 편에서 묻고 후에 상대자가 그 증인에 대하여 묻고 그 후에 그 재판회 위원이 심문할 것이나 그 사건에 관계 없는 말이나 희롱의 일을 묻지 아니할 것이요 필요한 사리만 나타내기 위하여 재판회의 특허를 얻는 것밖에는 증인을 제출한 자가 그 증인에게 증언을 암시하는 말로 묻지 못한다.

제 62 조 증인을 심문하기 전에 회장은 증인에게 대하여 다음과 같이 선서하게 한다.

「후일에 산 자와 죽은 자를 심판하시는 하나님 앞에 문답할 것같이 지금 알지 못함이 없으사 사람의 마음을 감찰하시는 하나님 앞에서 이 소송안의 증인으로 출석하였으니 사실대로 직언(直言)하며 사실 전부를 말하며 사실밖에 덧붙이지 아니하기로 선서하느뇨」

제 63 조 증인에게 심문하는 말은 청구하는 자가 있을 때에만 필기할 것이요 원고 피고나 재판회가 필요하다고 인정할 때에는 증인에게 문답을 일일이 기록하고 회석에서 낭독하여 증인의 확인 날인을 받는다.

제 64 조 치리회 서기(서기가 별세하였거나 출타하였거나 그 밖의 사고로 인하여 시무하지 못할 때에는 회장이 대행함)가 기록의 원본(原本)이나 초본(抄本)에 서명 날인하면 상회 및 다른 회에서 족히 신용할 증거로 인정한다.

제 65 조 어느 회를 물론하고 전조와 같이 작성한 증인의 공술은 본회의 수집한 증거와 같게 인정한다.

제 66 조 재판 중에 원고 혹은 피고나 증인의 사정에 의하여 부득이한 경우가 있으면 그 쌍방의 청원에 의하여 본 치리회가 목사 혹 장로 몇 명을 증거 조사국 위원으로 선정할 수 있다.
  1. 위의 증거 조사국 위원은 본 치리회 회원 아닌 다른 회원으로 선정할 수 있다.
  2. 위의 조사국은 쌍방의 제출한 증거를 받을 것이요 조사에 착수하기 전에 조사하기 위하여 각 관계자에게 회집하는 날짜와 처소를 통지하고 조사할 때에는 본 치리회의 법규대로 구두로 문답하든지 필기한 서면으로 제출하게 하되 증인에게 대한 원피고의 직접 문답과 교환 문답을 진행한다.

3. 어떻게 수합한 증거가 본건에 대한 관계 유무와 신용의 족부족(足不足)은 본 재판회가 결정한다.
   4. 증거 조사국은 수취한 증거안에 서명 날인하여 본 재판회 서기에게 교부한다.

제 67 조 본 치리회가 재판회를 열 때에 본 치리회 회원이라도 입증하게 할 수 있으니 그 회원도 다른 증인과 마찬가지로 선서 입증한 후에 여전히 본회 사무를 처리할 수 있다.

제 68 조 아무 교회 교인 중 누구를 막론하고 증인 소환을 받고도 출석하지 아니하거나 혹 출석하였을지라도 증언하기를 불응하면 그 형편대로 거역하는 행위를 징벌할 것이다.

제 69 조 어느 치리회의 종국 결안에 상소 기간이 끝난 후라도 피고를 면죄할 만한 새 증거가 발현되면 피고는 재심을 청구할 수 있고, 그 수소(受訴) 재판회는 재심에서 공의가 나타날 줄로 알면 허락할 수 있다.

제 70 조 상회에 상소하여 재판 중에 긴중(緊重)한 새 증거가 발현되면 상회는 재심하기 위하여 하회로 환송할 수 있고 쌍방이 상회에서 직결하기를 원하면 상회가 그 증거를 조사하여 판결할 수 있다.
   단, 재심하는 경우에는 제100조를 적용한다.

제9장 상소하는 규례

제 71 조 당회나 노회에서 처리한 사건을 각기 차서에 의하여 상회에

상소하는 방법은 다음과 같다.
  1.검사와 교정 2.위탁 판결 3.소원 4.상소

(1) 검사와 교정

제 72 조 본 교회와 부속회에서 처리한 사건은 그 당회에 보고할 것이요, 그 당회는 그 사건을 검사한 후에 접수하여 당회 문부에 편입할 것이다.

당회 이상 각 상급회는 각기 관하 각 회록을 매년 1차씩 검사할 것이요, 각 하회가 그 회록을 올려 보내지 아니하면 상회는 편의대로 올려 보내라든지 날짜를 정하여 올려 보내라든지 독촉 명령을 발할 수 있다.

제 73 조 상회가 하회 회록을 다음에 의하여 검사한다.
  1. 경과 사건을 사실대로 기록한 여부
  2. 처리한 사건을 교회 헌법에 의하여 결정한 여부
  3. 사실을 지혜롭고 공평하게 덕을 세우게 처리한 여부

제 74 조 상회가 하회 회록에 대하여 가부를 결정할 때에 그 하회 총대에게는 가부권이 없다.

제 75 조 상회가 하회 회록을 검사하여 착오된 사건이 있으면 계책(戒責)하는 것을 본회 회록과 하회 회록에 기록하는 것이 항례이나 하회에 오착이 중대하여 위해(危害)가 있게 되면 상회는 부득이 하회에 명령하여 개정하게 하거나 변경하게 하되 기한을 정하여 준행 여부를 회보하게 할 것이다.

단, 재판 사건은 상고를 접수 처리하기 전에는 하회 판결을 갑자기

변경하지 못한다.

제76조 상회는 어느 때를 물론하고 그 소속 하회가 헌법에 위반되게 처리한 사건이 있는 줄을 확인하면 하회로 하여금 정한 처소에 그 문부를 가지고 와서 처리한 형편을 보고하게 할 것이요, 그 착오된 사실이 명백히 발견되면 상회가 직접 변경하든지 하회에 환송하여 처단할 것을 지도할 수 있다. 혹시 어떠한 소원이나 상소를 불문하고 본 치리회나 혹 그 재판국에서 재판하는 중 판결 언도 전에 피고 혹 원고가 상회원에게나 일반 민중에게 대하여 변론서나 요령서를 출간 혹 복사하거나 기타수단으로 직접 혹 간접으로 선전하면 치리회를 모욕하는 일이니 그 행동을 치리하고 그 상소를 기각할 수 있다.

제77조 하회가 각기 책임을 이행하지 아니하므로 이단과 부패한 행위가 성행하며 뚜렷한 행악자가 징벌을 면하게 되며, 처결한 사건을 회록에 누락하였든지 잘못 기록하였을 때 상회는 이런 사실을 확인하면 하회로 하여금 회록의 검사를 받게 한 후 문부의 잘잘못을 물론하고 그 사건을 처리하되 76조를 적용한다.

(2) 위탁 판결

제78조 위탁 판결은 하회가 상회에 서면으로 제출하는 것인데 본회에서 결정하기 어려운 재판 사건에 대하여 지도를 구하는 것이나 보통 각 회는 자체의 판별력으로써 각기 사건을 판단하는 것이 교회에 더 유익이 된다.

제 79 조 하회가 전례 없는 사건이나 긴중한 사건이나 판결하기 어려운 사건이나 형편상 상관하기 어려운 사건이나 하회 결정이 공례(公例)나 판결례가 될 듯하거나 하회 회원의 의견이 한결같지 아니하거나 혹 어떤 사고로 인하여 마땅히 상회에서 선결하는 것이 합당한 안건은 위탁 판결을 구한다.

제 80 조 위탁 판결은 본회보다 한층 높은 회에 대하여 청구하는 것이니 (1) 하회가 결정하기 전에 준비 재료로 상회의 지도를 구하기도 하며, (2) 직접 상회의 심사와 판결을 구한다. 지도만 구하는 안건이면 하회는 그 결정을 임시로 정지하고, 심사 판결을 구하는 것이면 그 사건은 상회에 전부 위임한다.

제 81 조 상회가 위탁 사건에 대하여 의논할 때에 그 하회 총대도 참석하여 협의하며 투표할 수 있다.

제 82 조 상회가 하회 수탁(受託) 사건에 대하여 심사 판결을 책임으로 할 것이 아니니 그 사건에 대하여 지시만 하든지, 혹 지시 없이 그 회에 환송하든지 상회의 결의대로 한다.

제 83 조 하회의 위탁으로 상회가 수리할 때는 그 안건 기록을 즉시 상회에 올려 보낼 것이요, 상회가 접수할 때에는 원고 피고의 진술도 청취한다.

(3) 소 원

제 84 조 소원(訴願)은 서면으로 상회에 제출하는 것이니 하회 관할에 속하여 그 치리권에 복종하는 자 중 1인 혹 1인 이상이 행정 사건에 대하여 하회가 그 책임을 이행하지 아니하거나 위법한 행동이나 결정에 대하여 변경을 구하는 것이다. 폐회 후 그 회를 대리하는 재판국에서 결정한 행정 사건에 대하여도 본회 결정에 대한 것과 같이 상회에 소원할 수 있고, 그 재판국에서 결정할 때에 참여한 회원 중 3분의 1이 소원하는 일을 협의 가결하였으면 상회가 그 소원을 조사 결정할 때까지 그 위원회의 결정을 보류한다.

제 85 조 소원에 대한 통지서와 이유서는 하회 결정 후 10일 내로 작성하여 그 회 서기에게 제출할 것이요(서기가 별세하였거나 있지 않거나 혹 시무하기 불능한 때는 회장에게 제출한다), 그 회 서기는 상회 정기회 개회 다음 날 안에 그 소원 통지서와 이유서와 그 안건에 관한 기록과 일체 서류를 상회 서기에게 교부한다.

제 86 조 재판 사건 외 행정 사건에 대하여 하급 치리회에서 결정할 때에 참석하였던 자 중 3분의 1이 연명하여 소원을 선언하면 그 사건을 상회가 결정할 때까지 하회 결정을 중지한다.

제 87 조 소원하기로 성명한 자는 상회 그 다음 정기회 개회 다음날 안에 소원 통지서와 이유서를 상회 서기에게 제출한다.

제 88 조 상회는 그 소원장이 규정대로 되고 소원할 만한 이유가

있는 줄로 인정할 때에는 피소한 하회의 전 결정과 그에 관계되는 기록을 낭독 후 쌍방의 공술을 청취한 후 그 사건을 판결한다.

제 89 조 상회가 그 소원이 적법인 줄로 인정할 때에는 하회의 작정한 사건이나 결정의 전부 혹 일부를 변경할 것이니 이런 경우에 상회는 하회에 대하여 처리 방법을 지시한다.

제 90 조 소원을 제출한 자는 소원자가 되고 소원을 당한 자는 피소원자가 되는데 피소원자는 보통 하회가 되나니 그 하회는 회원 중 1인 이상을 대표로 정할 것이요 그 대표자는 변호인의 도움을 구할 수 있다.

제 91 조 소원이나 피소원자 된 하회 회원 등은 그 사건 심의 중에는 상회의 회원권이 정지된다.

제 92 조 소원자나 피소원자는 그 상급회에 상고할 수 있다.

제 93 조 피소원자 된 하회는 그 사건에 관계되는 기록 전부와 일체 서류를 상회에 올려 보냄이 옳고 혹 올려 보내지 아니하면 상회는 반드시 문책할 것이요 기록과 서류를 올려 보낼 때까지와 그 사건을 심리 처결할 동안에 상회는 관계되는 쌍방의 권리를 변동 없이 보존하게 한다.

　(4) 상 소

제 94 조 상소(上訴)는 하회에서 판결한 재판 사건에 대하여 서면으로 상회에 제출하는 것이니 원피고를 불문하고 다 상소를 제기하는 자는

상소인이라 하고 상소를 당한 자는 피상소인이라 한다. 소송 사건에 대하여 판결을 취소하거나 변경하고자 하면 상소하는 것밖에는 다른 길이 없고 상소가 제출되면 하회 회원은 그 본회의 판결에 대하여 이의(異議)나 항의나 의견서를 제출할 뿐이요 언권이 없다.
　1. 폐회 후 그 회를 대리한 재판국의 판결에 대하여도 본회에서 행한 판결과 같이 원고 피고는 다 상회에 상소할 수 있다.
　2. 항소심에서는 부득이한 경우에 증거조(調)를 취급할 수 있고, 상고심에서는 증거조를 폐하고 법률심(法律審)으로 한다.
　3. 상소인이 소속된 하회가 상소인의 상소통지서 접수를 거부하면 부전(附箋)하여 상회에 상소할 수 있다.

제 95 조 상소를 제기할 사유는 다음과 같다.
　1. 하회가 재판을 불법하게 하는 때
　2. 하회가 상소하는 것을 불허하는 때
　3. 하회가 어떤 한 편에 대하여 가혹히 취조하는 때
　4. 불합당한 증거를 채용하는 때
　5. 합당하고 긴중한 증거 채용을 거절하는 때
　6. 충분한 증거 조사 전에 급속히 판결하는 때
　7. 소송 취급상에 편견이 드러나는 때
　8. 판결 중에 오착이나 불공평이 있는 때

제 96 조 상소인은 하회 판결 후 10일 이내에 상소 통지서와 상소 이유 설명서를 본회 서기(서기가 별세하였거나 부재 혹 시무하기 불능할 때에는 회장에게 제출한다)에게 제출할 것이요 그 서기는 그 상소장과 안건에 관계되는 기록과 일체 서류를 상회 다음 정기회 개회 다음날

안에 상회 서기에게 교부한다.

제 97 조 상소인 자기나 대리할 변호인은 상회 정기회 개회 다음날에 상회에 출석하여 상소장과 상소 이유 설명서를 상회 서기에게 교부한다.

상소인이 전기 기일에 출석하지 못한 때에는 불가항력의 고장을 인하여 위의 기간 안에 출석하지 못한 믿을 만한 증거를 제출하지 못하면 그 상소는 취하한 것으로 인정하고, 본 하회의 판결은 확정된다.

제 98 조 상소인과 피상소인 되는 하회 회원은 그 사건 심의하는 상회석에 회원권이 정지된다.

제 99 조 상소인이 상소 통지서와 상소장과 상소 이유 설명서를 예정 기일 안에 제출하였으면 상회는 규례대로 재판한다.
  1. 상회는 하회의 판결과 상소 통지서와 상소장과 상소 이유 설명서를 낭독하고 당사자 쌍방의 설명을 청취한 후에 상소 수리 여부를 결정한다.
  2. 상회는 상소를 처리하기로 작정한 후에는 다음의 순서대로 처리한다.
     (1) 상소 사건에 관한 하회 기록 전부를 자초지종 낭독한다(당사자 쌍방의 승낙으로 필요하지 아니한 부분은 묵과할 수 있다).
     (2) 당사자 쌍방이 구두로 진술하되 시작과 종결은 상소인으로 하게 한다.
     (3) 당사자 쌍방을 퇴석하게 하고 상회 회원이 합의(合議)한다.
     (4) 상소 이유 설명서에 기록한 각 조를 회장이 토론 없이 축조

가부하여 각 조에 상소할 이유가 없고 또 하회 처리도 착오가 없는 줄로 인정하면 상소는 하회 판결이 적합한 줄로 인정할 것이요, 각 조 중 1조 이상이 시인할 만한 이유가 있는 줄로 인정하면 상회는 하회 판결을 취소하든지 변경하든지 하회로 갱심(更審)하게 하든지 편의대로 작정할 것이요 상회가 하회 판결을 변동할 때에는 그 결정과 이유를 회록에 기재하고 필요로 인정하는 때는 그 판결 해석의 대요를 회록에 기재한다.

제 100 조 상소를 제기한다 할 때에는 하회에서 결정한 것이 권계나 견책이면 잠시 정지할 것이요 그 밖의 시벌은 상회 판결 나기까지 결정대로 한다.

제 101 조 상소가 제기되면 하회는 그 사건에 관한 기록 전부와 일체 서류를 상회에 올려 보낼 것이니 만일 올려 보내지 아니하면 상회는 하회를 책하고 이를 올려 보낼 때까지 하회의 결정을 정지하게 한다.

제10장 이의와 항의서
(본 치리회 회원 상호 간에 행하는 일)

제 102 조 이의(異議)라 함은 어느 치리회에서든지 의안 결정할 때에 회원 중 1인 이상 되는 소수(小數)가 대수(大數)의 결정에 동의하지 아니함을 표시한다.

제 103 조 항의라 함은 이의보다 더 엄중히 하는 것인데 회원 중 1인

이상 되는 소수가 그 회의 행사나 작정이나 판결에 대하여 과실되는 것을 증명하는 것이니 그 이유서도 첨부한다.

제 104 조 이의와 항의서가 합식(合式)이요 또 언사가 정당하며 다수에 대한 무리한 풍자가 없으면 회록에 기입한다.

제 105 조 항의가 본 치리회의 인용한 공례와 의사를 오해한 것이 있으면 본회는 항의에 대하여 답변서를 작성하여 회록에 기재할 수 있으며 답변서를 작성한 후 항의서를 제출한 자가 항의서를 개정할 수 있고, 본 치리회가 답변서를 또한 개정함으로 그 사건을 끝낸다.

제 106 조 본 치리회 내 결의 사건에 대하여 투표권이 없는 자는 이의서와 항의서를 제출하지 못하고 재판 안건은 부편 투표한 자밖에는 이의서와 항의서를 제출하지 못한다. 단, 재판국에서 판결한 사건에 대하여 본회 회원도 이의서와 항의서와 답변서를 제출할 수 있다. 본회 폐회 중 본회를 대리하는 재판국에서 판결한 사건에 대하여는 판결 언도 후 10일 이내에 본회 회원이나 재판국 위원은 이의와 항의서를 작성하여 재판국 서기에게 교부하며 그 재판국 혹 재판국 위원은 판결 후 20일 이내에 답변서를 작성하여 재판국 서기에게 교부할 것이다. 재판국 서기는 이의서와 항의서와 답변서를 일일이 등본하여 본회 서기에게 교부하여 본회 회록에 기재하게 한다.

제11장 이명자 관리 규례

제 107 조 목사나 교인은 어느 때와 어느 지방에서 범죄하였는지 그

소속 치리회의 재판을 받는다.

제 108 조 교인이 다른 지교회에 이명서를 받은 후에 그 지교회에 가입하기까지는 여전히 본회 관할에 속하고(이명서 수취한 후에는 시무하던 직분은 즉시 해제되고 본 교회 공동의회에서 언권과 투표권이 없다) 받은 이명서를 1년 이내에 본 교회로 환부하면 당회는 받은 후에 회록에 기재할 것이나 전날 시무하던 직분을 계속할 수 없다.

제 109 조 목사도 전조와 같이 다른 회에 옮길 이명서를 수취한 후에 그 노회에 가입하기까지 여전히 본 노회 관할에 속하고(이명서 수취일로부터 본 노회 안에서 언권과 투표권이 없다) 1년 내로 이명서를 본 노회에 환부하면 노회는 이 사건을 회록에 기입하고 그 회원권은 여전히 지속한다.

제 110 조 목사, 강도사, 목사 후보생에게 이명서를 교부할 때에 그 지정한 노회의 명칭을 분명히 기입할 것이요 지정한 노회가 현존한 동안에 다른 노회는 그 회원을 받지 못한다.

제 111 조 지교회가 폐지될 때에 그 소관 노회가 그 교인을 직할하여 다른 지교회에 속한 이명서를 교부한다.
　그 폐지된 당회에서 착수하였던 재판 사건이 있으면 노회가 계속 처리한다.

제 112 조 노회가 폐지되면 대회가 그 노회 회원을 직할하여 다른 노회에 옮길 이명서를 교부할 것이요 그 폐지된 노회에서 착수하였던

재판 사건이 있으면 대회가 계속 처리한다.

제12장 이주(移住) 기간에 관한 규례

제 113 조 교우가 다른 지교회에 옮기는 경우에 특별히 이유가 없으면 그 받은 회원증과 이명서를 1년 내로 옮기는 교회에 납부한다.
1. 부모가 옮길 때에 세례 받은 유아(수찬 연령 미만자)가 있으면 그 이명서에 함께 기록한다.
2. 이명서에는 옮기는 교회를 분명히 기록할 것이요 그 교회는 이명서를 접수 처리한 후에는 즉시 이명서 발송한 교회에 통지한다.

제 114 조 목사, 강도사, 목사 후보생도 전조와 같이 옮기는 경우에 이명서에 기입한 대로 그 노회에 가입하되 특별한 이유가 없으면 그 받은 이명서를 1년 내로 옮기는 노회에 교부할 것이요 입회를 허락한 노회는 즉시 이명서를 발송한 노회에 통지한다.

제 115 조 교인이 본향과 교회에서 떠난 지 2개년 이후에 이명서를 청구하면 본 당회는 이명서에 그 사실을 기입한다.

제 116 조 범죄 안건은 범죄 발각 후 1년 내에 개심할 것이요, 교회에 중대한 영향을 미치게 할 범행이 아니면 3년을 경과한 후에 개심할 수 없다.

제13장 재판국에 관한 규례

1. 노회 재판국

제 117 조 노회는 본 관내 목사와 장로 중에서 재판국원을 투표 선정할 수 있으니 노회 재판국의 국원수는 7인 이상으로 정하되 그 중 과반수는 목사로 선택한다. 노회는 재판 사건을 직할 심리하거나 재판국에 위탁할 수 있고 재판국은 위탁받은 사건만 심리 판결할 수 있다.

제 118 조 재판국은 본 국원 중에서 국장과 서기를 택하여 본회의 허락을 받을 것이요, 위탁을 받은 안건에 대하여는 권한이 본회와 동일하여 교회 헌법과 노회에서 적용하는 규칙을 사용하되 처리 후에 보고한다.

제 119 조 재판국원의 성수는 국원 3분의 2의 출석으로 하되 반수 이상이 목사가 되어야 한다.

제 120 조 재판국원의 회집 날짜와 처소는 본 노회가 결정하거나 노회의 결정이 없으면 재판국이 결정한다.

제 121 조 재판국이 본 노회 개회 시무 중에서 위탁받은 안건을 판결하였으면 그 판결을 즉시 보고할 것이요 보고한 후에는 본 노회의 판결로 인정한다.
   1. 노회가 재판국의 보고를 전부 채용 혹 취소할 수 있고 취소할 때는 그 안건 전부를 재판 규칙대로 직접 심리 처결할 수 있다.

2. 본 치리회가 폐회한 후 본회를 대리한 재판국에서 재판한 안건은 공포 때로부터 본 노회의 판결로 인정한다.

제 122 조 재판국 서기는 재판 사건의 진행 전말과 판결에 대하여 상세한 기록을 조제(調製)하고 회장과 서기는 그 기록의 정확을 증명하기 위하여 이를 등본 날인하여 원피고와 본 노회 서기에게 각 한 통씩 교부한다.

제 123 조 재판국은 그 판결을 본 노회 서기에게 위탁 보고하든지 친히 보고할 것이요 본 노회 서기는 그 기록과 본회 회록을 함께 상회에 올려 보내어 검사를 받는다.

2. 대회 재판국

제 124 조 대회는 상설 재판국을 두고 목사 5인, 장로 4인을 국원으로 하되 상비 국원제로 3조에 나누어 매년 3인씩 개선한다.
 1. 대회 중에 재판국의 결원이 있으면 대회가 보결하고 대회 폐회 후에 결원되었으면 대회장이 자벽하여 대회 개회 때까지 시무하게 한다.
 2. 대회는 재판 사건을 직할 심리하거나 재판국에 위탁할 수 있고 재판국은 위탁받은 사건만 심리 판결한다.

제 125 조 재판국은 국장과 서기를 본 국원 중에서 매년 선거할 것이요 위탁받은 사건에 대하여는 권한이 본회와 동일하여 교회의 헌법과 대회에서 적용하는 규칙을 사용하되 대회에 보고한다.

제 126 조 대회 재판국의 성수는 4분의 3 출석으로 하되 그 중 목사가 반수 이상이라야 한다.

제 127 조 대회 재판국의 집회 날짜와 처소는 대회가 정하거나 대회의 결정이 없으면 재판국이 정한다.

제 128 조 대회 재판국의 판결은 대회가 채용할 때까지 당사자 쌍방을 구속할 뿐이다.

제 129 조 재판국 서기는 재판 사건의 진행과 심리 판결한 것을 상세히 조서에 기재하고 국장, 서기는 그 조서의 정확을 증명하기 위하여 등본 날인하여 원피고와 대회 서기에게 각 한 통씩 교부한다.

제 130 조 재판국은 그 판결 사건을 대회 서기에게 보고할 것이요 대회 서기는 접수한 등본을 본 회록과 같이 보관한다.

제 131 조 대회는 재판국의 판결을 검사하여 채용하거나 환부하거나 특별 재판국을 설치하고 그 사건을 판결 보고하게 할 수 있다.
　　대회가 재판국 판결에 대하여 검사하지 않거나 검사할지라도 변경이 없으면 대회 폐회 때부터 그 판결은 확정된다.

제 132 조 재판국 비용은 대회가 부담한다.

제 133 조 대회가 필요로 인정할 때는 그 결의대로 특별 재판국을 설치하고 상설 재판국 규칙을 적용한다.

3. 총회 재판국

제 134 조 총회는 상설 재판국을 두고 목사 8인, 장로 7인을 국원으로 선정하되 한 노회에 속한 자 2인을 초과하지 못한다. 국원은 상비 위원제로 3조에 나누어 매년 5인씩 개선하여 개회 때부터 시무할 것이요 임기 만료한 국원은 향후 1년간 재선되지 못할 것이며 총회의 다른 상비 위원으로 재직한 자도 재판 국원이 되지 못한다.
  1. 총회 개회 중에 재판국의 결원(缺員)이 있으면 총회가 보결하고 총회 파회 후에 결원이 되었으면 총회 회장이 지명하여 총회 개회 때까지 시무하게 한다.
  2. 총회는 재판 사건을 직할 심리하거나 재판국에 위탁할 수 있고 재판국은 위탁받은 사건만 심리 판결한다.

제 135 조 재판국은 회장과 서기를 본 국원 중에서 매년 선거할 것이요 위탁받은 사건에 대하여는 권한이 본회와 동일하여 교회의 헌법과 총회에서 적용하는 규칙을 사용하되 총회에 보고한다.

제 136 조 총회 재판국원의 성수는 11인으로 정하되 그 중 6인이 목사 됨을 요한다.

제 137 조 재판국의 회집 날짜와 처소는 총회가 의정하거나 재판국이 의정한다.

제 138 조 총회 재판국의 판결문은 총회에 보고하기 위한 것이며, 총회가 채용할 때까지 당사자 쌍방을 구속할 뿐이다.
  다만, 재산권에 관한 판결은 예외로 한다.

제 139 조 재판국 서기는 본국 재판 사건의 진행과 판결문을 상세히 조서(調書)에 기재하고 국장, 서기는 그 조서의 정확을 증명하기 위하여 등본 날인하여 원피고와 총회 원서기에게 각 한 통씩 교부한다.

제 140 조 재판국은 판결 사건을 총회 서기에게 위탁하게 하든지 친히 보고할 것이요 총회 서기는 접수한 등본을 본회 회록과 같이 보관한다.

제 141 조 총회는 재판국의 판결을 검사하여 채용하거나 환부하거나 특별 재판국을 설치하고 그 사건을 판결 보고하게 한다.

총회가 재판국 판결에 대하여 검사하지 않거나 검사할지라도 변경이 없으면 총회 파회 때부터 그 판결은 확정된다.

제 142 조 재판국 비용은 총회가 지불한다.

제 143 조 총회가 필요로 인정할 때는 그 결의대로 특별 재판국을 설치하고 상설 재판국 규칙을 적용한다.

제14장 치리회 간의 재판 규례

제 144 조 어느 회든지 그 동등된 회를 상대로 소원할 일이 있으면(제84조, 제93조 참조) 한층 높은 상회에 기소할 것이나 이런 경우에 사건 발생 후 1년 이내에 피고된 회의 서기와 그 상회 서기에게 통지한다.

제 145 조 어느 회든지 전조와 같이 기소하고자 하면 대리 위원을

선정하여 초심(初審)부터 종심(終審) 판결까지 위임할 수 있다.

제 146 조 소원을 접수한 상회는 그 사건을 조사하여 이유가 상당하면 피고 회의 결정 전부 혹 1부를 취소하거나 변경하고 그 피고 회에 대하여 처리할 방법을 지시할 것이요, 원고나 피고 회는 또 그 상회에 상소할 수 있다.

VII

예배모범

예 배 모 범

제 1 장 주일을 거룩히 지킬 것 ·················· 245
제 2 장 교회의 예배 의식 ·························· 247
제 3 장 성경 봉독 ····································· 247
제 4 장 시와 찬송 ····································· 248
제 5 장 공식 기도 ····································· 248
제 6 장 설교 ··· 251
제 7 장 헌금 ··· 252
제 8 장 폐회 ··· 253
제 9 장 주일학교 ······································ 253
제10장 기도회 ··· 254
제11장 성례 ··· 255
제12장 혼례식 ··· 265
제13장 장례식 ··· 266
제14장 금식일과 감사일 ···························· 267
제15장 은밀 기도와 가정 예배 ·················· 268
제16장 시벌 ··· 269
제17장 해벌 ··· 272

예배모범

제1장 주일을 거룩히 지킬 것

1. 주일을 성수하는 것은 사람의 당연한 의무이니 미리 육신의 모든 사업을 정돈하고 속히 준비하여 성경에 가르친 대로 그 날을 거룩히 지킴에 구애가 없게 하라.

2. 이 날은 주일인즉 종일토록 거룩히 지킬지니 공동 회집으로나 개인적으로 선행하는 일에 씀이 옳으며 종일토록 거룩히 안식하고 위급한 일 밖에 모든 사무와 육신적 쾌락의 일을 폐할지니 세상 염려와 속된 말도 금함이 옳다.

3. 이 날에는 가족이나 권속으로 공동 예배하는 일과 주일을 거룩히 함에 지장이 되지 않도록 함이 옳다.

4. 주일 아침에는 개인으로나 혹 권속으로 자기와 다른 사람을 위하여 기도하되 특히 저희 목사가 그 봉직하는 가운데서 복 받기를 위하여 기도하고 성경을 연구하며 묵상함으로 공동 예배에 하나님과 교통하는 것을 준비하라.

5. 개회 때부터 일심 단합함으로 예배 전부에 참여하기 위하여 정한

시간에 일제히 회집함이 옳고 마지막 축복 기도할 때까지 특별한 연고 없이는 출입함이 옳지 않다.

6. 이와 같이 엄숙한 태도로 공식 예배를 마친 후에는 이 날 남은 시간은 기도하며 영적 수양서를 읽되 특별히 성경을 공부하며 묵상하며 성경 문답을 교수하며 종교상 담화하며 시편과 찬송과 신령한 노래를 부를 것이요 병자를 방문하며 가난한 자를 구제하며 무식한 자를 가르치며 불신자에게 전도하며 경건하고 사랑하며 은혜로운 일을 행함이 옳다.

7. 주일 예배
   (1) 종용히 묵도로 예배를 시작하며 단정하고 경건한 태도로 엄숙히 예배하여야 한다.
   (2) 이상한 동작과 경건하지 못한 태도로 찬송이나 찬양을 인도하여 예배의 신성함을 손상하지 말아야 한다.
   (3) 주일예배 시간에는 예배와 성례 외에 다른 예식은 다른 날에 행하되 가급적 간단히 행함이 옳다.
   (4) 주일예배 시간에 어떤 개인을 기념, 축하, 위안, 치하하는 예배를 행하지 말고 온전히 하나님께만 예배하여야 한다.
   (5) 예배당 구내에 개인을 위하여 송덕비나 공로 기념비나 동상 같은 것을 세우지 않는다.

제2장 교회의 예배 의식

1. 예배 시간이 되거든 예배당에 들어가 각기 좌석에 앉되 단정하고 엄숙하며 경건한 모양을 지키며 자기와 목사와 그 참석한 모든 사람과 참석하지 못한 사람들을 위하여 기도로 복을 빌라.

2. 예배시간에는 모든 사람이 엄숙한 태도와 공경하는 마음으로 예배하고 목사가 낭독하거나 인증하는 성경 밖에 다른 것을 읽지 말 것이다. 합당치 못한 모든 행동을 일체 하지 말 것이요, 어린이들은 부모가 데리고 있는 것이 좋으니 한 가족이 하나님의 집에 같이 모여 앉는 것이 가장 마땅하며 주일학교 예배회로 따로 모일 때는 교역자나 당회원이 반드시 출석 인도하라.

제3장 성경 봉독

1. 성경 봉독은 공식 예배의 한 부분이니 반드시 목사나 그 밖의 허락을 받은 사람이 봉독한다.

2. 신구약 성경은 청중으로 알아듣게 하기 위하여 한글 성경을 낭독한다.

3. 봉독할 성경 장절은 목사의 의향대로 작정할지니 유익한 줄로 생각할 때는 그 읽는 중에 어떤 부분을 해석함도 옳으나 성경을 읽든지 찬송하든지 기도하든지 강도하든지 각 절차의 시간이 서로 적당하게 하고 결코 모든 것이 합하여 너무 짧든지 너무 지루하게 하지 말라.

제4장 시와 찬송

1. 예배당에서 공동으로나 혹 한 가족끼리나 시와 찬미로 하나님을 찬송하는 것은 모든 신자의 마땅한 본분이니 성경에 합한 말과 하나님께 영광 돌리는 언사를 사용하라.

2. 하나님을 찬송하는 노래를 부를 때는 정성으로 하며 그 뜻을 깨달으며 곡조에 맞추어 주께 우리 마음을 다해야 할지니 음악의 지식을 갖추어 우리의 마음으로 하나님을 찬양하는 동시에 또한 우리 음성으로도 하나님을 찬송하는 것이 옳고, 교우는 반드시 찬송가를 준비하여 함께 찬송하는 것이 마땅하다.

3. 공식 예배 때에 찬송은 목사가 조심하여 정할 것이나 가급적 적당하게 하여 교인 전체로 찬송하는 실력을 얻게 함이 옳다.

제5장 공식 기도

1. 교회당 공식 예배를 시작할 때는 간단한 기도로 함이 옳으니 겸비한 태도로 영생하신 하나님의 무한한 권위를 경배하며, 우리가 육정으로 인해 하나님께 멀리 떠났던 것과 죄인이 되어 공로 없는 것을 고하고, 그의 은혜롭게 임하심을 겸손한 마음으로 간구하며 예배에 대하여 성령의 조명과 우리 주 예수 그리스도의 공로로 우리를 용납하시기를 구하라.

2. 시나 찬송을 부른 후 설교하기 전에 신자 일체의 소원을 포함한

기도를 할지니

(1) **영광을 돌림** 하나님께서 세상을 창조하시고 돌보시는 중에 나타내시는 것과 성경 말씀 가운데 분명하고 완전하게 나타내신 영광과 완전하심을 존중할 것.

(2) **감사** 하나님의 주신 각양 은혜를 감사할지니 보통 은혜와 특별 은혜와 신령적 은혜와 육체적 은혜와 단체적 은혜와 개인적 은혜를 감사하되 모든 은혜 위에 초월한 은혜, 곧 말할 수 없는 선물 되신 예수 그리스도와 그로 말미암아 영생의 소망을 얻는 것과 성령을 보내 주심과 성령의 역사하시는 것을 크게 감사할 것.

(3) **자복** 원죄와 자기 범행한 죄를 자복(自服)하되 함께 예배하는 모든 사람으로 하여금 죄라는 것은 그 성질이 하나님에게 분리되는 것이니 심히 악한 것으로 깨닫게 하며 또한 죄 뿌리에서 나는 각 죄를 말할 것이니 하나님을 거역하는 죄와 이웃을 해하는 죄와 자기를 해하는 죄와 생각이나 말, 혹은 행동으로 범하는 죄와 은밀한 죄와 참람한 죄와 우연히 범하는 죄와 습관으로 범하는 죄며 또 죄에 죄를 더하는 것도 말할지니 고의적으로 범하는 죄와 분별할 도리가 있는데 범하는 죄들이다.

(4) **다른 사람을 위하여 기도** 다른 사람, 곧 세계 모든 인류를 위하여 기도할 것이니 위정자와 지도자들을 위해 기도할 것이며 모든 인류에게 성령을 부어 주실 것과 하나님의 교회의 화평과 정결과 흥왕함을 위하여 기도하며 여러 목사와 각처에 있는 선교사를 위하여 기도하며 의를 인하여 해 받는 모든 사람과 본 교회와 우리와 교통하는 각 교회와 병인과 죽게 된 사람과 비참한 사정을 당한 사람과 가난하고 궁핍한 자와 나그네와 남녀노소와 본 교회 소재 지방과 그 밖에 필요한 일을 위하여 기도할지

니 이상에 기록한 제목 중에 어느 것을 더 말하고 덜 말할 것은 주장하는 기도자가 깊이 생각하여 작정한다.
(5) **간구** 여러 가지 간구할 것이 있으니 곧 구속하신 보혈의 공로로 죄 사함을 받는 것과, 하나님으로 더불어 화평을 얻는 것과, 거기서 발생하는 중대하고 행복한 결과요, 또 사람을 성결하게 하시는 성령과 우리의 직임을 성취하기 위하여 만족할 능력 주심과, 인간이요 죄인인즉 마땅히 받을 고난 중에서 권고하시며 안위하심과, 이 비참한 세상을 지내기 위하여 적당한 자비를 베푸시기 위하여 기도할 것이니, 이 모든 것을 간구할 때에 이 은혜는 하나님의 언약하신 사랑에서 비롯된 것이요 우리의 영적 생활을 보호하며 진보하게 하시기 위하여 주시는 것으로 알고 간구할 것.
(6) **간구할 근거** 기도할 때에 우리의 간구하는 바를 응락하실 연고는 온 신구약에 모든 허락한 원리와 우리의 부족함과 하나님의 풍성하심과 예수의 공로와 우리를 위하여 간구하심과 자기 백성의 위로와 희락에 나타낸 하나님의 영광을 위함이다.

3. 설교한 후에 하는 기도는 그 설교한 말씀에 관계되는 것을 들어 기도하고 그 밖의 모든 공식 기도는 그때 모든 형편에 따라 한다.

4. 이상과 같이 기도 제목은 그 범위가 넓고 종류가 많으니 그 택하는 것은 당직한 목사의 충성과 생각에 맡긴다. 우리 장로회가 공식 기도의 일정한 모범을 좇을 것은 아니나 목사가 예배석에 나오기 전에 반드시 그 설교를 준비하는 것과 같이 또한 기도할 것도 준비하는 것이 옳다. 목사는 반드시 성경을 숙독하고 기도에 대한 책들을 연구하고 묵상하며, 하나님으로 더불어 교통함으로 기도하는 능력

과 정신을 얻을 것이요, 그뿐 아니라 아무 때나 공식 기도를 하려 할 때는 그 전에 자기 마음을 잘 정돈하고 기도할 것 중 어떠한 말이 좋을지 마음 가운데 차례로 준비할 것이니, 이렇게 하여야 기도하는 데 그 위엄과 예모를 갖추며 또 같이 예배하는 사람들에게도 유익이 될 것이요, 무미하고 불규칙하며 부주의한 행동으로 중대한 예식에 방해가 되지 않도록 하라.

5. 공식 기도에 참여한 모든 사람의 자세는 항상 경건한 태도를 가질 것이요 회중은 가급적 일정한 태도를 가지는 것이 당연하니 기립 기도하는 자세는 성경에 말하고 옛날 교회의 실행하던 일이요 바로 교회에서 실행하던 예법이다. 그러나 기립하든지 바로 앉든지 다 무방하다.

제6장 설 교

1. 설교는 사람을 구원하는 하나님의 방침이니 크게 주의하여 행하여야 한다. 목사는 전심전력하여 부끄럽지 아니한 일꾼이 될 만하게 힘써 진리의 말씀을 옳게 분별(해석)해야 한다.

2. 설교의 본문은 어떤 성경 한 절이나 혹 몇 절을 택할 것이요, 설교의 목적은 하나님의 진리 범위 중 한 부분을 해석하고 장편의 본문을 강론하여 그 진리를 가르치며 마땅히 행할 본분의 성질과 한계를 설명하며 혹시 변증도 한다.

3. 설교하는 자는 방법을 많이 연구하고 묵상하며 기도하고 조심하

여 예비함이 옳으니, 준비 없이 하지 말고(삼하 24:24) 복음의 단순한 것을 따라 그 언어(言語)가 성경에 적합하고 듣는 사람 중 무식한 자라도 알아듣기 쉽게 말할 것이요, 자기의 학문이나 재예(才藝)를 자랑하지 말고 자기 행실로 자기의 가르치는 도리를 빛나게 하고(딛 2:10) 생각과 말과 사랑과 믿음과 정결함으로 신자의 본이 되어야 한다.

4. 공식 예배에 가장 요긴한 것은 가장 높으신 하나님께 향하여 단체적 경의를 표하는 것이니 목사는 설교를 너무 길게 하여 요긴한 기도와 찬송을 못하거나 부족하게 하지 말고 적당한 비례로 시간을 사용하여 예배를 완전하게 함이 옳다.

5. 설교를 마친 후에는 목사가 기도하여 전능하신 하나님께 감사드린다(고후 13:13, 히 13:20~21, 유 1:24, 25, 엡 3:20~21, 살후 3:16, 17, 민 6:24~26).

6. 노회 관할 아래 있는 어느 지교회에서든지 노회에서 보낸 사람 외에는 아무를 막론하고 당회나 목사의 허락 없이는 설교함을 허락하지 않는다.

제7장 헌 금

1. 성경에 분명히 가르친 대로 교회의 비용을 부담하며 국내와 국외에 복음을 전하며 빈궁한 자를 구제하기 위하여 정기적으로 미리 준비하여서 헌금하는 것을 힘쓰되, 은혜 받을 목적과 예배의 한

부분으로 알고 행할 것이요, 시간은 당회에서 정하여 예배 시간 중 편리한 때를 택하여 행함이 옳다.

2. 모든 신자는 예배 시에 하나님으로부터 받은 은혜를 기억하고 예배의 일부분으로서 헌금을 드려야 할 의무를 가진다.

3. 헌금은 성경이 가르치는 원리를 따라 십일조와 기타 헌금으로 구분하되 십일조는 당연한 의무이며 그 외 기타헌금 등은 자유로운 헌납이 되어야 한다.

4. 모든 입교인은 성경에 가르친 대로 소득의 십일조를 반드시 드려야 하며 이 십일조는 본 교회에 드려야 한다.

제8장 폐 회

공예배의 모든 예배는 목사의 축도(고후 13:13, 히 13:20~21, 엡 3:20~21, 살후 2:16~17, 민 6:24~26)로 하되 목사가 없는 경우는 주기도(마 6:9~13)로 폐회한다.

제9장 주일학교

1. 주일학교에서 적용하는 절차는 기도, 찬송, 성경, 신조, 교회의 교리(教理)와 헌법 등을 공부하고, 종교상 목적과 국내와 국외에 전도 사업을 위하여 헌금하는 것이니, 주일학교로 인하여 주일 공식 예배에 출석하는 것과 또한 부모가 직접 자녀 교훈하는 책임이

거리낌이 되지 않게 할 것이요 항상 당회의 관할 및 감독 아래 있어야 한다.

2. 주일학교 교장은 일정한 시간에 개회하고 시종 각 반을 살펴보아 각 반에 적당한 선생이 있으며 선생과 학생이 상당한 질서를 유지하며 학생으로 하여금 믿는 마음을 고무하여 공부에 열중하게 하는 동시에 또 경건한 태도를 가지게 해야 한다.

3. 주일학교 선생은 마땅히 자기 할 일을 위하여 성경을 연구하며 묵상하며 기도함으로 힘써 예비할지니 담임한 학생 중 아직 믿지 않는 학생이 있으면 개인으로 권면하며 심방하고 특별히 병든 때와 무슨 사고가 있을 때에 심방을 하고 위하여 하나님께 복을 빌고 시간을 엄수하여 학생들로 하여금 시간을 지키도록 장려하는 것이 요긴하다.

제10장 기도회

1. 기도할 목적으로 모이는 회도 당회의 결의대로 하되 가급적 주간 정기회로 계속 집회하며 각처에 흩어져 있는 교우들은 형편에 따라 특별히 어떠한 때를 정하여 모이게 할 수도 있다. 이와 같은 회는 목사나 당회 회원이나 혹 교회에 상당한 자격이 있는 형제가 인도할지니 기도, 찬송, 성경 낭독과 간단한 권면으로 행할 것이다.

2. 각 교우로 기도하게 하되 경건히 하고 너무 지루하게 하지 않도록 권면할 것이다.

제11장 성 례

기독교의 성례는 성경의 원리를 따라 세례와 성찬뿐이다. 성례는 그리스도께서 그분의 교회에 제정하신 거룩한 예식인데, 은혜언약 안에 있는 자들에게 그리스도의 은혜를 공급하고 나타내기 위한 것이다. 이는 또한 그들의 믿음과 다른 모든 은혜들을 강화하며 증진시키고, 그들로 하여금 순종하게 하는 것이며, 그들 상호 간의 사랑과 교제를 증거하고 귀히 간직하게 하며, 그들을 그리스도 밖에 있는 이들과 구별하게 한다.

1. 세례

세례는 성부와 성자와 성령의 이름으로 물로써 씻는 거룩한 예식인데, 이로써 우리가 그리스도에게 접붙여짐과 은혜언약의 모든 은총에 참여함과 우리가 주님의 소유가 되기로 약속함을 인치며 공포하는 것이다. 세례는 그리스도에 대한 믿음과 순종을 고백할 때까지는 교회 밖에 있는 어느 누구에게도 베풀어서는 안 된다.

  (1) 신앙이 독실하고 학습인으로 6개월간 근실히 교회에 출석하면 세례 문답할 자격이 있다.
  (2) 세례는 반드시 합법적으로 안수를 받은 목사가 행하여야 한다.
  (3) 세례는 교회 안에서 모든 회중을 증인으로 하고 공교회 예배 시 베풀어야 한다. 단, 특별한 경우, 교회에 출석할 수 없는 중환자나 군대 또는 교도소에서 세례를 받기를 원하는 자와 같은 경우는 목사의 판단이나 당회의 결의로 베풀 수 있다(유아세례의 경우도 이에 준한다).
  (4) 세례를 베풀기 전에 당회는 세례 받을 자에 대한 충분한 교육과

문답으로 신앙고백과 서약을 받아야 한다.
(5) 세례를 베풀 때에는 교회 앞에서 다음과 같이 서약을 하게 한다.
① 그대들은 하나님 앞에 죄인인 줄 알며 당연히 그의 진노를 받을 만하고, 그의 크신 자비하심에서 구원 얻는 것밖에 소망이 없는 자인 줄 아십니까?
② 그대들은 주 예수 그리스도가 하나님의 아들 되심과 죄인의 구주 되시는 줄을 믿으며, 복음에 말한 바와 같이 구원하실 이는 오직 예수뿐이신 줄 알고 그를 받으며 그에게만 의지하겠습니까?
③ 그대들은 지금 성령의 은혜만 의지하고 그리스도를 좇는 자가 되어 그대로 힘써 행하며, 모든 죄를 버리며 그의 가르침과 모범을 따라 살기로 작정하며 서약합니까?
④ 그대들은 이 교회의 관할과 치리에 복종하고 그 청결과 화평함을 이루도록 힘쓰기로 서약합니까?
(6) 서약 후에 목사는 물을 그 머리 위에 끼얹으면서 「주 예수를 믿는 ○○○ 씨에게 내가 성부와 성자와 성령의 이름으로 세례를 주노라」 하면 회중도 다 함께 「아멘」 하여야 한다.
(7) 세례를 베푼 후 목사는 기도하고 다음과 같이 공포하여야 한다.
「○○○ 이상 여러분은 대한예수교장로회 ○○교회의 세례교인이 된 것을 성부와 성자와 성령의 이름으로 공포하노라 아멘」

2. 유아세례, 어린이 세례

(1) 만 6세까지 유아(幼兒)세례를, 만7세부터 13세는 어린이 세례를 줄 수 있으되, 부모 중 한 편만이라도 세례교인이면(혹은 입교인이면) 줄 수 있고, 부모의 부재 시 당회의 허락으로 가능하다.

(2) 세례는 교회 안 모든 회중 앞에서 베푸는 것이 통례이다.
(3) 자기 자녀가 세례 받기를 원하는 자는 그 뜻을 목사에게 예고하고 그 부모 중 한 사람이나 혹 두 사람이 다 그 세례 받을 어린이를 데리고 온다.
(4) 세례 베풀기 전에 목사는 성례에 관한 성질과 소용과 이 예식의 목적을 다음과 같은 예사(例詞)로 설명한다.

　　이 예식은 그리스도께서 세우신 것이니 믿음으로 의롭다 하심을 얻은 인증(印證)이다. 구약 때에 아브라함의 자손이 할례를 받는 특권이 있던 것과 같이 복음의 은혜 아래 있는 성도의 자손에게 이 예식 행하는 특권이 있으니 그리스도께서 만국 백성에게 명하사 세례를 받으라 하셨고 어린이들에게 축복하사 천국의 백성은 이와 같다 하셨으며 복음의 허락은 성도와 및 그 집안에 미친다 하셨고 사도들도 이와 같이 집안 세례를 베풀었으니 우리의 성품은 죄과로 더럽게 된 것을 인하여 반드시 그리스도의 피로 씻으며 성령의 권능으로 성결함을 얻어야 한다고 할 것이다.

　　목사는 또한 다음과 같이 그 부모를 권면하여 삼가 부모의 직분을 다하라 하되 하나님의 말씀으로 자기의 자녀를 가르치며 신구약 성경에 가르친 거룩한 종교의 원리대로 가르칠 것이니 이 원리의 요령은 우리 교회 신경과 대·소요리문답에 간단히 가르쳤은즉 이 모든 책은 부모의 직분을 도와주는 것이다. 자녀를 위하여 기도하며 친히 그 자녀와 함께 기도하며 이 아이 눈앞에 충성함과 경건함의 본을 보이고 하나님의 주시는 힘을 얻어 진력하여 주의 성품과 훈계 안에서 자라게 할 것이다.

(5) 목사는 다음과 같이 묻는다.
① 그대는 이 아이를 예수 그리스도의 피로 씻음과 성령의 새롭

게 하는 은혜의 필요를 인식하십니까?

② 그대는 이 아이를 위하여 하나님의 언약의 허락을 앙모하며 자신의 구원을 위하여 진력하는 것과 같이 이 아이도 주 예수 그리스도를 신뢰함으로 구원 얻을 줄 믿으십니까?

③ 그대는 지금 완전히 이 아이를 하나님께 바치며 겸손한 마음으로 하나님의 은혜를 의지하며 친히 경건한 본분을 이 아이에게 보이기를 진력하며 이 아이를 위하여 기도하며, 이 아이와 함께 기도하며 우리 거룩한 종교의 도리를 가르치며 하나님의 지시하신 모든 기관에서 전력하여 이 아이를 주의 양육과 교훈에서 자라게 하기를 서약하십니까?

(6) 그 후에는 이 예식에 대하여 목사가 축복하는 기도를 올리고 아이의 이름을 불러「성부와 성자와 성령의 이름으로 세례를 주노라 아멘」할 것이다.

목사가 이 말을 하면서 물론 그 아이의 머리에 세례를 주고 기도를 마친다.

세례는 회중 앞에서 베푸는 것이 당연하나 특별한 경우에는 다른 곳에서도 행할 수 있으니 목사가 그 일에 대하여 결정한다.

3. 입교

(1) 교회 교우에게서 출생한 자녀로 유아세례를 받은 아이는 교회의 권고와 치리 아래 있고 글을 가르치며 요리문답과 사도신경과 주기도문을 독습하게 하며 기도하는 것과 죄를 미워하는 것과 하나님을 경외하며 주 예수 그리스도를 사랑하고 순종하는 것을 가르칠 것이요, 성년(成年)이 된 후에는 힘써 권고하여 출생하면서부터 교회의 교우 된 것을 알게 하고 개인으로 그리스

도를 믿고 사람 앞에서 증거하며 성찬 참여함을 청원하는 것이 자기의 의무와 특권임을 기억하게 한다.
(2) 유아세례나 어린이세례를 받은 자가 만14세 이상이 되면 입교 문답할 연령이 된다.
(3) 세례 받지 아니한 성인이 입교하려고 하면 하나님을 아는 것과 충성함에 대하여 만족한 증거를 나타내고 교회 공중 앞에서 자기의 신앙을 고백하게 한 후에 세례를 주는 것이 통례이다.
(4) 유아세례 받은 자가 당회 허락을 받아 성찬에 처음 참여할 때에 정식으로 교회 앞에서 자기의 신앙을 고백함이 옳으나 그 사람은 출생 때부터 교회의 특별한 관계있는 것을 명백히 인식하게 할 것이다.
(5) 입교 문답은 아래와 같이 한다.
① 성년이 되어 공식 선언하는 날에 당회의 허락을 얻어 교회에 입회하는 자들이 회중 앞에 서면 목사는 그 사실을 아래와 같이 말한다.

「유아세례를 받음으로 어린 때부터 교인이 되고 언약의 허락에 대하여 후사(後嗣)가 되어 그 부모의 엄중한 맹세로 하나님께 바친 중에 ○○○ 씨가 지금 믿음의 권속 중에서 자기 유업에 관한 책임과 특권을 부담할 자 되기를 원하므로 당회가 그리스도를 믿는 것과 성찬에서 주의 몸을 분별하는 지식을 문답하여 허락하였습니다」

② 유아 때 세례를 받은 자가 그 자리에 참여하였거든 목사가 설명하기를

「세례는 우리를 그리스도에게 접붙임과 주와 합하는 표와 인치는 것이니 세례를 받고 하나님의 교회에 입교하기

를 원하는 ○○○ 씨를 당회가 거룩하신 은혜 받은 일에 대한 저희의 경력과 그리스도를 받은 일을 살펴 인정하였으므로 지금 성도와 동반(同班)되는 것을 환영하며 감사히 여기는 바입니다」할 것이다.

③ 그 다음에는 목사가 이상 2항에 선서하는 자에게 다음과 같이 말하나니

「공식으로 신앙 고백을 하려고 이 자리에 참여한 그대들은 다음의 선언과 허락을 승인하여 하나님과 그의 교회로 더불어 엄중한 언약을 맺는 줄 알아야 할 것입니다」

ㄱ) 그대들이 하나님 앞에 죄인인 줄 알며 당연히 그의 진노를 받을 만하고 그의 크신 자비하심에서 구원 얻을 것밖에 소망이 없는 자인 줄 아십니까?

ㄴ) 그대들이 주 예수 그리스도가 하나님의 아들 되심과 죄인의 구주 되시는 줄 믿으며 복음에 말한 바와 같이 구원하실 이는 다만 예수뿐이신 줄 알고 그를 영접하며 그에게만 의지하겠습니까?

ㄷ) 그대들이 지금 성령의 은혜만 의지하고 그리스도를 좇는 자가 되어 그대로 힘써 행하며 모든 죄를 버리며 그의 가르침과 모범에 따라 살기를 작정하며 허락하십니까?

ㄹ) 그대들이 교회의 관할과 치리를 복종하고 그 청결하고 화평함을 이루도록 힘쓰기로 허락하십니까?

그 다음에 엄중한 의무와 요긴한 것을 담부한 자들에게 간단히 권면하고 목사가 기도하고 공포함으로 폐회한다.

(6) 다른 교회에서 이명 증서를 가지고 온 자는 그 성명을 교회에 공포하고 그 신덕과 사랑을 소개한다.

4. 학습

(1) 연령이 만 14세 이상이 되고 믿은 지 6개월이 경과되어 신앙이 독실한 자는 학습인 고시를 받을 자격이 있다.

(2) 학습 서약문

① 천지만물을 창조하시고 홀로 주장하시는 하나님을 성심으로 신봉하십니까?

② 예수님은 우리 죄를 대속하신 구주이심을 믿습니까?

③ 하나님의 말씀인 성경을 힘써 배우며 그대로 지키기를 힘쓰겠습니까?

④ 주일을 거룩히 지키며 힘써 기도하기로 작정하십니까?

(3) 교회가 시행하는 성례식 시간에 학습교인이 된 것을 공포한다.

「○○○ 등 이상 ○명은 대한예수교장로회 ○○교회의 학습교인이 된 것을 성부와 성자와 성령의 이름으로 공포하노라 아멘」

5. 성찬 예식

(1) 성찬에 참여할 자격은 입교인(세례교인)으로 한다.

(2) 성찬을 종종 베푸는 것이 좋으나 1년에 몇 회를 거행하든지 각 교회 당회가 작정하되 덕을 세우기에 합당한 대로 정한다.

(3) 교리를 깨닫지 못하는 자와 교회를 부끄럽게 하는 자는 성찬에 참여할 수 없다.

(4) 성례를 시행하려 할 때는 교회에 공식 광고를 함이 당연하니 적어도 1주일 전기(前期)하여 광고하되, 모든 성도로 하여금 성찬의 성질을 알게 하며 예비하게 하여 합당한 마음으로 이 성연(聖宴)에 참석하게 할 것이다.

(5) 설교를 마친 후에는 목사의 할 일이 이러하니

「이는 그리스도께서 세우신 예식이라」하고 편의대로 복음 중에서나 고린도전서 11장에서 이 예식에 관한 말씀을 낭독하고 설명하여 실제 유익을 말하되

「이는 그리스도를 기념하여 그의 재림하시기까지 그 죽으심을 기억하게 하는 예식이니 자기 백성에게 힘을 주사 죄를 대적하게 하며 모든 고난에서 저희를 견고하게 하심과 저희를 장려하고 격발하여 책임을 감당하게 하며 사랑과 열심으로 저희를 감화하며 믿음과 거룩한 주의를 일으키게 하며 양심의 평안함과 소망을 확정하게 하는 데 무한한 유익이 된다」할 것이다.

성령을 거스르는 자와 교리를 모르는 자와 교회를 부끄럽게 하는 자와 무슨 은밀한 중에서 짐짓 범죄한 자들을 경계하여 참여하지 못하게 하고 한편으로는 죄에 빠져 할 수 없는 형편인 줄로 깨달아 죄 사함과 하나님의 허락하심을 얻기 위하여 그리스도의 구속하심을 의뢰하는 자와 복음의 도리를 학습하고 주의 몸을 분별하는 완전한 지식이 있는 자와 저들의 죄를 끊어 버리며 거룩하고 경건한 생활을 하고자 작정하는 자들로 참여하게 한다. 주의 정하신 대로 이 성례는 성도의 연합함을 나타냄이니 목사는 이 예식을 시작하기 전에 참 종교를 신종하는 무리와 다른 예수교 무흠한 입교인으로 이 예식에 참여하게 할 것이요 세례인이 아니라도 이 예식 끝까지 특별히 머물러 있으라 청함이 옳다.

(6) 성찬을 설비한 상은 단정히 덮고 떡과 포도즙을 예비한 후 참여할 신자의 자리를 정돈하여 장로는 편리한 장소에 있게 하고 목사가 감사와 기도를 함으로 떡과 포도즙을 성별한 후에 목사가 떡을 취하여 사람 앞에서 떼며 가로되「주 예수 그리스도께서

잡히시던 날 밤에 떡을 취하며 축사하시고 떼어 주셨으니」 나도 지금 그의 이름으로 이 떡을 나누어 주니 받아 먹으시오. 주께서 가라사대 「이것은 나의 몸이라 너희를 위하여 준 것이니 너희는 이것을 행하여 나를 기념하라」 하셨다 하고, 장로에게 주어 나누게 한 후에 또 잔을 들고 말하기를 우리 구주께서 또 한 잔을 가지사 축사하신 후에 제자에게 주시며 가라사대 「이 잔은 나의 피로 세운 새 언약이니 많은 사람의 죄 사함을 위하여 흘림이라 이것을 행하여 마실 때마다 나를 기념하라」 하셨다 하고 전과 같이 장로에게 주어 나누게 한다.

    수찬 순서는 모든 교우가 받은 후에 목사가 받고 그 다음에 목사가 장로들에게 주는 것도 합당하며 목사가 먼저 받고 다음에 교우가 받고 그 다음에 목사가 장로에게 주는 것도 좋다.

(7) 신자마다 각각 주로 더불어 약조하는 가운데서 행할지니 이 성찬을 분배하는 동안은 조용히 묵상하며 감사하며 간구하며 기도한다.

(8) 목사는 몇 마디로 성찬에 참여한 회원에게 성찬의 의미를 깨우치도록 권면할 수 있으니 이 예식에서 예수로 말미암아 보여 주신 하나님의 은혜와 자기가 하나님의 사랑으로 마땅히 행할 의무를 말하며 저희의 부르심을 입은 바 그 거룩한 직분을 만족히 행하며 저희가 이미 그리스도 예수를 주로 받았으니 마땅히 조심하여 그 안에서 행하며 착한 일을 행하도록 권면함이 옳다.

    목사는 또한 방청하는 자들에게도 권면하는 말을 하여 다음과 같이 주의시키는 것이 옳다.

    「믿을 본분을 가르치고 그리스도를 순종하지 아니하면 거룩한 예식을 경홀히 여기는 가운데 생활함으로 저희 죄 되는 것과 위태한 것을 말하고 권면하여 후일 성례에 참여할 수 있도록 힘껏 준비하라」고 권한다.

　그 다음에는 목사가 기도하되 이 성례로 말미암아 풍성하신 은혜와 무한한 자비를 하나님께 감사하고 이 예식 행한 가운데 결점 된 일이 있으면 이를 용서함을 받기를 간구하며 저희의 몸과 행실을 받으시기를 위하여 기도하며 성령의 은혜로 도와주심을 입어 주 예수 그리스도를 받으며 그 안에서 행하며 저희로 하여금 이미 받은 것을 굳게 잡으며 저희의 면류관을 빼앗을 자가 없게 하며 저희의 언행이 복음에 합하게 하며 저희가 항상 예수의 죽으심을 몸에 짊어져 예수의 사시는 것도 저희의 육체에 나타나게 하며 사람 앞에 저희 빛을 비추어 사람으로 하여금 저희 선행을 보고 하늘에 계신 저희 아버지께 영광을 돌리게 하기를 빌 것이다.

　빈궁한 자나 혹 그 밖의 영적 사업을 위하여 이때에 헌금하되 그 순서는 당회의 결의로 정한다.

　그 다음에는 시와 찬송을 부르고 아래와 같은 축복 기도나 혹 다른 축복 기도로 폐회한다.

　「양의 큰 목자 되신 우리 주 예수를 영원한 언약의 피로 죽은 가운데서 이끌어 내신 평강을 주신 하나님이 모든 착한 일에 너희를 완전하게 하여 자기의 뜻을 행하게 하시고 그 앞에 즐거움을 예수 그리스도로 말미암아 우리 마음에 이루시기를 원하노라 영광을 세세에 돌릴지어다 아멘」

(9) 어떤 지방 교회에서는 성찬 베풀기 전기에 금식을 행하는 습관도 있으니 이와 같은 때는 주일 외에 토요일과 월요일에 두세 목사를 청하여 강도회를 회집하여 큰 은혜를 받는 일이 많고

목사들이 더욱 친밀히 연합되는 힘이 나나니 이와 같이 하는 것을 옳지 않다 아니하고 원하는 대로 그 풍속을 따라 하라.

제12장 혼례식

1. 혼례는 성례도 아니요 그리스도 교회에만 있는 것도 아니나 하나님의 세우신 신성한 예법이다.

2. 성도들은 마땅히 주 안에서 결혼할 것이니 혼례에 특별한 훈계와 적당한 기도로 행하기 위하여 목사나 그 밖의 교역자로 주례(主禮)하게 함이 옳다.

3. 혼인은 다만 1남 1녀로 하고 성경에 금한 혈족과 친족 범위 안에서는 못한다.

4. 남녀가 각각 상당한 나이에 도달하여야 할지니 부모나 후견자의 동의를 얻고 목사 앞에 증명한 후에야 목사가 주례한다.

5. 부모는 그 자녀의 혼인을 강제로 하지 말며 또한 저희의 혼인을 상당한 이유 없이 금지하지 말라.

6. 혼인은 공동한 성질을 가진 것이다. 국민 사회의 복리와 가족상 행복과 종교상 명예에 깊은 관계가 있다. 그러므로 그 혼인 예식 거행할 일을 여러 날 전에 작정하고 널리 공포한다.

　목사들이 이 일에 깊이 주의하여 하나님의 법을 범함과 국가의 법률에 저촉함이 없도록 하며 가정의 화평과 안위를 손상하지 않기 위하여 이 혼인에 반대되는 것이 없다 하는 쌍방의 증명을 요한다.

7. 혼인은 충분한 증인의 앞에서 행할 것이며 목사는 그 요구를 따라 혼인 증서를 준다.

8. 목사는 성례한 자의 씨명과 날짜를 혼인 명부에 상세히 기록하여 후일 요구하는 자의 열람에 편리하도록 한다.

9. 부부간 일방이 별세한 후에 재혼하려면 별세한 후 6개월이 지나야 한다.

제13장 장례식

1. 장례 때에 마땅히 행할 예식은 적당한 시나 찬송을 부르고 합당한 성경을 낭독하고 목사가 생각한 대로 합당한 설명을 하고 특별히 비참한 일을 당한 자로 하나님의 은혜를 받게 하며, 저희의 슬픔이 변하여 영원한 유익이 되게 하며 저희가 보호하심을 받아 비참한 가운데서 위로함을 받게 기도한다.

2. 이 장례식은 주례 목사의 의견대로 하는 것이 많으나 그 주요한 뜻을 잃지 말지니 경계함과 훈계함과 생존자 위로함을 주의하고 하나님의 말씀을 오용(誤用)하여 신앙 없이 생활하다가 별세한 자도 복음의 소망이 있다고 하는 일이 없도록 주의하여야 한다.

3. 부모상에 상복은 소복을 입고 양복인 경우에 흰 상장을 가슴이나 왼편 팔 위에 붙인다.

4. 복기(服期)는 부부상(夫婦喪)에서 6개월 간으로 한다.

5. 시신을 입관할 때에 관 안에 고인의 성경과 찬송가를 넣거나 또는 불에 태우는 일은 옳지 않고 잘 보관하여 고인을 추도함이 정당하다.

6. 별세자의 무덤이나 관 앞에 촛불을 켜거나 향을 사르거나 배례하는 일은 금한다.

제14장 금식일과 감사일

1. 금식일과 감사일은 성경에 밝힌 바 없으나 형편에 따라 지킴이 성경 교훈에 합당하다.

2. 금식일과 감사일은 성도 개인이나 혹 한 가족이 사사로이 지키는 일도 있고 혹 한 지교회나 혹 친밀히 교제하는 교회의 교우들끼리 지키는 일도 있고 한 노회의 관하에 있는 모든 교회나 전국 교회가 지키는 일도 있다.

3. 금식일과 감사일은 편리한 때에 미리 공포하여 교우들로 하여금 육신의 일을 정돈하여 놓고 이날에 저희의 직분을 다하도록 준비하게 한다.

4. 이와 같은 날에는 공식 예배를 드리는 것이 옳으니 시나 찬송을 부르고 성경을 낭독하며 설교하되 모두 그날에 적용하게 한다.

5. 금식일에는 목사가 이날 지키는 일에 대한 이유와 특별한 형편을 설명한다. 이와 같은 때는 보통 예배일보다 시간을 넉넉히 하여 간절한 기도와 특별한 자복을 하며 종일토록 하나님 앞에서 통회하는 마음으로 지낸다.

6. 감사일에도 또한 목사가 이날 지키는 일에 대한 이유와 특별한 형편을 설명하되 시와 찬송을 부르며 감사를 돌려 그 시기에 적당하도록 한다. 이와 같은 날에는 거룩하며 쾌락한 마음으로 지내는 것이 당연하되 연락(宴樂)하는 중에서도 경외하는 마음으로 지낸다.

제15장 은밀 기도와 가정 예배

1. 교회 안에서 공식 예배를 드리는 것 외에 개인이 은밀히 기도하는 것과 한 가족이 사사로이 하나님께 경배하고 기도하는 것이 없지 못할 당연한 본분이다.

2. 은밀 기도는 우리 주께서 명백히 명령하신 것이니 사람마다 당연히 시간을 정하여 사사로이 기도하며 성경을 읽으며 거룩하게 묵상하며 엄숙히 자기를 살펴볼지니 이와 같이 진실한 마음으로 행하는 사람들이 그 유익이 많은 것을 증명한다.

3. 가정 예배는 집집마다 행할지니 아침저녁으로 기도하며 성경을

읽으며 찬송함으로 한다.

4. 인도하는 이는 이 직분을 거행하되 마땅히 주의하여 모든 권속으로 하여금 참여하게 하고 시작부터 끝까지 한 사람이라도 불참하는 일이 없도록 하며 성경을 읽을 때에 모든 보통 사무를 중지하고 엄숙히 예배하되 기도하며 찬송할 때와 같이 조심한다.

5. 인도하는 이는 마땅히 주의하여 기독교의 원리로 그 자녀와 집 사람을 가르치고 적당한 기회를 얻는 대로 이 일을 힘쓸지니 그러므로 주일에는 구제할 목적이나 부득이한 경우 외에는 벗을 심방하거나 손님을 청하는 등 방해되는 일체 행사를 금지한다.

제16장 시 벌

1. 교회의 책벌은 그 범과의 성질에 의하여 합당하게 베풀지니 개인 자신에 관한 죄 같으면 혹 재판석에서 비밀히 책벌하든지 혹 본 치리회 회원 2, 3인을 파송하여 대표로 시벌한다. 뚜렷이 범한 죄 같으면 본 치리회 공개석에서 책벌하거나, 혹 교회 앞에서 공포한다. 드러난 죄라도 이상한 형편이나 특별한 이유가 있어 그 성질이 과히 중하지 아니한 때는 비밀히 권계하든지 혹 유기(有期) 책벌을 한다. 그러나 만일 무기(無期) 책벌이면 흔히 교회에 공포할 것이요 출교 및 면직은 교회 앞에서 직접 본인에게 언도하거나 혹 본 치리회의 의결대로 교회에 공포만 한다.

2. 교회 회원이나 직원이 당연히 벌을 받을 만한 범과가 있으면 본

치리회는 자비한 마음으로 그 일을 판단하고 온유 겸손한 뜻으로 그 사람을 경계하도록 하되 또 자성(自省)하여 자기도 유혹됨이 없도록 주의하여야 한다.

3. 권계는 고범(故犯)이 아니요, 또 비밀에 속한 경우에 본 치리회가 1, 2회원을 파송하여 비밀히 권계할 수 있으나 만약 그 과실이 발각될 때는 회장이 심판석에서 권계하고 또 공개회에 공포하는 것이 상례(常例)이다.

4. 유기 책벌은 다른 사람에게 감계(鑑戒)되는 벌인즉 본 치리회 공개 때에 본인에게 언도하든지 교회에 공포한다.

5. 무기 책벌은 심히 신중한 태도로 하되 그 범과자로 하여금 살아 계신 하나님 교회의 성례에 참여하지 못하는 처지에 있으므로 자기의 위태한 정형에 있음을 깨닫게 하며 성령의 감동하심으로 회개함을 얻도록 한다. 치리회에서 판결한 후에는 회장이 다음과 같이 범죄자에게 언도한다.

「지금 ○○ 씨는 (목사나 장로나 집사나 보통 교인) ○○죄(죄명)를 범한 분명한 증거가 있으므로 노회(혹 당회)는 주 예수 그리스도의 이름과 그 직권과 그의 명의로 형제가 완전히 회개하여 만족한 증거를 나타내기까지 교회의 성찬에 참여하지 못하게 직분 시무 정지된 것을 언도한다」할 것이다.

필요한 줄로 생각하는 때는 합당한 권고나 권계를 하고 전능하신 하나님이 이 권징한 것으로 복이 되기 위하여 기도함으로 폐회한다.

6. 출교하기를 결의한 후에는 당회 회장이 교회 앞에서 그 범죄한 형제를 심사한 전말을 공식으로 선언하고 교회 안에 둘 수 없는 사유를 설명한 후 마태복음 18:15~18, 고린도전서 5:1~5 교훈에 의거하여 부정한 교인을 출교할 만한 권이 있는 것을 보이고 이 벌의 성질과 유익과 결과를 설명하고 교우로 하여금 이 중대한 벌 아래 있는 자로 어떻게 교제할 것을 경계하여 가르치고 다음과 같이 사실을 선언한다.

「지금 이 교회의 회원 ○○ 씨는 ○○죄(죄명)를 범한 증거가 충분하여 여러 번 권고하고 기도하였으나 고집하여 교회의 권면을 듣지 않고 회개하는 증거를 나타내지 않으므로 주 예수 그리스도의 이름과 그의 직권으로 본 당회는 그로 성찬에 참여하지 못하며 성도 중에 교제가 단절됨을 선언하노라」 한다.

그 후에는 하나님께 기도하여 출교당한 자로 하여금 죄를 깨닫고 회개하게 하며 또한 모든 진실히 믿는 사람들의 덕을 세우는 데 유익이 되기를 구한다.

「본 노회의 목사(혹 본 교회의 장로, 집사) ○○ 씨는 ○○죄의 충분한 증거가 드러났기로 ○○노회(혹 당회)는 심사한 결과 ○○ 씨는 그리스도 교회의 목사(혹 장로, 집사)직을 행하는 것이 만만부당(萬萬不當)한 줄 확인하므로 지금 주 예수 그리스도의 이름과 그 직권으로 ○○ 씨의 목사(장로, 집사)직을 파면하고 또 그 직분 행함을 금한다」

만일 그 선언이 책벌 혹 출교까지 포함된 때는 회장은 계속하여 말하기를

「우리는 또한 같은 직권으로 ○○ 씨는 진실로 회개의 만족한 증거를 나타내기까지 교회의 성찬 참여 거절(출교할 때에는 성찬 참여

거절, 성도 교제 단절)을 공포하노라」 할 것이요 면직 선언도 전조 출교 선언과 같이 엄중히 할 것이다.

제17장 해 벌

1. 교회 치리자들은 수찬 정지를 당한 자와 자주 교제하고 그로 더불어 같이 기도하며 그를 위하여 기도할 것이다.

2. 치리회에서 어느 책벌한 자의 회개의 진상을 만족히 아는 때는 본 치리회 결의에 의하여 그로 본 치리회 앞에서나 교회 공석에서 자복하게 하고 교회의 성례에 다시 참여하는 권을 회복하여 혹시 복직할 수 있다. 이와 같은 본 치리회가 그에게 아래와 같이 선언한다.
「지금 성찬에 참여함을 정지당한 자(복음 선전하는 목사직, 장로직, 집사직, 정직당한 자) ○○ 씨는 이제 회개하는 증거를 나타내어 교회를 만족하게 하므로 본 당회(노회)는 주 예수 그리스도의 이름과 그 직권으로 그대를 해벌하고 교회 예전에 참여하는 것을 회복(직분 있던 자는 혹 복직하고 그 직에 대한 일체 권리 회복)하여 준다」 하고 후에는 기도와 감사를 올린다.

3. 출교당한 교인이 회개하고 교회에 다시 들어오기를 원하는 때는 당회는 그의 진실한 회개의 만족한 증거를 얻은 후에 허락할지니 이 일을 행하려면 당시 회장 된 목사는 그 본 교회에 해벌하는 이유와 당회에서 결의된 것을 공포한다. 회복하여 주기로 정한 때에는 출교당한 교인을 청하여 교회 앞에서 아래와 같은 문답을 한다.
(문) 그대가 하나님을 배반하여 거역하는 죄와 그의 교회를 해한 큰

죄를 단마음으로 자복하고 출교한 것이 공평하고 자비함으로 행한 줄 아느뇨?

(답) 예

(문) 지금은 그대의 죄와 고집한 것을 위하여 진실한 회개와 통회함을 원하는 마음으로 고백하며 겸손한 마음으로 하나님과 그의 교회의 용서하심을 구하느뇨?

(답) 예

(문) 하나님의 은혜를 힘입어 겸비한 마음과 근심 중에 살기를 허락하며 힘써 우리 구주 하나님의 교훈을 빛나게 하며 그대의 언행을 복음에 합당하도록 힘써 행하겠느뇨?

(답) 예

그 다음에는 목사가 통회한 자에게 적당한 권면을 하고 위로하며 아래와 같이 회복하는 선언을 공포한다.

「지금 성도와 절교되었던 ○○ 씨는 만족할 회개를 나타내었으므로 주 예수 그리스도의 명의와 그의 직권으로 우리 본 교회 당회는 전날 선언한 출교를 해제하여 영원한 구원을 성취하게 하며, 주 예수의 모든 은혜를 동참하게 하기 위하여 교회와 교통하는 권을 회복하게 하노라」 하고 기도와 감사로 폐회한다.

4. 면직을 당한 자가 전 항과 같이 공식 자복과 문답을 하였으면 임직식을 받는다.

5. 정직한 목사를 복직하며 면직한 자를 임직할 때는 노회는 극히 근신하여 행할 것이나 수찬 정지를 명하였으면 수찬을 허락하고 얼마 후에는 그 사람의 회개의 진실 여부와 유용한 희망 여부를 시험

하기 위하여 임시 강도권을 허락하고 그 후에 비로소 복직 및 임직을 행할 것이나 이 선언을 완전히 하기까지는 유예 중에 있다.

6. 면직되었던 장로나 집사가 복직되었으나 그 교회에서 다시 피선되지 못하면 시무하지 못한다.

7. 벌 아래 있는 교인이 그 벌 당한 치리회 소재지에서 먼 거리 되는 지방에 옮길 때에 회개함을 선언하고 회복함을 얻기 원하는 때는 본 치리회 결의의 등록을 날인하여 그 회에 교부할 수 있고 그 회는 자체가 처벌한 자와 같이 해벌한다.

부록 I

신도게요

신 도 게 요

제 1 장 성경에 관하여 ································ 278
제 2 장 하나님과 성 삼위일체에 관하여 ············ 283
제 3 장 하나님의 영원한 작정에 관하여 ············ 286
제 4 장 창조에 관하여 ································ 289
제 5 장 섭리에 관하여 ································ 290
제 6 장 사람의 타락, 죄, 형벌에 관하여 ············ 293
제 7 장 사람과 맺으신 하나님의 언약에 관하여 ··· 295
제 8 장 중보 그리스도에 관하여 ····················· 297
제 9 장 자유 의지에 관하여 ·························· 302
제10장 유효 소명에 관하여 ·························· 303
제11장 칭의에 관하여 ································ 305
제12장 수양에 관하여 ································ 307
제13장 성화에 관하여 ································ 308
제14장 구원적 신앙에 관하여 ······················· 309
제15장 생명에 이르는 회개에 관하여 ·············· 311
제16장 선행에 관하여 ································ 312
제17장 성도의 견인에 관하여 ······················· 316

제18장 은혜와 구원의 확신에 관하여	317
제19장 하나님의 율법에 관하여	319
제20장 그리스도인의 자유와 양심의 자유에 관하여	323
제21장 종교적 예배와 안식일에 관하여	325
제22장 합법적 맹세와 서원에 관하여	329
제23장 국가적 위정자에 관하여	331
제24장 결혼과 이혼에 관하여	334
제25장 교회에 관하여	335
제26장 성도의 교통에 관하여	337
제27장 성례에 관하여	338
제28장 세례에 관하여	340
제29장 주의 만찬에 관하여	342
제30장 교회의 책벌에 관하여	345
제31장 지방 회의들과 총회의들에 관하여	346
제32장 사람의 죽은 후 상태와 죽은 자에 관하여	347
제33장 최후 심판에 관하여	348

제1장 성경에 관하여

1. 본성의 빛과 또 창조와 섭리의 일들이 하나님의 선과 지혜와 권능을 나타내어 사람이 핑계할 수 없게 하나,⁽¹⁾ 그것들이 구원에 필요한 하나님과 그의 뜻에 관한 지식을 충분히 주지는 못한다.⁽²⁾ 그러므로 주께서는 여러 때에 여러 방식으로 자기의 교회에 대하여 자신을 계시하시며 자기의 뜻을 선언하시는 것을,⁽³⁾ 그리고 후에는 진리를 더 잘 보존하시고 전파하시며, 또 육체의 부패와 사단과 세상의 악에 대항하여 교회를 더 견고하게 설립하시고 위안하시기 위하여 그 동일한 진리를 전부 기록에 맡기시기를 기뻐하셨다.⁽⁴⁾ 이것이 성경을 가장 필요한 것으로 만드니,⁽⁵⁾ 하나님께서 그의 백성에게 그의 뜻을 계시하신 이전의 방법은 지금 정지되었다.⁽⁶⁾

    (1) 롬 1:19~20, 2:14~15, 1:32
    (2) 고전 1:21, 2:9~14, 행 4:12, 롬 10:13~14
    (3) 히 1:1~2, 갈 1:11~12, 신 4:12~14
    (4) 눅 24:27, 딤후 3:16, 벧후 3:15~16
    (5) 눅 16:29~31, 히 2:1~3, 딤후 3:15~16, 벧후 1:10
    (6) 이 진술은 주로 교회의 경험과 관찰로부터 인출되나, 성경으로부터 추론될 수도 있다(눅 16:29, 요 20:29, 31).

2. 성경 즉 기록된 하나님의 말씀의 명칭 아래 현재 구약과 신약의 모든 책들이 포함되어 있으니, 그 책들은 다음과 같다.

구약

창세기	출애굽기	레위기
민수기	신명기	여호수아
사사기	룻기	사무엘상
사무엘하	열왕기상	열왕기하
역대상	역대하	에스라
느헤미야	에스더	욥기
시편	잠언	전도서
아가	이사야	예레미야
예레미야애가	에스겔	다니엘
호세아	요엘	아모스
오바댜	요나	미가
나훔	하박국	스바냐
학개	스가랴	말라기

신약

마태복음	마가복음	누가복음
요한복음	사도행전	로마서
고린도전서	고린도후서	갈라디아서
에베소서	빌립보서	골로새서
데살로니가전서	데살로니가후서	디모데전서
디모데후서	디도서	빌레몬서
히브리서	야고보서	베드로전서
베드로후서	요한 1·2·3서	유다서
요한계시록		

이 모든 책들은 하나님의 감동으로 된 것으로 신앙과 생활의 법칙이다.[7]

(7) 엡 2:20, 계 22:18~19, 딤후 3:16, 마 11:27

3. 보통 가경이라고 부르는 책들은 하나님의 영감으로 기록된 것이 아니므로 성경의 정경(正經)의 한 부분이 아니다. 그러므로 하나님의 교회에서 아무 권위도 갖지 못하며, 다른 인생적 기록들보다 다른 것으로, 다른 방식으로 인정되고 사용될 것이 아니다.[8]

(8) 눅 24:27, 44, 롬 3:2, 벧후 1:21. 성경의 정경은 뚜렷한 성구들에 의해 확정되지 않고 오직 예수와 그의 사도들의, 고대(古代)의 성경 사본들과 역본들의 고대 기독교인 저술가들과 교회 회의들의 증언에 의하여, 또는 성경 각 책에 전시된 내면적 증거에 의하여 확정된다.

4. 마땅히 믿고 순종해야 할 성경의 권위는 어느 사람이나 교회의 증거에 의거하지 아니하고 오직 진리 자체이시며, 저자(著者)이신 하나님에게 전적으로 의거한다. 따라서 성경은 하나님의 말씀이므로 수납되어야 한다.[9]

(9) 살전 2:13, 딤후 3:16, 벧후 1:21, 갈 1:11~12

5. 우리는 교회의 증거에 감동되며 권유되어 성경을 높이 또는 숭경하여 평가할 수 있다. 그리고 그 내용의 천적 성질(天的性質), 교리의 유효성, 문체의 장엄성, 모든 부분들의 상호 일치, 모든 영광을 하나님께 돌리려는 전체의 목적, 사람의 구원의 유일한 길의 충분한 발견, 기타 많은 비할 데 없는 우수성과 전체의 완전성은 성경이 하나님의 말씀이라는 것을 풍부히 증명하는 변론들이다. 그러나 그럼에도 불구하고 성경의 무오(無誤)한 진리와 신적(紳的) 권위에 대한 우리의 완전한

납득과 확신은 우리의 마음에서 말씀으로써 또는 말씀과 함께 증거하시는 성령의 내적 사역(內的 事役)에서 유래한다.[10]

 (10) 요 16:13~14, 고전 2:6~11

6. 하나님 자신의 영광과 인류의 구원과 신앙과 생명에 필요한 모든 것들에 관한 하나님의 전(全) 도모가 성경에 명백히 적혀 있거나, 건전하고 필연적인 귀결에 의해 그의 경륜을 성경에서 추론할 수 있다.[11] 이 성경에는 어느 때를 막론하고 성령의 새 계시에 의해서나 사람들의 유전에 의해서나 아무 것도 추가될 수 없다.[12]

 그러나 우리는 말씀에 계시된 것들을 구원에 유효하도록 이해하는 데 성령의 내적 조명이 필요하다는 것을,[13] 그리고 하나님 예배와 교회 정치에 관하여는 항상 지켜야 될 말씀의 일반 법칙에 따라 본성의 빛과 그리스도인의 분별에 의해 조정되어야 할 인생의 행동과 사회의 공통한 어떤 사정들이 있다는 것을[14] 인정한다.

 (11) 막 7:5~7
 (12) 이 진술은 성경의 충족성으로부터 나온 추론이다.
 (13) 요 6:45, 고전 2:9~10, 12
 (14) 고전 14:26, 40, 11:13~14

7. 성경에 있는 모든 것들이 그 자체에서 모두 똑같이 분명하지도 않고, 또 모든 사람에게 똑같이 명백한 것도 아니다.[15] 그러나 구원을 위해 꼭 알아야 하며, 믿고 준수해야 할 것들은 성경의 이곳저곳에 매우 명백하게 제출되고 개진되어 있어서 학식 있는 자들만 아니라 무식자들도 통상한 방편을 정당히 쓰면 충족한 이해에 도달할 수 있다.[16]

 (15) 벧후 3:16, 요 16:17, 6:60

(16) 시 119:105, 130, 행 17:11~12

8. 옛 하나님의 백성의 자국어(自國語)인 히브리어로 기록된 구약과 또 기록될 당시에 여러 민족들에게 가장 일반적으로 알려졌던 헬라어로 기록된 신약은 하나님의 직접 영감을 받았고, 그의 독특한 배려와 섭리에 의해 만대(萬代)에 순수하게 보존되어 왔으므로 신뢰할 만하다. 그러므로 모든 종교상의 논쟁점에 있어서 교회는 궁극적으로 신·구약에 호소하게 된다.[17] 그러나 이 원어(原語)들은 성경을 읽을 권리와 흥미를 가지고 하나님을 경외하며 성경을 읽고 탐구하도록 명령을 받은 모든 하나님의 백성들이 다 알지 못하기 때문에,[18] 성경은 하나님의 말씀이 모든 사람에게 풍부히 내주하여 그들로 하여금 하나님께서 받으실 만한 방식으로 그에게 예배하며 성경의 인내와 위안을 통하여 소망을 가질 수 있게 하기 위하여 성경이 접촉하는 모든 백성의 언어로 번역되어야 한다.[19]

(17) 사 8:20, 행 15:14~18
(18) 요 5:39, 딤후 3:14~15, 벧후 1:19
(19) 고전 14:6, 9, 11~12, 24, 27~28, 마 28:19~20, 골 3:16, 롬 15:4

9. 성경 해석의 정확 무오한 법칙은 성경 자체이다. 그러므로 의미가 여럿이 아니고 단 하나인 어떤 성구의 참되고 온전한 뜻에 관해서 문제가 일어날 때에는 더욱더 명백하게 말하는 다른 곳들에 의해 그 뜻을 찾아 알도록 해야 할 것이다.[20]

(20) 막 4:5~7, 12:1~7

10. 그에 의하여 모든 종교상의 논쟁들이 결정되며, 모든 회의들이

작정들, 고대 저자들의 의견들, 사람들의 교리들, 개인의 정신이 검토되어야 하는 또는 그의 선고에 우리가 희망을 거는 최고의 심판주는 다른 이가 아니라 오직 성경에서 말씀하시는 성령이시다.[21]

(21) 마 22:29, 31, 행 28:25, 눅 10:26

제2장 하나님과 성 삼위일체에 관하여

1. 오직 한 분이시며, 참되신 하나님이 계시니,[1] 그는 존재(存在)와 완전함에서 무한하시며,[2] 지극히 순수한 영이시며,[3] 볼 수 없으시며,[4] 신체도 부분들도 정욕도 없으시며,[5] 불변하시며,[6] 무량하시며,[7] 영원하시며,[8] 완전히 이해될 수 없으시며,[9] 전능하시며,[10] 지극히 지혜로우시며,[11] 지극히 거룩하시며,[12] 지극히 자유하시며,[13] 지극히 절대적이시며,[14] 또 자기의 영광을 위하여,[15] 그의 불변하며, 지극히 의로우신 뜻의 도모대로 만사를 행하시며,[16] 또 지극히 사랑하시며,[17] 은혜로우시며, 긍휼하시며, 오래 참으시며 선하심과 진리가 풍성하시며, 불의와 위범과 죄를 용서하시며,[18] 부지런히 자기를 찾는 자에게 상 주는 자이시며,[19] 또한 그의 판단에서 지극히 공의로우시고 무서우시며,[20] 모든 죄를 미워하시며,[21] 또 유죄자(有罪者)를 결단코 면죄하여 주지 않으실 것이다.[22]

(1) 신 6:4, 고전 8:4, 6, 살전 1:9, 렘 10:10
(2) 렘 23:24, 시 147:5, 왕상 8:27, 시 139편
(3) 요 4:24
(4) 딤전 1:17
(5) 눅 24:39, 신 4:15~16
(6) 약 1:17, 말 3:6

(7) 왕상 8:27, 렘 23:23~24
(8) 시 90:2, 딤전 1:17
(9) 롬 11:33, 시 145:3
(10) 계 4:8
(11) 롬 16:27
(12) 사 6:3, 계 4:8
(13) 시 115:3
(14) 사 44:6, 행 17:24~25
(15) 롬 11:36
(16) 엡 1:11
(17) 요일 4:8~10
(18) 출 34:6~7
(19) 히 11:6
(20) 느 9:32~33
(21) 합 1:13, 시 5:5~6
(22) 출 34:7

2. 하나님은 모든 생명과 영광과 선과 행복을 자기만에 또는 자기로부터 가지고 계시어,[23] 홀로 자기 안에서 또는 자기에게 전적으로 충족하셔서, 그 지으신 피조물을 수요하지도 않으시며 피조물에게서 영광을 인출하지도 않으시고, 오직 그들 안에서, 그들로 인해서, 그들에게, 또는 그들 위에 자기의 영광을 나타내실 뿐이다.[24]

그는 홀로 모든 존재의 근원이 되셔서 만물이 그에게서 나오고 그로 말미암아 그에게로 돌아간다.[25] 그리고 그는 만물 위에 지극히 주권적인 지배권을 가지시고 만물에 의해서, 만물을 위하여, 만물 위에 자기의 기뻐하시는 바를 무엇이든지 행하신다.[26] 그의 목전(目前)에는 만물이 열려 있고, 나타난다.[27] 그의 지식은 무한하고 무오하며, 또 피조물에 의존함이 없어,⁽²⁸⁾ 그에게는 무엇이든지 우연한 것이나 불확실한 것이 없다.⁽²⁹⁾

    그는 그의 모든 도모와 그의 모든 행사와 그의 모든 명령에서 지극히 거룩하시다.⁽³⁰⁾ 그에게는 천사들과 사람들과 다른 모든 피조물에게서 그가 요구하시기를 기뻐하시는 모든 예배와 봉사와 순종을 마땅히 드릴 것이다.⁽³¹⁾

    (23) 요 5:26, 행 7:2, 시 119:68, 딤전 6:15, 롬 9:5
    (24) 행 17:24~25
    (25) 롬 11:36, 사 40:12~17
    (26) 단 4:25, 엡 1:11
    (27) 히 5:13
    (28) 롬 11:33~34, 시 147:5
    (29) 사 46:9~11, 행 15:18, 엡 1:5
    (30) 시 145:17, 롬 7:12
    (31) 계 7:11~12, 계 5:12

3. 신격(神格)의 통일체에 하나의 실체(實體), 권능, 영원성을 가지신 삼위(三位)가 계시니 즉 성부 하나님, 성자 하나님, 성령 하나님이시다.⁽³²⁾
    성부는 아무 것에도 속하지 않으시고, 나지도 않으시고, 나오지도 않으시며, 성자는 성부에게서 영원적으로 나시며,⁽³³⁾ 성령은 성부와 성자에게서 영원적으로 나오신다.⁽³⁴⁾

    (32) 마 28:9, 고후 13:4, 마 3:16~17
    (33) 요 1:14, 18, 17:24
    (34) 갈 4:6, 요 15:26

제3장 하나님의 영원한 작정에 관하여

1. 하나님은 영원 전부터 가장 지혜로우시며, 가장 거룩한 자기 뜻에 도모로 되어갈 일을 무엇이든지 자유롭게 또는 변할 수 없게 정하셨는데,⁽¹⁾ 오히려 그것에 의하여 하나님이 죄의 조성자(造成者)로 되지도 않으시고,⁽²⁾ 피조물의 의지(意志)에 폭력이 가(加)해짐도 없으며, 제이 원인들의 자유나 우연성이 제거되지도 않고 도리어 확립되었다.⁽³⁾

    (1) 엡 1:11, 행 4:27~28, 엡 2:10
    (2) 약 1:13, 요일 1:5
    (3) 행 2:23, 마 17:12, 행 4:27~28, 요 19:11, 잠 16:33, 행 27:23
       ~24, 34, 44

2. 비록 하나님은 모든 취상된 조건들에 터하여 일어날 듯한, 혹은 일어나기 가능한 일을 무엇이든지 아시나,⁽⁴⁾ 오히려 그는 무엇이든지 그가 그것을 이런 조건들에 터하여 장래 일로, 혹은 일어날 것으로 선견(先見)하신 때문에 작정하신 것은 아니다.⁽⁵⁾

    (4) 삼상 23:11~12, 마 11:21, 23, 시 139:1~4
    (5) 롬 9:11, 13, 16, 18, 딤후 1:9, 엡 1:4~5

3. 하나님께서 그의 영광을 나타내기 위하여 그의 작정으로 어떤 사람들과 천사들은 영생을 얻도록 예정하시고,⁽⁶⁾ 다른 사람들과 천사들은 영원한 죽음에 이르게 선정(先定)하셨다.⁽⁷⁾

    (6) 딤전 5:21, 행 13:28, 롬 8:29~30
    (7) 마 25:41, 롬 9:22~23, 유 1:4

4. 이렇게 예정되고 먼저 정해진 이들 천사들과 사람들은 개별적 또

는 불변적으로 계획된 것이니, 그들의 수(數)는 극히 확실하고 한정되어서 더해질 수도 감해질 수도 없다.[8]

   (8) 요 10:14~16, 27~29, 6:37~39, 13:18

5. 인류 중에서 생명(生命)에 이르도록 예정(豫定)된 자들은 하나님께서 세상의 기초가 놓이기 전에,[9] 그의 영원하며 불변하는 경영[10]과 그의 의지의 은밀한 도모와 기뻐하심에 따라,[11] 그리스도 안에서 택하셔서,[12] 영원한 영광에 이르도록 하셨으니,[13] 그의 값없는 은혜와 사랑만에 의하여 하신 것이요, 어떤 선견(先見)된 신앙이나, 선행(善行)들, 혹은 그것들의 어느 것에 견인, 혹은 피조물 안에 있는 다른 무엇을 조건들로 혹은 그를 그리로 움직이는 원인들로 하여 하신 것이 아니며,[14] 모든 것이 그의 영광스러운 은혜를 찬송하게 하려 하신 것이다.[15]

   (9) 엡 1:4
   (10) 엡 1:11
   (11) 엡 1:9
   (12) 딤후 1:9
   (13) 롬 8:30, 벧전 5:10
   (14) 딤후 1:9, 엡 1:6, 2:8~9
   (15) 엡 1:5~6, 12

6. 하나님은 택하신 자들을 영광에 이르도록 정하신 것처럼 그의 뜻의 영원하여 지극히 자유로운 경영에 의해 그들로 영광에 이르도록 하는데, 있어야 할 모든 방편들을 먼저 정하셨다.[16]

   그러므로 택하심을 입은 자들은 아담 안에서 타락하였으며, 그리스도에 의해 구속을 받고,[17] 때가 되어 역사(役事)하시는 그리스도의 영(靈)에 의해 그리스도를 믿도록 유효적으로 부름을 받고,[18] 의롭다 칭함을 얻고,⁽¹⁹⁾ 양자 됨을 얻고,⁽²⁰⁾ 성화되고,⁽²¹⁾ 믿음으로 구원에 이르도록 그의 권능으로 수호된다.⁽²²⁾

그러나 택함을 받은 자 외(外)에는 다른 아무도 그리스도에 의해 구속을 받지 못하고, 유효적으로 부름을 받지 못하고, 칭의, 양자, 성화, 구원되지 못한다.⁽²³⁾

    (16) 엡 2:10, 살후 2:13, 벧전 1:2, 엡 1:4
    (17) 롬 5:19, 살전 5:9~10, 딛 2:14
    (18) 롬 9:11, 살후 2:13~14, 고전 1:9
    (19) 롬 8:30
    (20) 엡 1:5
    (21) 엡 1:4, 살전 4:3, 살후 2:13
    (22) 벧전 1:5, 요 10:28
    (23) 요 17:9, 6:64~65, 8:47, 10:26, 행 13:48, 요일 2:19

7. 인류의 나머지는 하나님이 그것에 의하여 긍휼을 베푸시든지, 않으시든지, 그가 기뻐하시는 대로 하시는 그 자신의 뜻의 헤아릴 수 없는 도모에 따라 그의 피조물들 위에 가지시는 그의 주권적 권세의 영광을 위하여 간과(看過)하시고,⁽²⁴⁾ 그들을 그들의 죄 때문에 수욕과 진노를 당하게 정명(定命)하시어,⁽²⁵⁾ 그의 영광스러운 공의(公義)를 찬송케 하시기를⁽²⁶⁾ 기뻐하셨다.

    (24) 마 11:25~26
    (25) 롬 2:8~9, 살후 2:10~12, 롬 9:14~22
    (26) 계 15:3~4

8. 이 고도로 신비한 예정의 교리는 특별히 신중하고 조심스럽게

다루어,⁽²⁷⁾ 하나님의 말씀에 계시된 그의 뜻에 유의하여 순종하는 사람들로 하여금 그들의 유효한 부름을 받은 것이 확실하기 때문에 그들의 영원한 선택을 확신하게 하여야 한다.⁽²⁸⁾ 그리하면 이 교리는 하나님께 향한 찬송과 경외와 사모의 재료,⁽²⁹⁾ 또는 겸손과 근면과 풍성한 위안의 재료를 진실히 복음을 순종하는 모든 사람들에게 제공하여 줄 것이다.⁽³⁰⁾

(27) 롬 9:20, 1:33, 신 29:29
(28) 벧후 1:10
(29) 엡 1:6, 롬 11:33
(30) 롬 11:5, 9, 20, 벧후 1:10, 롬 8:33, 눅 10:20

제4장 창조에 관하여

1. 성부, 성자, 성령 하나님께서 그의 영원한 능력과 지혜와 선하심의 영광을 나타내기 위하여서 태초에 무(無)로부터 세계와 그 안에 있는 보이거나 보이지 않는 만물을 엿새 동안에 창조하시되, 다 매우 선하게 창조하시기를 기뻐하셨다.⁽¹⁾

(1) 창 1:1~3, 출 20:11, 렘 10:12, 골 1:16, 요 1:2~3, 히 1:2, 11:3, 시 104:24, 창 1장

2. 하나님께서 다른 모든 피조물들을 지으신 후에 사람을 남녀(男女)로 창조하시되,⁽²⁾ 이성(理性) 있는 죽지 않을 영혼들을 가지게 하셨고,⁽³⁾ 그 자신의 형상대로 지식과 의와 참된 거룩을 부여하셨고,⁽⁴⁾ 그들의 마음에 하나님의 율법을 기록하셨으며,⁽⁵⁾ 또 그것을 수행할 능력도 주셨다. 그러나 변화에 굴복할 수 있는 그들 자신의 의지(意志)의 자유(自由)에

맡겨져서 위범할 가능성 아래 있었다.⁽⁶⁾ 그들의 마음에 기록된 이 율법 외에 그들은 선악(善惡)을 알게 하는 나무의 실과를 먹지 말라는 명령을 받았는데,⁽⁷⁾ 그들이 그것을 지키는 동안에는 하나님과 교제함에서 행복을 누렸고,⁽⁸⁾ 피조물을 다스렸다.⁽⁹⁾

    (2) 창 1:27
    (3) 시 8:5~6, 창 2:19~20, 눅 23:43, 마 10:28
    (4) 창 1:26, 골 3:10, 엡 4:24
    (5) 롬 2:14~15
    (6) 창 2:16~17, 창 3:6, 17
    (7) 창 2:16~17
    (8) 창 2:17, 창 3:8~11, 23
    (9) 창 1:28, 시 8:6~8

제5장 섭리에 관하여

1. 만물(萬物)의 대창조주(大創造主)이신 하나님께서는 그의 가장 지혜로우시며 거룩하신 섭리에 의해,⁽¹⁾ 그의 정확 무오하신 예지(豫知),⁽²⁾ 또는 자유로우며 변함 없는 자신의 뜻의 도모에 따라,⁽³⁾ 가장 큰 것에서 가장 작은 것에 이르기까지, 모든 피조물들과 행위(行爲)들과 일들을 보호하시며, 지도하시며, 처리하시며, 통치하시어⁽⁴⁾ 그의 지혜와 능력과 공의와 선하심과 긍휼의 영광을 찬양하게 하신다.⁽⁵⁾

    (1) 잠 15:3, 대하 16:9, 시 145:17, 104:24
    (2) 행 15:18
    (3) 엡 1:11, 시 33:11
    (4) 느 9:6, 히 1:3, 시 135:6, 마 10:29~31, 행 17:25~28, 마 6:26, 30, 욥 38~41장

(5) 엡 3:10, 롬 9:17, 시 145편

2. 제일 원인(第一原因)이신 하나님의 예지와 작정(作定)과의 관계에서는 만사(萬事)가 불변적으로 정확 무오하게 일어나나⁽⁶⁾ 같은 섭리에 의해서 하나님은 제이 원인(第二原因)들의 성질(性質)에 따라 만사가 필연적으로나,⁽⁷⁾ 자유롭게나, 혹은 우연히⁽⁸⁾ 되게 정돈하신다.

(6) 행 2:23
(7) 창 8:22, 렘 31:35
(8) 출 21:13, 창 50:19~20, 왕상 22:34, 사 10:6~7

3. 하나님은 그의 통상 섭리(通常攝理)에서 방편(方便)들을 사용하시나⁽⁹⁾ 오히려 그것들 없이⁽¹⁰⁾ 그것들을 넘어서⁽¹¹⁾ 또는 그것들에 대항해서 그의 기뻐하시는 대로⁽¹²⁾ 자유로이 역사(役事)하신다.

(9) 행 27:24, 사 55:10~11
(10) 호 1:7
(11) 롬 4:19~21
(12) 왕하 6:6, 단 3:21

4. 하나님의 전능(全能)하신 능력(能力)과 헤아릴 수 없는 지혜와 무한히 선(善)하심은 그의 섭리(攝理)에 잘 나타나, 섭리는 최초의 타락과⁽¹³⁾ 천사들 및 사람들의 다른 모든 죄들에까지 미치니⁽¹⁴⁾ 단순한 허용(許容)에 의해서만 아니라, 다양의 처리에서, 그 자신의 거룩한 목적(目的)들을 위하여⁽¹⁵⁾ 죄들의 가장 지혜로우며 능한 제한(制限)과,⁽¹⁶⁾ 기타 정돈 및 관할을 그것에 결합하셨다. 그러나 그 경우의 죄악성은 피조물에게서만 나오는 것이요, 하나님에게서 나오는 것이 아니니, 그는 가장 거룩하시며 의로우셔서 죄의 조성자(造成者)나, 시인자(是認者)가

아니시며 또 그러실 수도 없으시다.[17]

    (13) 제3장과 제5장 1, 2, 3의 인용 성구들을 참조
    (14) 롬 11:32~33, 삼하 24:1, 행 4:27~28, 제3장과 제5장의 1, 2, 3 인용 성구 참조
    (15) 창 50:20
    (16) 왕하 19:28, 사 10:5~7, 12, 15
    (17) 요일 2:16, 시 50:21, 약 1:13~14

5. 가장 지혜로우시며, 의(義)로우시며, 은혜로우신 하나님께서는 때때로 자기의 자녀(子女)들을 잠시 동안 허다한 시험과 그들 자신들의 마음의 부패에 내버려 두시나니 그것은 그들이 전에 지은 죄를 인하여 그들을 징계(懲戒)하기, 혹은 그들의 부패성의 숨은 힘과 그들의 마음들의 기만성(欺瞞性)을 깨닫게 하여 그들로 하여금 겸손해지게 하기 위한 것이며,[18] 또 그들로 하여금 그들의 원조를 위하여 좀더 긴밀히 또는 끊임없이 하나님께 의지하게 하기, 또는 그들로 하여금 장래의 죄 지을 수 있는 모든 기회들에 대항하며, 또는 여러 가지 공의(公義)롭고 거룩한 목적들을 위하여 깨어 있게 하기 위한 것이다.[19]

    (18) 신 8:2
    (19) 고후 12:7~9, 시 73:1~28, 77:1~12, 막 14:66~72, 요 21:15~17

6. 의(義)로운 재판장이신 하나님이 그들의 전(前)에 지은 죄들 때문에 눈멀고 강퍅케 하신 악하고 불경한 사람들에 관하여 말하면,[20] 그들의 이해를 밝게 하고 마음에 역사(役事)하였을 수 있는 하나님의 은혜를 그가 그에게 주지 않으실 뿐 아니라,[21] 때로는 또한 그들이 이미 가졌던 은사(恩賜)들조차 거두시고,[22] 그들의 부패가 죄를 짓도록 만든 심지어 부패로 말미암아 죄를 짓게 하는 여러 대상들에게 그들을 노출

시키기까지 하신다.⁽²³⁾ 또 그 위에, 그들을 그 자신들의 정욕들, 세상의 시험들, 사단의 능력에게 내어 주시니,⁽²⁴⁾ 그것에 의하여 그들은 하나님이 다른 사람들을 부드럽게 하기 위해 사용하시는 방편(方便)들 아래서도 자신들을 강퍅케 한다.⁽²⁵⁾

(20) 롬 1:24, 26, 28, 11:7~8, 살후 2:11~12
(21) 신 29:4, 막 4:11~12
(22) 마 13:12, 25, 29
(23) 왕하 8:12~13
(24) 시 81:11~12, 살후 2:10~12
(25) 출 8:15, 32, 고후 2:15~16, 사 8:14, 출 7:3, 벧전 2:7~8, 사 6:9~10, 행 28:26~27

7. 하나님의 섭리(攝理)는 일반적(一般的)으로 모든 피조물들에게 미치는 것과 마찬가지로 가장 특별(特別)한 양식(樣式)으로 교회를 보호하며 만사를 교회에 유익하도록 처리하신다.⁽²⁶⁾

(26) 암 9:8~9, 롬 8:28, 엡 1:22

제6장 사람의 타락, 죄, 형벌에 관하여

1. 우리의 처음 부모(父母)는 사단의 궤계와 시험에 유혹되어 금(禁)하신 실과를 먹음으로 죄를 범하였으나,⁽¹⁾ 하나님은 그의 지혜롭고 거룩한 도모에 따라, 그 자신의 영광에 향해 그것을 정리할 목적을 가지시고, 그들이 이 죄를 허용하기를 기뻐하셨다.⁽²⁾

(1) 창 3:13, 고후 11:3, 창 3:1~14
(2) 롬 5:19~21

2. 이 죄 때문에 그들은 그들의 원의(原義)와 하나님과의 교제에서 떨어졌고,⁽³⁾ 그리하여 죄(罪)에서 죽은 자로 되었고,⁽⁴⁾ 또 영혼과 신체의 모든 기능들과 부분들에서 전적(全的)으로 더러워졌다.⁽⁵⁾

    (3) 창 3:7~8, 2:17
    (4) 롬 5:12, 엡 2:3
    (5) 창 6:5, 렘 17:9, 롬 3:10~19, 8:6~8, 시 58:1~5

3. 그들은 온 인류의 시조(始祖)이었으므로, 그들로부터 보통 생육법(生育法)으로 출생(出生)하는 그들의 모든 후손들에게 이 죄의 죄책이 전가(轉嫁)되었고,⁽⁶⁾ 또 동일한 죄에서의 죽음과 부패한 성질이 전하여졌다.⁽⁷⁾

    (6) 행 17:26, 창 2:16~17을 롬 5:12, 15~19, 고전 15:21~22, 45, 49 와 비교
    (7) 시 51:5, 창 5:3, 요 3:6, 롬 3:10~18

4. 우리를 모든 선(善)에 대해서 전혀 싫증나며, 불능(不能)하며, 반대(反對)하고, 모든 악(惡)으로 전적(全的)으로 기울어지게 한 이 원부패로부터⁽⁸⁾ 모든 본죄(本罪)가 나온다.⁽⁹⁾

    (8) 롬 5:6, 8:7, 요 3:6, 롬 7:18, 창 8:21
    (9) 약 1:14~15, 마 15:19

5. 이 본성(本性)의 부패는 이 세상에 사는 동안 중생(重生)한 자들에게도 남아 있다.⁽¹⁰⁾ 또 비록 그것이 그리스도를 통해 용서받고 극복되어도 그것 자체와 그것의 모든 활동이 참으로 또는 정확히 죄(罪)이다.⁽¹¹⁾

    (10) 롬 7:14, 17~18, 23, 약 3:2, 요일 1:8, 10, 잠 20:9
    (11) 롬 7:5, 7~8, 25

6. 원죄(原罪)이든, 본죄(本罪)이든 간에 모든 죄는 하나님의 의로운 율법(律法)의 위범이며, 그것에 반대되기 때문에 그것 자체의 성질상, 죄인(罪人)에게 죄책을 가져오고,⁽¹²⁾ 죄인은 그것에 의해 하나님의 진노⁽¹³⁾와 율법의 저주⁽¹⁴⁾ 아래 매여서 그 결과로 영적(靈的), 현세적(現世的), 영원적(永遠的)⁽¹⁵⁾ 모든 비참을 동반하는 죽음에 굴복하게 되었다.⁽¹⁶⁾

 (12) 롬 3:19, 2:15, 요일 3:4
 (13) 엡 2:3, 롬 5:12
 (14) 갈 3:10, 살후 1:9, 롬 1:21~28, 레 26:14 이하, 신 28:15 이하
 (15) 엡 4:18, 마 25:41
 (16) 롬 6:23, 창 2:17

제7장 사람과 맺으신 하나님의 언약(言約)에 관하여

1. 하나님과 피조물 사이의 거리는 그렇게도 커서 비록 이성적(理性的) 피조물들이 창조주(創造主)로서의 하나님에게 순종하지 않으면 안 되는 의무를 가지고 있으나, 오히려 그들은 하나님으로부터 어떤 성과(成果)를 그들의 축복과 상급으로 얻을 수 없었고 오직 하나님 편에서 자원적(自願的)으로 자기를 낮추심에 의해서만 그것을 얻을 수 있었는데 하나님은 그것을 언약(言約)의 방법(方法)으로 표현(表現)하기를 기뻐하셨다.⁽¹⁾

 (1) 욥 9:32~33, 시 113:5~6, 행 17:24~25, 눅 17:10, 욥 35:7~8

2. 사람과 맺은 최초(最初)의 언약(言約)은 행위 언약(行爲言約)이었으니,⁽²⁾ 그것에서 자신적(自身的) 순종을 조건으로 하여 아담에게와 또 그 안에서 그의 모든 후손에게 생명(生命)이 약속되었다.⁽³⁾

(2) 창 2:16~17, 갈 3:10, 호 6:7, 롬 5:12, 19, 고전 15:22, 47
(3) 창 2:16~17을 롬 5:12, 14, 10:5, 눅 10:25~28과 비교하고 또 노아와 아브라함과 맺은 언약들과 비교하라.

3. 그 사람은 그의 타락으로써 자신을 그 언약에 의해 생명(生命) 얻기 불능(不能)하게 만들었는데 주께서는 보통으로 은혜 언약(恩惠言約)이라 칭하는 둘째 언약을 맺으시기를 기뻐하셨으니⁽⁴⁾ 그것에서 그는 죄인(罪人)들에게 예수 그리스도에 의한 생명(生命)과 구원을 값없이 제공하시어 그들이 구원 얻기 위해 그를 믿을 것을 그들에게 요구하시고,⁽⁵⁾ 생명 얻기로 정(定)해진 모든 사람들에게 성령을 주어 그들로 하여금 믿기로 의욕하며 유능(有能)하게 하기를 약속하셨다.⁽⁶⁾

(4) 마 26:28, 갈 3:21, 롬 8:3, 사 42:6, 창 3:15, 히 10:5~10
(5) 요 3:16, 행 16:30~31
(6) 요 3:5~8, 6:37, 44, 겔 36:26~27

4. 이 은혜 언약(恩惠言約)은 성경에서 자주 유언이라는 이름으로 발표되니 이것은 유언자 예수 그리스도의 죽음에와 그것에 의해 증여되는 영원한 기업에, 그것에 속하는 모든 것을 포함하며 언급(言及)함이다.⁽⁷⁾

(7) 히 9:15~17

5. 이 언약(言約)은 율법시대(律法時代)와 복음시대(福音時代)에 서로 다르게 집행되었다.⁽⁸⁾ 율법 아래서는 이것이 약속들, 예언들, 제사들, 할례, 유월절 양, 또 유대 백성에게 주어진 다른 예표들과 규례들에 의하여 집행되었으니 이 모든 것은 오실 그리스도를 예시(豫示)하였던 것으로,⁽⁹⁾ 그 당시에는 성령의 역사(役事)로 말미암아 약속된 메시야 신앙으

로써 선민(選民)을 가르치고 양육하기에 충분하고 유효(有效)하였다.[10] 이 메사야에 의해 그들은 온전한 사죄(赦罪)와 영원한 구원을 얻었었다. 이것을 가리켜 구약(舊約)이라 칭한다.[11]

   (8) 히 1:1~2, 고후 3:6~9
   (9) 롬 4:11, 히 8, 9, 10장
  (10) 히 11:13, 요 8:5~6, 갈 3:6~8
  (11) 행 15:11, 롬 3:20, 갈 3:8~9, 14

6. 복음 아래서 실체(實體)이신 그리스도께서 나타나신 때에 이 언약(言約)이 실시된 규례들은 말씀의 전파와 세례와 주의 만찬의 성례들의 시행이다.[12] 그런데 비록 이 규례들의 수가 적고 더욱더 단순하게 또는 외면적 영광이 적게 집행되어도 그것들에서 이 언약(言約)은 유대인과 헬라인 아울러 모든 민족들에게,[13] 더욱더 충분히, 명확히, 또는 영적 유효성을 가지고 제시되니[14] 신약(新約)이라 칭한다. 그러므로 실체가 다른 두 개의 은혜 언약(恩惠言約)이 있는 것이 아니라, 단 하나의 동일한 은혜 언약이 다양한 경륜들 아래 있는 것뿐이다.[15]

  (12) 마 28:19~20, 고전 11:23, 25
  (13) 엡 2:15~19
  (14) 히 8:6~13, 고후 3:9~11
  (15) 갈 3:17, 29

제8장 중보 그리스도에 관하여

1. 하나님은 그의 영원(永遠)한 경영에서 그의 독생자 주 예수를 하나님과 사람 사이에 중보,[1] 선지자,[2] 제사장,[3] 왕,[4] 또 그의 교회의 머리와 구주,[5] 만유의 후사,[6] 세계의 심판주[7]로 택하시고 임명하시기

를 기뻐하셨다. 그에게 하나님은 영원부터 한 백성을 그의 씨로 주셔서,⁽⁸⁾ 때가 되면 그로 말미암아 구속받고 칭의되고 성화되고 영화되게 하셨다.⁽⁹⁾

    (1) 사 42:1, 벧전 1:19~20, 요 3:16
    (2) 행 3:22, 신 18장, 15장
    (3) 히 5:5~6
    (4) 시 2:6, 눅 1:33, 사 9:6~7
    (5) 엡 5:23
    (6) 히 1:2
    (7) 행 17:31
    (8) 요 1:6, 엡 1:4, 요 6:37, 39, 사 53:10
    (9) 딤전 2:5~6, 막 10:45, 고전 1:30, 롬 8:30

2. 삼위일체(三位一體)의 제이위(第二爲)이신 하나님의 아들은 참되시고 영원하신 하나님이어서 성부와 한 실체(實體)이시며 동등(同等)이시나, 때가 차매 스스로 사람의 성질(性質)을 취하시되,⁽¹⁰⁾ 그것에 속하는 모든 본질적 고유성과 공통적 언약을 함께 취하셨으되, 죄는 없으셨으니,⁽¹¹⁾ 그는 성령의 권능(權能)에 의하여 동정녀 마리아의 몸에 잉태되어 그 여인(女人)의 실질(實質)을 취하셨기 때문이다.⁽¹²⁾ 그리하여 전부(全部)이며, 완전(完全)하며, 판이한 두 성질 즉 신성(神性)과 인성(人性)이 변질, 합성, 혼합 없이 한 위(位)에 분리될 수 없이 결합되었다.⁽¹³⁾ 그 위(位)는 참 하나님이시요, 참 사람이시나 오히려 한 그리스도, 하나님과 사람 사이에 유일한 중보이시다.⁽¹⁴⁾

    (10) 요 1:1, 14, 요일 5:10, 빌 2:6, 갈 4:4, 히 2:14
    (11) 히 2:7, 히 4:15
    (12) 눅 1:27, 31, 35, 갈 4:4

    (13) 골 2:9, 롬 9:5, 12을 보라
    (14) 롬 1:3~4, 딤전 2:5

3. 주 예수는 이와 같이 신성(神性)에 결합(結合)된 그의 인성(人性)에서 한량없이 성령으로 성화되시고 기름 부음을 받으셔서,⁽¹⁵⁾ 그 자신 안에 모든 지혜와 지식의 보화를 가지셨는데,⁽¹⁶⁾ 성부는 모든 충만이 그 안에 거하는 것을 기뻐하셨다.⁽¹⁷⁾ 그것은 그가 거룩, 무흠, 순결하시고 은혜와 진리로 충만하셔서 중보의 보증의 직분을 수행하시기 위해 철저히 준비를 갖추게 하시기 위함이었다.⁽¹⁸⁾ 그 직분은 그가 스스로 취하신 것이 아니라 그의 아버지의 부르심에 의한 것이었으니,⁽¹⁹⁾ 성부께서 모든 권세와 심판을 그의 손에 맡기시고 그 동일한 직분을 수행하도록 그에게 명령하신 것이었다.⁽²⁰⁾

    (15) 눅 4:18~19, 21, 행 10:38
    (16) 골 2:3
    (17) 골 1:19
    (18) 히 7:26, 요 1:14, 눅 4:18~21
    (19) 히 5:4~5
    (20) 요 5:22, 27, 마 28:18

4. 주 예수는 그 직분을 가장 기꺼이 떠맡으시고⁽²¹⁾ 이것을 수행하기 위하여 율법 아래 나시고,⁽²²⁾ 율법을 완전히 수행하셨다.⁽²³⁾ 그 영혼에 극심한 괴로움을 직접적으로 참으시고,⁽²⁴⁾ 그의 신체에 가장 아픈 고난을 견디시고,⁽²⁵⁾ 십자가에 못 박혀 죽으시고,⁽²⁶⁾ 장사되어 사망의 권세 아래 머물러 계셨으나 썩음을 보지 않으셨다.⁽²⁷⁾ 삼일 만에 그는 고난을 받으신 그 동일한 몸으로,⁽²⁸⁾ 죽은 자 가운데서 살아나시고,⁽²⁹⁾ 또 그 몸을 가지고 하늘에 오르사 그의 아버지의 우편에 앉으셔서⁽³⁰⁾ 간구하

시는데,⁽³¹⁾ 세상 끝에 사람들과 천사들을 심판하러 오실 것이다.⁽³²⁾

 (21) 사 40:7~8, 빌 2:5~8
 (22) 갈 4:4
 (23) 마 3:15, 요 17:4
 (24) 마 26:37~38, 눅 22:44, 마 27:46
 (25) 마 26~27장
 (26) 빌 2:8
 (27) 행 2:24, 27, 13:37
 (28) 요 20:25, 27
 (29) 고전 15:4
 (30) 눅 24:50~51, 행 1:9, 행 2:33~36
 (31) 롬 8:34, 히 7:25
 (32) 행 10:42, 마 13:40~42, 16:27, 25:31~33, 딤후 4:1

5. 주 예수는 그의 완전한 순종과 영원하신 영을 통하여 단번에 드리신 자기 제사에 의하여 그의 아버지의 공의를 충분히 만족시키시고,⁽³³⁾ 화목만 아니라 천국(天國)의 영원한 기업을 성부께서 그에게 주신 모든 사람들을 위하여 매수(買收)하셨다.⁽³⁴⁾

 (33) 롬 5:19, 히 9:14, 롬 3:25~26, 히 10:14, 엡 5:2
 (34) 엡 1:11, 14, 요 17:2, 롬 5:10~11, 히 9:12, 15

6. 구속의 사역(事役)이 그리스도께서 성육신하시기까지는 그에 의해 실제적으로 수행되지 아니하였으나 그것의 효력과 효험과 은택이 세상의 시초로부터 만대에 계속적으로 약속들, 예표들, 제사들에서 또는 그것들에 의하여 피택자들에게 전달되었으니 그것들에서 그리스도가 계시되셨고 또 사단의 머리를 상할 여자의 후손, 세상의 시초로부터

죽임을 당한 어린 양, 어제나 오늘이나 영원토록 동일(同一)하신 이로 예시되셨다.⁽³⁵⁾

(35) 창 3:15, 계 13:8, 히 13:8

7. 그리스도는 중보의 사역에 있어서 양성(兩性)에 따라 행동하신다. 각 성(各性)에 의해 그 자체에 고유한 것을 하시나,⁽³⁶⁾ 그 위(位)의 통일성 때문에 한 성에 고유한 것들이 성경에서 때때로 다른 성에 의해 불리는 위(位)에게 귀속(歸屬)된다.⁽³⁷⁾

(36) 요 10:17~18, 벧전 3:18, 히 9:14
(37) 행 20:28, 요 3:13, 요일 3:16

8. 그리스도께서 위하여 구속을 매수하여 주신 모든 자들에게 그는 확실하게 또 유효적(有效的)으로, 동일(同一)한 구속을 적용하시며 전달하여 주신다.⁽³⁸⁾ 그 일은 그들을 위하여 대신 기도하시며,⁽³⁹⁾ 말씀에서 또는 말씀에 의해 구원의 비밀들을 그들에게 계시하시며,⁽⁴⁰⁾ 그의 성령으로 그들을 유효적으로 설복하시어 믿고 순종하게 하시며, 그의 말씀과 성령에 의해 그들의 마음을 관리하시며,⁽⁴¹⁾ 그의 놀랄 만하고 헤아릴 수 없는 경륜에 맞는 양식(樣式)과 방도(方途)로 그의 전능(全能)의 권능(權能)과 지혜에 의해 그들의 모든 대적들을 정죄하시는 것으로 하신다.⁽⁴²⁾

(38) 요 6:37, 39, 10:16
(39) 요일 2:1, 롬 8:34
(40) 요 15:15, 17:6, 갈 1:11~12, 엡 1:7~9
(41) 롬 6:9, 14, 딛 3:4~5, 롬 15:18~19, 요 17:17
(42) 시 110:1, 고전 15:25~26, 말 4:2~3, 골 2:15

제9장 자유 의지(自由意志)에 관하여

1. 하나님은 사람의 의지에 자유를 부여하셔서 그것이 선(善)이나 악(惡)에 강제되지도 않으며, 또 자연의 절대적 필연성에 의해서 결정되지도 않게 하셨다.[1]

　(1) 신 30:19, 요 7:17, 계 22:17, 약 1:14, 요 5:40

2. 사람이 그의 무죄 상태에서는 하나님에게 선하고 기쁘시게 하는 것을 의지(意志)하고 행(行)할 자유와 능력을 가졌다.[2] 그러나 그는 오히려 가변적(可變的)이어서 그것으로부터 타락할 수도 있었다.[3]

　(2) 창 1:26
　(3) 창 2:16~17, 3:6

3. 사람이 죄의 상태에 타락함으로 구원을 가져올 만한 아무런 영적(靈的) 선(善)에 향해서도 의지(意志)의 재능을 전부 다 잃어버렸다.[4] 그러므로 자연인(自然人)은 선(善)을 전적(全的)으로 싫어하게 되고,[5] 죄에서 죽어 있어,[6] 자기 자신의 힘으로 자신을 회심(回心)시키거나, 자신을 회심시키도록 준비할 수도 없다.[7]

　(4) 롬 5:6, 8:7, 요 15:5
　(5) 롬 3:10, 12, 8:7
　(6) 엡 2:1, 5, 골 2:3
　(7) 요 6:44, 65, 고전 2:14, 롬 8:8, 엡 2:2~5, 딛 3:3~5

4. 하나님께서 죄인(罪人)을 회심(回心)시키셔서 은혜의 상태에로 옮겨 놓으실 때에 그는 그를 나면서부터 죄의 속박에서 해방시키시고

또 그의 은혜에 의해서만 영적으로 선한 것을 자유롭게 원하고 행위할 수 있게 하신다.⁽⁸⁾ 그렇다고 하더라도 그의 남아 있는 부패 때문에 선(善)한 것을 온전히 행하지 못할 뿐 아니라 악한 것을 하려고 하기도 한다.⁽⁹⁾

    (8) 골 1:13, 요 8:34, 36, 빌 2:13, 롬 6:18, 22
    (9) 갈 5:17, 롬 7:15

5. 사람의 의지는 영화의 상태에서만,⁽¹⁰⁾ 완전히 또 불변적으로 선에 향해서만,⁽¹¹⁾ 자유하게 된다.

    (10) 요일 3:2, 계 22:3~4
    (11) 대하 6:36, 요일 1:8~10, 2:6, 시 17:15

제10장 유효 소명(有效 召命)에 관하여

1. 하나님이 생명 주시기로 예정하신 모든 사람들을, 그들만을, 그가 정(定)하시고 열납하신 때에 그의 말씀과 성령에 의해서, 그들이 나면서부터 처해 있는 죄와 죽음의 상태에서, 예수 그리스도에 의한 은혜와 구원으로 유효적으로 부르시기를 기뻐하셨다.⁽¹⁾ 즉 그들의 마음을 영적으로 또는 구원적으로 밝혀서 하나님의 일들을 이해하게 하시고,⁽²⁾ 또 그들에게서 돌 같은 마음을 제거하시고 부드러운 마음을 주시며,⁽³⁾ 그들의 의지를 새롭게 하시고, 그의 전능하신 권능으로 그들이 선(善)을 행할 결심을 주시고⁽⁴⁾ 그들을 예수 그리스도에게 유효적으로 이끄시되,⁽⁵⁾ 오히려 그들이 하나님의 은혜로 의욕하게 되어 가장 자유롭게 오게 하신다.⁽⁶⁾

    (1) 롬 8:2, 8:30, 11:7, 살후 2:13~14, 딤후 1:9~10
    (2) 행 26:18, 고전 2:10, 12

(3) 겔 36:26
(4) 겔 11:19, 36:27, 빌 2:13, 4:13, 신 30:6
(5) 요 6:44~45
(6) 요 6:37

2. 이 유효 소명은 오직 하나님의 값없으며 특별한 은혜에서 나오는 것이요, 결코 사람 안에 선견(先見)된 어떤 것에서 나오는 것이 아니다.⁽⁷⁾ 사람은 성령에 의해 살아나고 새로워져서,⁽⁸⁾ 이 소명에 응답하며 또 이것에서 제공되고 전달된 은혜를 받아들이기 가능하게 되기까지는 이것에서 전혀 수동적이다.⁽⁹⁾

(7) 딤후 1:9, 딛 3:4~5, 롬 9:11, 엡 2:4~5, 8~9
(8) 고전 2:14, 롬 8:7, 엡 2:5
(9) 요 6:37, 겔 36:27, 요 2:25

3. 유아 시에 죽는 택함받는 유아들은 그 기뻐하시는 때와 곳과 방법으로 역사하시는 성령을 통하여 그리스도에 의해 중생(重生)되고 구원을 얻는다. 또 말씀의 사역에 의해 외적으로 부름을 받을 수 없었던 다른 모든 택함받은 사람들도 유아의 경우와 동일하다.⁽¹⁰⁾

(10) 행 4:12, 요 3:8

4. 택함을 받지 못한 다른 사람들은 비록 말씀의 사역에 의해 부름을 받으며 또 성령의 일반적 사역을 어느 정도 받더라도, 그들은 결코 그리스도에게 참으로 오지 않으며 따라서 구원을 얻지 못한다.⁽¹¹⁾ 더욱이 기독교를 믿지 않는 사람들은 본성의 빛과 그들이 믿는 종교의 율법을 좇아서 그들의 생활을 구성하는 데 근면할지라도, 다른 아무 방법으로도 구원을 얻지 못한다.⁽¹²⁾ 또 그들이 구원을 얻을 수 있다고 단언하고

주장하는 것은 극히 해롭고 미움을 받을 일이다.⁽¹³⁾

    (11) 마 13:20~21, 22:14, 요 6:64~66, 8:24, 요일 2:19, 히 6:4~6
    (12) 행 4:12, 요 14:6, 17:3
    (13) 요이 1:10~11

제11장 칭의(稱義)에 관하여

1. 하나님은 유효적으로 부르신 자들을 또한 값없이 의롭다고 칭하신다.⁽¹⁾ 그것은 그들에게 의(義)를 주입하심으로써가 아니라, 그들의 죄(罪)를 사하시고 그들의 인격들은 의롭게 여기시어 받아들이심으로써이며, 그들 안에 만들어졌거나 그들에 의해 행해진 어떤 것 때문이 아니라 오직 그리스도의 연고만으로이다. 신앙 자체 즉 믿는 행위나 다른 어떤 복음적 순종을 그들의 의로 그들에게 전가(轉嫁)시킴으로써가 아니라, 그리스도의 순종과 만족을 그들에게 전가시키시고,⁽²⁾ 그들은 그와 그의 의를 믿음으로 받아들이고 의지하는 것으로써이니 믿음도 그들에게서 난 것이 아니고 하나님의 선물이다.⁽³⁾

    (1) 롬 3:24, 8:30
    (2) 롬 4:5~8, 고후 5:19, 21, 딛 3:5, 7, 엡 1:7, 레 23:6, 롬 3:22,
        24~25, 27~28, 고전 1:30~31, 롬 5:17~19
    (3) 빌 3:9, 엡 2:6, 행 13:38~39

2. 이와 같이 그리스도와 그의 의(義)를 받아들여 의지하는 신앙이 칭의의 유일한 기구이다.⁽⁴⁾ 그러나 이 신앙은 칭의된 인물 안에 고립하여 있는 것이 아니라 다른 모든 구원하는 은혜들을 항상 동반하나니 곧 죽은 믿음이 아니라 사랑으로 역사(役事)하는 것이다.⁽⁵⁾

(4) 요 1:12, 롬 3:28, 5:1
(5) 약 2:17, 22, 26, 갈 5:6

3. 그리스도는 그의 순종과 죽으심으로 말미암아 이와 같이 의롭다 함을 얻은 모든 자들의 빚을 다 갚으셔서, 그들을 대신하여 그의 아버지의 공의(公義)에 정당하고 참되고 충분한 만족을 행하셨다.[6] 그러나 그리스도는 성부에 의해 그들을 위하여 주어지시고,[7] 그의 순종과 만족이 그들 대신으로 수납(受納)되었는데,[8] 둘이 다 값없이 되었고 그들 안에 있는 어떤 것 때문이 아니니, 그들의 칭의는 오직 값없는 은혜에 의한 것이다.[9] 그리하여 하나님의 엄정(嚴正)한 공의와 풍성한 은혜가 죄인들의 칭의에서 영광을 받게 하신 것이다.[10]

(6) 롬 5:8~10, 19, 고전 15:3, 고후 5:21, 벧전 3:18, 히 10:10, 14, 사 53장
(7) 롬 8:32, 요 3:16
(8) 고후 5:21, 사 53:6
(9) 롬 3:24, 6:23, 엡 1:7, 2:6~9
(10) 롬 3:26, 엡 2:27

4. 하나님은 영원부터 모든 택함받은 자들을 칭의하기를 작정(作定)하셨고,[11] 그리스도는 때가 차매 그들의 죄를 위하여 죽으시고 그들을 의롭다 하심을 위하여 살아나셨다.[12] 그러나 성령이 적당한 때에 실제로 그리스도를 그들에게 적용하시기까지는 그들은 칭의되지 않는다.[13]

(11) 벧전 1:2, 19~20, 롬 8:30
(12) 갈 4:4
(13) 요 3:5, 18, 36, 갈 2:16, 딛 3:4~7

5. 하나님은 의롭다 함을 입은 자들의 죄를 용서하시기를 계속하신다.⁽¹⁴⁾ 비록 그들이 칭의의 상태로부터 타락하는 일이 있을 수는 결코 없을지라도,⁽¹⁵⁾ 그러나 그들의 죄에 의해 하나님의 부성적 불쾌감을 사게 되어, 그들이 자신들을 낮추고, 죄를 고백하여 용서를 빌고 그들의 신앙과 회개를 새롭게 하기까지 하나님의 얼굴의 빛이 그들에게 회복되지 않을 수도 있다.⁽¹⁶⁾

　　(14) 마 6:12, 요일 1:9, 2:1
　　(15) 눅 22:32, 요 10:28, 히 10:14, 빌 1:6, 요 2:19
　　(16) 시 32:5, 89:31~39, 마 26:75, 시 61:7~12, 고전 11:30, 32

6. 구약(舊約) 아래서 신자(信者)들의 칭의는 이 모든 점에서 신약(新約) 아래 신자들의 칭의와 동일(同一)하였다.⁽¹⁷⁾

　　(17) 히 11:13, 요 8:56, 갈 3:6~9, 14, 행 15:11, 롬 3:30

제12장 수양(收養)에 관하여

1. 의롭다 함을 입은 모든 자들을 하나님께서 그의 독생자 예수 그리스도 안에서, 또는 그를 위하여 양자(養子) 되는 은혜에 참여하는 자들로 만들어 주신다.⁽¹⁾ 즉 이 양자 됨에 의해 그들은 하나님의 자녀들의 수에 들어가고 그 자유(自由)와 특권(特權)을 누리며,⁽²⁾ 하나님의 이름을 그들 위에 붙이며,⁽³⁾ 양자의 영을 받고,⁽⁴⁾ 담대히 은혜의 보좌에 나아가며,⁽⁵⁾ 아바 아버지라 부를 수 있게 되고,⁽⁶⁾ 불쌍히 여김을 받으며,⁽⁷⁾ 보호함을 얻으며⁽⁸⁾, 필요한 것을 공급받으며,⁽⁹⁾ 아버지로서 내리시는 징계를 받으나,⁽¹⁰⁾ 결코 버림을 당하지 않고,⁽¹¹⁾ 구속의 날까지 인침을 받으며,⁽¹²⁾ 또 영원한 구원의 후사로서⁽¹³⁾ 모든 약속들을 물려받는다.⁽¹⁴⁾

(1) 엡 1:5, 갈 4:4~5
(2) 요 1:12, 롬 8:17
(3) 계 3:12
(4) 롬 8:15
(5) 엡 3:12, 히 4:16, 롬 5:2
(6) 갈 4:6
(7) 시 103:13
(8) 잠 14:26, 시 27:1~3
(9) 마 6:30, 32, 벧전 5:7
(10) 히 12:6
(11) 애 3:31, 히 13:5
(12) 엡 4:30
(13) 벧전 1:4
(14) 히 6:12

제13장 성화(聖化)에 관하여

1. 유효적(有效的)으로 부르심을 받고 중생(重生)한 자들 곧 그들 안에 창조(創造)된 새 마음과 새 영을 가진 자들은 그리스도의 죽으심과 부활의 효력으로 말미암아, 그의 말씀과 그들 속에 내주하시는 성령에 의해 실제적으로 또는 자신적으로 더욱 거룩해진다.(1) 죄의 전체(全體)의 통제(統制)가 파괴되고,(2) 또 그것의 여러 정욕들이 점점 더 약화(弱化)되고 억제되므로,(3) 그들은 구원하시는 모든 은혜 중에서 점점 더 되살아나며 강화되어,(4) 그것 없이는 아무도 주를 보지 못할 참된 거룩을 실행하게 된다.(5)

(1) 행 20:22, 롬 6:5~6, 요 17:17, 엡 5:26, 살후 2:13
(2) 롬 6:6, 14

(3) 롬 8:13, 갈 5:24, 골 3:5
(4) 골 1:11, 벧후 3:13~14, 엡 3:16~19
(5) 고후 7:1, 히 12:14

2. 이 성화(聖化)는 온 사람에 이루어지나,⁽⁶⁾ 이 세상에서는 불완전하다. 즉, 사람의 매부분에 부패의 잔재가 오히려 남아 있고 그것으로부터 계속적이며 화해할 수 없는 싸움이 일어나서 육신(肉身)은 성령(聖靈)에 대항하여 욕구하고, 성령은 육신에 대항하신다.⁽⁷⁾

(6) 살전 5:23
(7) 요일 1:10, 빌 3:12, 갈 5:17, 롬 7:18, 23

3. 이 싸움에 있어서, 남아 있는 부패가 한때 많이 우세한 것 같으나,⁽⁸⁾ 거룩하게 하시는 그리스도의 영으로부터 끊임없이 힘을 공급받으므로 중생(重生)한 부분이 이기게 된다.⁽⁹⁾ 그러므로 성도들은 은혜 안에서 자라면서,⁽¹⁰⁾ 하나님을 두려워함으로 거룩을 온전히 이룬다.⁽¹¹⁾

(8) 롬 7:23
(9) 롬 6:14, 요일 5:4, 엡 4:16
(10) 벧후 3:18, 고후 3:18
(11) 고후 7:1

제14장 구원적 신앙에 관하여

1. 택함을 받은 자들이 그들의 영혼의 구원에 이르도록 믿을 수 있게 된 믿음의 은혜는 그들의 마음속에 계시는 그리스도의 영(靈)의 역사(役事)이니,⁽¹⁾ 통상으로 말씀의 사역에 의해 공작된다.⁽²⁾ 또한 말씀의 사역과, 성례(聖禮)의 시행과 기도에 의해 신앙(信仰)은 자라고 강화(强化)된다.⁽³⁾

(1) 고전 12:3, 엡 2:8, 히 12:2
(2) 롬 10:14, 17
(3) 벧전 2:2, 행 20:23, 마 28:19, 고전 11:23~29, 고후 12:8~10

2. 이 믿음에 의해 그리스도인은 말씀 가운데 계시(啓示)된 것은 어떠한 것이든지 간에 참되다고 믿는 것은 하나님 자신의 권위가 그것에서 말씀하기 때문이며,⁽⁴⁾ 또 성경의 각개(各個) 특수 장절이 포함하고 있는 바에 따라 다르게 행동하나니 즉 명령에는 순종하며,⁽⁵⁾ 경고에는 두려워 떨며,⁽⁶⁾ 금생과 내생을 위한 하나님의 약속들은 기꺼이 받아들인다.⁽⁷⁾ 그러나 구원적 신앙의 주요한 행위들은 은혜 언약(恩惠言約)의 효력(效力)에 의하여 칭의, 성화, 영생을 위해 그리스도만을 믿고, 받으며, 의뢰하는 것이다.⁽⁸⁾

(4) 살전 2:13, 요일 5:10, 행 24:14
(5) 마 22:37~40, 롬 16:26
(6) 사 66:2
(7) 히 11:13, 딤전 4:8
(8) 요 1:12, 행 16:31, 갈 2:20, 행 15:11

3. 이 믿음은 정도에서 같지 아니하여 약(弱)하기도 하고 강(强)하기도 하여,⁽⁹⁾ 자주 또는 많은 방식(方式)으로 침공되고 약화될 수 있으나 승리를 취하나니,⁽¹⁰⁾ 많은 경우에 우리의 믿음의 조성자(造成者)와 완성자(完成者)이신⁽¹¹⁾ 그리스도를 통하여 충만한 확신에 이르기까지 자라나는 것이다.⁽¹²⁾

(9) 마 6:30, 8:10, 롬 4:19~20
(10) 눅 22:31~32, 고전 10:13
(11) 히 12:2
(12) 히 6:11~12, 10:22, 딤후 1:12

제15장 생명에 이르는 회개에 관하여

1. 생명에 이르는 회개는 복음의 은혜이니,⑴ 이 교리는 그리스도를 믿는 신앙의 교리와 마찬가지로 모든 복음의 사역자에 의해 전파되어야 한다.⑵

    (1) 행 11:8
    (2) 눅 24:47, 막 1:15, 행 20:21

2. 이것에 의해 죄인(罪人)은 그의 죄를 하나님의 거룩한 성질과 의로운 율법(律法)에 배치하는 것으로, 그 위험함만이 아니라 또한 더러움과 추악함을 보고 느끼며, 그리고 통회하는 자들에게 향한 그리스도 안에 있는 하나님의 긍휼을 깨달아 그의 죄를 슬퍼하며, 미워하여 그것들을 다 버리고 하나님께로 돌아와서,⑶ 하나님의 계명들의 모든 길에서 그와 동행하기를 목적하고 또 노력하게 된다.⑷

    (3) 겔 18:30~31, 36:31, 시 51:4, 레 31:18~19, 고후 7:11
    (4) 시 119:59, 106, 요 14:23

3. 죄를 위한 만족이나 죄의 용서의 원인은 그리스도 안에 있는 하나님의 값없는 은혜의 행동이므로,⑸ 회개가 그것인 듯이 신뢰되어서는 안 되나,⑹ 오히려 회개는 모든 죄인들에게 필요한 것이어서 아무라도 그것 없이는 사죄(赦罪)를 기대할 수 없다.⑺

    (5) 롬 3:24, 엡 1:7
    (6) 딛 3:5, 행 5:31
    (7) 눅 13:3, 5, 행 17:30

4. 아무리 작은 죄라도 영벌(永罰)을 받기에 상당하지 않은 죄는 없는 것같이,(8) 아무리 큰 죄라도 참으로 회개하는 자에게 영벌을 가져오는 죄는 없다.(9)

  (8) 롬 6:23, 마 12:36, 약 2:10
  (9) 사 55:7, 롬 8:1, 사 1:18

5. 사람들은 일반적인 회개로 만족해서는 안 되고 오직 그의 개개의 특수한 죄를 개별적으로 회개하도록 노력하는 것이 각 사람의 의무이다.(10)

  (10) 시 19:13, 눅 19:8, 딤전 1:13, 15, 단 9장, 느 9장

6. 각 사람은 자기의 죄의 용서를 위해 기도하면서 하나님에게 그것을 사적(私的)으로 고백함이 가(可)하고,(11) 그렇게 함과 그 죄를 버림에 의해 그는 긍휼을 얻을 것이다.(12) 그와 같이 그의 형제나 그리스도의 교회를 중상한 자는 그의 죄를 사적(私的)이나 공적(公的)인 고백과 애통으로 그의 회개를 피해자들에게 선언하기를 즐겨함이 가하다.(13) 이것에 의해 피해자들은 그에게 화목되고 사랑으로 그를 영접함이 가(可)하다.(14)

  (11) 시 32:5~6, 51:4~5, 7, 9, 14
  (12) 잠 28:13, 요일 1:9
  (13) 약 5:16, 눅 17:3~4, 요 7:19
  (14) 고후 2:7~8, 갈 6:1~2

제16장 선행(善行)에 관하여

1. 선행은 오직 하나님께서 그의 거룩한 말씀 가운데서 명령하신 것

만이요,⁽¹⁾ 사람에 의해 말씀의 근거 없이 맹목적 열심 때문에나 어떤 좋은 의도를 구실로 하여 안출되는 것은 아니다.⁽²⁾

    (1) 신 12:32, 시 119:9, 마 28:20, 눅 10:25~26, 벧후 1:19
    (2) 마 15:9, 사 29:13, 요 16:2, 삼상 15:22~23, 골 2:20~23

2. 하나님의 계명에 순종해서 행해지는 이 선행들은 참되고 살아 있는 신앙의 열매들과 증거들이다.⁽³⁾ 이 선행들에 의해 신자들은 그들의 감사함을 나타내며,⁽⁴⁾ 그들의 확신을 더욱 굳게 하고,⁽⁵⁾ 형제들의 덕을 세우며,⁽⁶⁾ 복음의 고백을 아름답게 장식하고,⁽⁷⁾ 대적들의 입을 막으며,⁽⁸⁾ 또 하나님을 영화롭게 한다.⁽⁹⁾

신자들은 하나님의 지으심을 받은 자로서 예수 그리스도 안에서 선행을 위하여 지으심을 받은 자들이니,⁽¹⁰⁾ 거룩함에 이르는 열매를 맺음으로 종극(終極)인 영생을 얻게 되는 것이다.⁽¹¹⁾

    (3) 약 2:18, 22
    (4) 시 116:12~13, 골 3:17, 대상 1:5~10
    (5) 요일 2:3, 5, 벧후 1:5~10
    (6) 고후 9:2, 마 5:16
    (7) 딛 2:5, 딤전 6:1, 딛 2:9~12
    (8) 벧전 2:15
    (9) 벧전 2:12, 빌 1:11, 요 15:8
    (10) 엡 2:10
    (11) 롬 6:22

3. 신자(信者)들이 선행(善行)을 할 수 있는 재능은 도무지 그들 자신의 것이 아니라, 전적으로 그리스도의 영으로부터 오는 것이다.⁽¹²⁾ 또 그들이 능히 선행을 할 수 있기 위해서는 이미 받은 은혜 위에, 그의 기

뻐하시는 것을 원하고 또 행할 수 있도록 그들 안에서 역사하시는 동일한 성령의 실제적 감화가 필요하다.⁽¹³⁾ 그러나 성령의 특별한 활동에 의지함 없이는 아무 의무도 행할 책임이 없는 듯이 그들이 여기서 나태하여지고 말아서는 안 되는 것이다. 오직 그들은 그들 안에 있는 하나님의 은혜를 불일듯하게 함에 근면함이 당연하다.⁽¹⁴⁾

 (12) 요 15:5~6, 겔 36:26~27
 (13) 빌 2:13, 4:13, 고후 3:5
 (14) 빌 2:12, 히 6:11~12, 사 64:7, 고후 1:3, 5, 10, 딤후 1:6, 유 1:20~21

4. 순종하는 일에 있어서 금생(今生)에서 가능한 최고의 경지까지 이른 자들이라도 의무 이상으로 하여 하나님이 요구하시는 것보다 더하시는 데서는 매우 멀고 그들이 의무상 하지 않으면 안 될 많은 일에도 미치지 못한다.⁽¹⁵⁾

 (15) 눅 17:10, 갈 5:17

5. 우리는 우리의 최고로 선한 행위들에 의해서도 하나님의 손에 죄의 용서나 영생을 공로에 의해 얻기 불능함은 그 행위(行爲)들과 장차 올 영광 사이에 큰 불균형(不均衡)이 있고, 우리와 하나님 사이에 무한한 거리가 있어서 우리는 그 행위들로 하나님께 유익하게 하지도, 우리의 이전 죄의 벌을 갚지도 못하고,⁽¹⁶⁾ 우리가 우리로서 할 수 있는 것을 다한 때에라도 우리는 우리의 의무를 한 것뿐이요, 무익한 종들이기 때문이며,⁽¹⁷⁾ 또 행위들이 선한 때에는 그것들이 그의 영으로부터 나오나,⁽¹⁸⁾ 우리에 의해 공작(工作)되는 때에는 그것들이 더러워지고 매우 많은 연약과 불완전으로 섞어져서 하나님의 심판의 엄준(嚴峻)을 견디어 낼 수 없기 때문이다.⁽¹⁹⁾

(16) 롬 3:20, 4:2, 4, 6, 엡 2:8~9, 딛 3:5~7, 롬 8:18
(17) 위의 (15)의 인용 구절들을 보라.
(18) 갈 5:22~23
(19) 사 64:6, 시 130:3, 143:2, 갈 5:17, 롬 7:15, 18

6. 그럼에도 불구하고 신자 자신들이 그리스도로 말미암아 받아들인 바 되기 때문에 그들의 선행들도 그 안에서 받아들인 바 되나니,[20] 그것은 그 선행들이 이 세상에서 하나님 앞에 전혀 비난될 것이 없고, 책망받을 것이 없다는 듯이 됨이 아니라,[21] 하나님께서 자기 아들 안에서 선행을 보시고 성실한 것을 비록 연약과 불완전이 많이 동반할지라도 받아들이고 상 주시기를 기뻐하심이다.[22]

(20) 엡 1:6, 벧전 2:5, 창 4:4, 히 11:4
(21) 고전 1:3~4, 시 143:2
(22) 고후 8:12, 히 6:10

7. 중생(重生)하지 못한 사람들이 한 일들은 비록 선행 자체로만 보면 그것들이 하나님께서 명하시는 일들일 수 있고, 그 자신들과 타인들에게 아울러 유익한 일들일 수 있으나,[23] 신앙에 의해 정결하게 된 마음에서 나오는 것도 아니며,[24] 말씀에 따라 올바른 방식으로 행하여진 것도 아니며,[25] 올바른 목적, 곧 하나님의 영광에 향한 것도 아니기 때문에[26] 그것들은 죄악스러워서 하나님을 기뻐하시게 하거나, 사람으로 하여금 하나님께로부터 오는 은혜를 받을 공로 있게 만들 수도 없다.[27] 이렇다고 해서 그들이 선행을 게을리하는 것은 더욱더 죄악스러우며 하나님을 노하시게 한다.[28]

(23) 왕하 10:30~31, 빌 1:15~16, 18
(24) 히 11:4, 6, 창 4:3~5

(25) 고전 13:3, 사 1:12
(26) 마 6:2, 5, 16, 롬 14:23
(27) 딛 1:15, 잠 15:8, 28:9
(28) 마 23:23, 25:24~28, 25:41, 45

제17장 성도의 견인에 관하여

1. 하나님이 그의 사랑하시는 자 안에서 받아들이시고 그의 영에 의해 유효적(有效的)으로 부르시고 성화(聖化)하신 자들은 은혜의 상태로부터 전적으로도, 최종적으로도 타락할 수가 없고, 그 상태에서 끝까지 확실히 견인하여 영원히 구원 얻을 것이다.(1)

(1) 빌 1:6, 요 10:28~29, 렘 32:40, 요일 3:9, 벧전 1:5, 9

2. 이 성도들의 견인은 그들 자신들의 자유 의지(自由意志)에 의뢰하지 않고, 하나님 아버지의 값없으며 불변하는 사랑에서 흘러 나오는 선택의 작정의 불변성에,(2) 예수 그리스도의 공로와 대도(代禱)의 효력,(3) 그들 안에 성령과 하나님의 씨의 거주,(4) 또 은혜 언약(恩惠言約)의 성질(5)에 의뢰하나니, 이 모든 것에서 또한 견인의 확실성과 무오성이 일어난다.(6)

(2) 딤후 2:19, 렘 31:3, 엡 1:4, 5, 요 13:1, 롬 8:35~39
(3) 히 10:10, 14, 요 17:11, 24, 히 7:25, 9:12~15, 롬 8:32~39, 눅 22:32
(4) 요 14:16~17, 요일 2:27, 3:9
(5) 렘 32:40, 히 8:10~12
(6) 살후 3:3, 요일 2:19, 요 10:28, 살전 5:23~24, 히 6:17~20

3. 그럼에도 불구하고 그들은 사단과 세상의 시험들, 그들 안에 남아 있는 부패의 우세, 그들은 보전하는 방편들을 게을리함으로 말미암아 극심한 죄에 빠져서 한동안 그것에 머무르면서,[7] 그 때문에 하나님의 불쾌를 일으키며,[8] 그의 성령을 슬프게 하며,[9] 그들의 은혜와 위로를 어느 정도 빼앗기게 되고,[10] 그들의 마음이 강퍅해지고,[11] 그들의 양심이 부상을 당하고,[12] 다른 사람들을 해치며 중상하고,[13] 일시적으로 그들 자신들에게 심판을 초래한다.[14]

(7) 마 26:70, 72, 74, 삼하 12:9, 13
(8) 사 64:7, 9, 삼하 11:27
(9) 엡 4:30
(10) 시 51:8, 10, 12, 계 2:4
(11) 시 95:8
(12) 시 32:3~4, 시 51:8
(13) 삼하 12:14
(14) 시 89:31~32, 고전 11:32

제18장 은혜와 구원의 확신에 관하여

1. 외식하는 자들과 기타 거듭나지 못한 사람들이 하나님의 총애와 구원의 상태에 있다고 하는 그릇된 소망과 육적 오만으로 허망하게 자신들을 속이고 있는데,[1] 그들의 이 소망은 사라지고 말 것이다.[2] 그러나 진실히 주 예수를 믿고 신실하게 그를 사랑하며 그 앞에서 선한 양심(良心)을 따라 행하기를 힘쓰는 자들은 은혜의 상태에 있음을 금생에 확신할 수 있고,[3] 하나님의 영광을 바라고 즐거워할 수 있다. 이 소망은 결코 그들을 부끄럽게 아니할 것이다.[4]

(1) 신 29:19, 요 8:41

(2) 마 7:22~23
(3) 딤후 1:12, 요일 2:3, 3:14, 18~19, 21, 24, 5:13
(4) 롬 5:2, 5

2. 이 확실성은 공연히 지어낸 그릇된 소망에 근거한 다만 추측이며 그럴듯한 신념(信念)이 아니라, 구원의 약속들의 신적 진리(神的 眞理),⁽⁵⁾ 이 약속들이 위하여 맺은 진리의 내적 증거,⁽⁶⁾ 우리가 하나님의 자녀(子女)인 것을 우리의 영(靈)과 더불어 증거하시는 성령(聖靈)의 증거⁽⁷⁾에 기초한 신앙(信仰)의 무오(無誤)한 확신이다.⁽⁸⁾ 이 성령은 우리가 받을 기업의 보증이니, 그에 의하여 우리는 구속의 날을 위해 인치심을 받는다.⁽⁹⁾

(5) 히 6:17~18, 벧후 1:4~5
(6) 벧후 1:10~11, 요일 3:14
(7) 롬 8:15~16
(8) 히 6:11~12
(9) 엡 1:13~14, 고후 1:21~22

3. 이 무오(無誤)한 확신은 신앙의 본질(本質)에 속한 것이 아니어서, 참된 신자(信者)가 이것에 참여하는 자로 되기 전에 오래 기다리며 많은 고난과 더불어 분투해야 될 것이다.⁽¹⁰⁾ 그러나 하나님이 그에게 값없이 주신 사물들을 알 수 있도록 성령(聖靈)이 능하게 하여 주심으로 그는 비상한 계시(啓示)가 주어지지 않아도 통상한 방편(方便)들을 올바르게 사용함으로 확신에 이를 수 있다.⁽¹¹⁾ 그러므로 자기의 부르심과 택하심을 확신하기에 전력(全力)으로 근면하는 것은 매사람의 의무이다.

이로써 그의 마음은 이 확신이 맺는 정당한 열매인 성령에 의한 평화(平和)와 기쁨, 하나님께 향한 사랑과 감사, 순종의 의무들을 이행하는 힘과 유쾌에서 더 커질 수 있다. 이 확신이 사람들을 방종에 기울어 지게 하는 데서는 매우 멀리 있는 것이다.[12]

    (10) 요일 6:13
    (11) 고전 2:12, 요일 4:13, 시 77:10~20, 73
         위의 2단의 인용 구절을 보라.
    (12) 벧후 1:10, 롬 6:1~2 딛 2:11~12, 14

4. 참신자(信者)들이라도, 자기들의 구원의 확신을 보전하는 일에 태만, 양심(良心)을 상해(傷害)하며, 성령을 슬프게 하는 어떤 특별한 죄에 빠지는 것, 어떤 돌연 혹 격렬한 시험, 하나님이 그의 얼굴빛을 거두시어 그를 경외하는 사람이라도 흑암 중에 걸으며 빛을 가지지 못하게 방임하여 두시는 것 등에 의하여 그들의 구원의 확신이 여러 방식으로 흔들리고, 감소되고, 중단될 수 있다.[13] 그러나 그들은 결코 하나님의 씨와 신앙의 생명, 그리스도와 형제를 향한 사랑, 의무를 이행하는 마음과 양심의 성실을 전혀 흠결하지는 않으니, 이것들로부터 성령의 역사(役事)에 의해 이 확신이 적당한 때에 회복될 수 있으며,[14] 이것들에 의해 중간에 전적 절망에 빠지지 않도록 구조를 받는다.[15]

    (13) 시 51:8, 12, 14, 엡 4:30, 시 77:1~10, 마 26:69~72, 시 31:22, 88편, 사 50:10
    (14) 요일 3:9, 눅 22:32, 시 51:8, 12, 73:15, 사 50:10
    (15) 미 7:7~9

제19장 하나님의 율법에 관하여

1 하나님은 아담에게 행위 언약으로서 한 율법(律法)을 주시어, 그것

으로 그와 그의 모든 후손에게 자신적(自身的)인, 전적(全的)인, 엄밀한, 또 항구적인 순종의 의무를 지우시고, 그것을 성취하면 생명을 주실 것을 약속하시고 그것을 위반하면 사망을 내리실 것을 경고하시고 그것을 지킬 힘과 재능을 그에게 부여하셨다.[1]

> (1) 갈 3:12, 호 6:7, 창 2:16~17(롬 5:12~14, 고전 15:22, 눅 10:25~28과 노아, 아브라함과의 언약들을 비교하라), 창 1:26, 신 30:19, 요 7:17, 계 22:17, 약 1:14

2. 이 율법(律法)은 아담이 타락한 후에도 계속하여 의의 온전한 법칙이 되었고, 이런 법칙으로서 하나님에 의해 시내산에서 십계명으로 선포되어 두 돌비에 기록되었으니,[2] 그 첫 네 계명은 하나님께 대한 우리의 의무를, 다른 여섯 계명은 사람에 대한 우리의 의무를 포함하고 있다.[3]

> (2) 약 1:25, 2:8, 10, 롬 3:19, 신 5:32, 10:4, 출 34:1, 롬 13:8~9
> (3) 마 22:37~40, 출 20:3~18

3. 보통 도덕적 율법이라고 부르는 이 율법 외에 하나님은 미성년의 교회로서 이스라엘 백성에게 의식적 율법(儀式的 律法)을 주시기를 기뻐하셨다. 그것은 여러 가지 예표적 규례들을 포함하니 부분적으로 예배에 관한 것은 그리스도와 그의 은혜들, 행위들, 고난들, 은택들을 예시하고,[4] 부분적으로 도덕적 의무들에 관한 다양의 교훈들을 제시하고 있다.[5] 이 모든 의식적 율법들은 지금 신약(新約) 아래서는 폐지되어 있다.[6]

> (4) 히 10:1, 갈 4:1~3, 골 2:17, 히 9장
> (5) 레 5:1~6, 6:1~7과 유사한 성구들을 보라.
> (6) 막 7:18~19, 갈 2:4, 골 2:17, 엡 2:15~16

4. 한 국가로서 이스라엘 백성에게 하나님은 또한 많은 사법적 율법

을 주셨으니, 그것은 그 백성의 국가와 함께 끝났고, 지금은 그것의 일반적 정당성이 요구할 수 있는 것밖에는 다른 아무것도 의무로 지우지 않는다.⁽⁷⁾

(7) 마 5:38~39, 고전 9:8~10, 출 21, 22장

5. 도덕적 율법은 칭의된 사람들에게도, 다른 사람들에게도, 모든 사람들에게 영구히 이것에 순종할 의무를 지우나니, 그것은 이것에 포함된 사건 때문만 아니라 또한 이것을 주신 창조주 하나님의 권위 때문이다.⁽⁸⁾ 그리스도께서도 복음에서 이 본무를 어떤 방식으로 해소하지 않으시고 더 많이 강화하신다.⁽⁹⁾

(8) 롬 13:8~9, 요일 2:3~4, 7, 롬 3:31, 6:15, 2단의 인용 성구들을 보라.
(9) 마 5:18~19, 약 2:8, 롬 3:31

6. 참신자(信者)들은 행위 언약(行爲言約)으로서 율법 아래 있어서 그것에 의해 의롭다 함을 얻거나 정죄(定罪)를 받는 것은 아니나,⁽¹⁰⁾ 다른 사람들에게와 마찬가지로 그들에게도 율법(律法)은 크게 유용(有用)하다. 즉, 생활의 법칙으로서 하나님의 뜻과 신자(信者)들의 의무를 알려주어서 이에 따라 행하도록 그들을 지도하고 속박하며,⁽¹¹⁾ 또한 그들의 성질과 마음과 생활의 죄로 물든 본성의 더러움을 드러내어 주어서,⁽¹²⁾ 그것에 의해 그 자신들을 살피어 죄를 더욱 깨닫고, 죄로 인해 겸손해지고, 죄를 미워하게 하며,⁽¹³⁾ 그것과 함께 그들이 그리스도와 그의 완전한 순종을 필요로 하는 것을 더욱 밝히 보게 한다.⁽¹⁴⁾

마찬가지로 이 율법(律法)은 거듭난 자들에게도 그들의 부패를 제어(制御)하기 위해 유익한 것이니 이것은 죄(罪)를 금(禁)하며,⁽¹⁵⁾ 이것의 위협들은 비록 그들이 율법에서 위협된 저주로부터 해방되었을지

라도 그들이 죄 때문에 기대할 수 있는지를 보여 줌에 역사(役事)한다.[16] 같은 모양으로 율법의 약속들은 순종에 대한 하나님의 시인과 그것을 행한 경우에, 행위 언약(行爲言約)으로서 율법에 의해 그들에게 당연한 일로서는 아니지만, 어떤 복들을 그들이 기대할 수 있는지를 보여준다.[17] 그래서 율법이 선을 장려하고 악을 제지하기 때문에, 사람이 선을 행하고 악을 피하는 것은 그가 율법 아래 있고 은혜 아래 있지 않다는 증거는 되지 않게 된다.[18]

    (10) 롬 6:14, 8:1, 갈 4:4~5, 행 13:30
    (11) 갈 3:24, 롬 8:3, 9, 7:24~25
    (12) 롬 7:12, 시 119:5, 고전 7:9, 갈 5:14, 18, 23
    (13) 롬 7:7, 3:20
    (14) 롬 7:9, 14, 24
    (15) 약 2:11, 시 119:128
    (16) 스 9:13~14, 시 19:30~34
    (17) 시 19:11, 37:11, 레 26:3~13, 엡 6:2, 마 5:8
    (18) 롬 6:12, 14, 히 12:28~29, 벧전 3:8~12, 시 34:12~16

7. 상술한 율법의 용도는 복음의 은혜에 반대되는 것이 아니라, 오히려 그것에 잘 따른다.[19] 즉, 그리스도의 영이 사람의 의지를 억제하며 능하게 하시어 율법에 계시된 하나님의 뜻이 행하기로 요구하는 것을 자유롭게 또는 기쁘게 행할 수 있게 하신다.[20]

    (19) 6단의 인용을 보라.
    (20) 겔 36:27, 히 8:10, 렘 31:33

제20장 그리스도인의 자유(自由)와
양심(良心)의 자유에 관하여

1. 그리스도께서 복음 아래 있는 신자들을 위하여 값 주고 사신 자유는 죄책, 하나님의 정죄하는 진노, 도덕적 율법의 저주에서의 해방으로,⑴ 이 악한 세상, 사단의 종 됨, 죄의 통제(統制)에서,⑵ 또는 환난들의 악, 사망의 쏘는 것, 무덤의 승리, 영원한 멸망에서의 구출로,⑶ 또한 그들이 하나님에게 자유로운 접근,⑷ 그들의 노예적 공포 때문이 아니라, 아이 같은 사랑과 즐겨 하는 마음 때문에 하나님에게 순종을 드리는 것으로 구성된다.⑸

이 모든 것은 율법 아래 있는 신자들에게도 공통하였으나,⑹ 신약 아래서 그리스도인의 자유는 유대인의 교회가 굴복한 의식적 율법의 멍에에서의 그들의 해방에서,⑺ 은혜의 보좌에 한층 더 담대히 접근함에서,⑻ 율법 아래 있는 신자들이 통상으로 참여한 것보다 더 충분한 하나님의 값 없는 영의 전달에서 한층 더 확대된다.⑼

    (1) 딛 2:14, 살전 1:10
    (2) 갈 1:4, 행 26:28, 골 1:13, 롬 6:14
    (3) 시 119:71, 고전 15:56~57, 롬 8:1
    (4) 롬 5:2
    (5) 롬 8:14~15, 엡 2:18, 갈 4:6, 히 10:19, 요일 4:18
    (6) 갈 3:9, 14(8장의 6의 인용을 보라)
    (7) 갈 5:1, 행 15:10, 갈 4:1~3, 6
    (8) 히 4:14, 16, 10:19~20
    (9) 요 7:38~39, 고후 3:13, 17~18

2. 하나님만이 양심(良心)의 주이신 바, 그는 양심을 신앙 혹은 예배의

사건들에서 무엇이든지 그의 말씀에 배치하거나 혹은 말씀 밖에 있는 사람들의 교리들과 계명들로부터 자유하게 하셨다.(10) 그래서 양심을 떠나서 이런 교리들을 믿는 것이나 이런 계명들을 순종하는 것은 양심의 참자유를 저버리는 것이니,(11) 맹종적 신앙과 절대적, 맹목적 순종은 양심의 자유와 이성(理性)을 파괴하는 것이다.(12)

  (10) 롬 14:4, 행 4:19, 5:29, 고전 7:23, 마 28:8~10, 고후 1:24, 마 15:9
  (11) 갈 2:3~4, 골 2:20, 22~23, 갈 5:1
  (12) 호 5:11, 계 13:12, 16~17

3. 그리스도인의 자유를 구실로 하여 어떤 죄를 범하거나 어떤 욕심을 품는 자들은 그것에 의하여 그리스도인의 자유의 목적을 파괴한다. 그 목적은 우리가 우리의 원수들의 손에서 구출되어 우리의 전 생애(全生涯)에 두려움 없이 주 앞에서 거룩함과 의로움으로 그를 섬기려는 것이다.(13)

  (13) 갈 5:13, 벧전 2:16, 눅 1:74~75, 벧후 2:19, 요 8:34

4. 하나님이 제정하신 권세들과 그리스도가 값 주고 사신 자유는 파괴하는 것이 아니라 피차에 서로 지지하며 보전하는 것이 하나님에 의해 의도되는 것이므로, 그리스도인의 자유를 구실로 하여 국가적(國家的)이나, 교회적(敎會的)인 합법적 권세 또는 그것의 합법적 행사에 반대하는 자들은 하나님의 규례에 반항하는 것이다.(14) 또 그들이 본성의 빛과 신앙, 예배 혹은 생활에 관한 그리스도교의 알려진 원칙들과 경건의 능력에 배치하는 의견을 공포하거나, 그같은 행위를 지지한다면, 혹은 그 성질상, 또는 공포 혹 주장의 방법상, 그리스도가 교회에 세우신 외적 평화와 질서를 파괴하는 그릇된 의견과 행위를 한다면,

그들은 교회의 책벌에 의해 합법적으로 문책되고 고소될 수 있다.[15]

(14) 벧전 2:13~14, 16, 히 13:17, 롬 13:1~3
(15) 고전 5:1, 5, 11, 13, 딛 1:13, 마 18:17~18, 살후 3:14, 딛 3:10

제21장 종교적 예배와 안식일에 관하여

1. 자연의 빛은, 만물의 통치권과 주권을 가지시고, 또 선하시어 만물에게 선(善)을 행하시며, 따라서 마땅히 마음을 다하고, 목숨을 다하고, 힘을 다하여 경외하고 사랑하고 찬송을 드리고 사정을 아뢰고 신뢰하고 섬겨야 될 하나님이 계시다는 것을 보여 준다.[1] 그러나 참 하나님을 예배하는 기꺼이 수납될 방법은 하나님 자신에 의해 제정(制定)되었고, 그 자신의 계시하신 뜻에 의해 제한되어서 사람의 상상이나 고안이나 사단의 시사(示唆)에 따라, 어떤 유형한 표현이나 기타 성경에 규정되지 않은 방법으로 예배 받지 않게 하셨다.[2]

(1) 롬 1:19~20, 렘 10:7, 시 19:1~6
(2) 신 12:32, 마 4:9, 10, 15:9, 행 17:24~25, 출 20:4~6, 신 4:15~28, 골 2:20~23

2. 종교적 예배는 하나님 곧 성부, 성자, 성령께 드려야 하며, 그에게만 드려야 하고,[3] 천사들이나 성도들이나, 다른 어떤 피조물에게 예배해서는 안 된다.[4] 또 타락 이후에는 중보가 없지 않으나 다른 어떤 이의 중보를 통해서는 예배할 수 없고 오직 그리스도의 중보를 통해서만 예배한다.[5]

(3) 요 5:23, 고후 13:14, 마 4:10, 계 5:11~13
(4) 골 2:10, 계 19:10, 롬 1:25

(5) 요 14:6, 딤전 2:5, 엡 2:18

3. 감사를 함께 하는 기도는 종교적 예배의 한 특별 부분이니,⁽⁶⁾ 하나님이 모든 사람들에게 요구하신다.⁽⁷⁾ 그리고 기도가 수납되기 위하여 성자의 이름으로,⁽⁸⁾ 그의 성령의 도우심에 의해,⁽⁹⁾ 그의 뜻에 따라서,⁽¹⁰⁾ 이해, 숭경, 겸손, 열심, 신앙, 사랑, 견인으로 할 것이며,⁽¹¹⁾ 소리내어 기도할 때는 잘 알려진 언어로 할 것이다.⁽¹²⁾

(6) 빌 4:6
(7) 눅 18:1, 딤전 2:8
(8) 요 14:13~14
(9) 롬 8:26
(10) 요일 5:14
(11) 시 47:7, 히 12:28, 창 18:27, 약 5:16, 엡 6:18, 약 1:6~7, 막 11:24, 마 6:12, 14~15, 골 4:2
(12) 고전 14:14

4. 기도는 합법적인 사물들을 위하여,⁽¹³⁾ 또는 살아 있는 모든 사람들이나 앞으로 출생할 사람들을 위해서 할 것이요,⁽¹⁴⁾ 죽은 자를 위해서나,⁽¹⁵⁾ 사망에 이르는 죄를 범한 줄로 알려진 자들을 위해서 할 것은 아니다.⁽¹⁶⁾

(13) 요일 5:14
(14) 딤전 2:1~2, 요 17:20, 삼하 7:29
(15) 삼하 12:21~23, 눅 16:25~26
(16) 요일 5:16

5. 경건한 경외로 성경을 봉독하는 것과,⁽¹⁷⁾ 견실한 강도(講道),⁽¹⁸⁾ 이해

와 신앙과 숭경으로 하나님께 복종하여 말씀을 양심적으로 듣는 것,[19] 마음에 감사함으로 시(詩)를 부르는 것,[20] 또한 그리스도께서 세우신 성례를 정당히 거행하며 가치 있게 받는 것은 하나님께 드리는 통상한 종교적 예배의 모든 부분들이다.[21] 이외에 종교적 맹세[22]와 서원,[23] 엄숙한 금식,[24] 특별한 기회들에 감사의 행사[25] 등은 여러 때들과 시절들에 따라 거룩하게 종교적인 방식으로 사용되어야 한다.[26]

(17) 행 15:21, 17:11, 계 1:3

(18) 딤후 4:2

(19) 약 1:22, 행 10:33, 히 4:2, 마 13:19, 사 66:2

(20) 골 3:16, 엡 5:19, 약 5:13

(21) 마 28:19, 행 2:42, 고전 11:23~29

(22) 신 6:13

(23) 시 116:14, 사 19:21, 느 10:29

(24) 욜 2:12, 마 9:15, 고전 7:5, 엡 4:16

(25) 시 107편

(26) 요 4:24, 히 10:22

6. 기도도, 종교적 예배의 다른 아무 부분도 지금 복음 아래서는, 그 행해지는 혹은 지향되는 어떤 장소에 고정되거나 혹은 그것에 의하여 더욱더 수납될 만하게 되지도 않는다.[27] 도리어 모든 곳에서,[28] 신령과 진정으로 하나님께 예배할 것이다.[29] 즉, 개개 가정에서,[30] 날마다,[31] 은밀히 각 사람이 스스로 예배함같이,[32] 공동 집회(公同集會)들에서는 더욱더 엄숙히 할 것이니, 하나님이 그의 말씀이나 섭리에 의해서 그곳에 부르시는 때에 부주의로나, 고의로나, 공동 집회를 경시하거나 버려서는 안 된다.[33]

(27) 요 4:21
(28) 말 1:11, 딤전 2:8
(29) 요 4:23~24
(30) 마 6:11
(31) 신 6:7, 욥 1:5, 행 10:2
(32) 마 6:6, 엡 6:18
(33) 사 56:7, 히 10:25, 행 2:42, 눅 4:16, 행 13:42

7. 일반적으로 정당한 부분의 시간을 하나님께 예배하기 위하여 성별하는 것이 자연의 법칙임같이 하나님은 그의 말씀에서 모든 시대의 모든 사람들에게 의무를 지우는 적극적, 도덕적, 영구적인 명령에 의하여 칠일에 하루를 안식일로 특별히 정하시어 그에게 거룩히 지키게 하셨다.(34) 이 안식일은 창세부터 그리스도의 부활까지는 일주간의 마지막 날이었으나, 그리스도의 부활 후부터는 일주간의 첫날로 바뀌어 성경에서 주의 날이라고 칭하는데 그리스도교 안식일로 이 세상 끝까지 계속되어야 할 것이다.(35)

(34) 출 20:8~11, 사 52:2, 4, 6
(35) 고전 16:1~2, 행 20:7

8. 이 안식일은 먼저 사람들이 자기의 마음을 정당히 준비하고 그들의 일상의 요무(要務)들을 정돈한 후에 그들의 세속적 직업과 오락에 대한 그 자신들의 일과 말과 생각으로부터 떠나는 전일(全日) 거룩한 휴식을 지킬 뿐 아니라,(36) 하나님 예배의 공적, 사적 행사들에, 또는 부득이한 의무들과 자선의 의무들에 전 시간을 바치는 때에 주께 대해 거룩히 지켜진다.(37)

(36) 출 16:23, 25~26, 29~30, 출 31:15~16, 사 58:13, 느 13:15~22,

눅 23:56
(37) 사 58:13, 마 12:1~13

제22장 합법적 맹세와 서원에 관하여

1. 합법적 맹세는 종교적 예배의 한 부분이니,⁽¹⁾ 정당한 기회에 맹세하는 사람이 엄숙히 하나님을 불러 자기가 단언하거나 약속한 것에 대해 증인이 되시고 그의 맹세한 것의 진위(眞僞)에 따라 그를 판단하시기를 구하는 것이다.⁽²⁾

    (1) 신 10:20
    (2) 고후 1:23, 대하 6:22~23, 출 20:7

2. 하나님의 이름만이 사람이 의지해서 맹세해야 할 이름이니, 맹세에서 그 이름은 모든 거룩한 두려움과 숭경으로 사용되어야 할 것이다.⁽³⁾ 그러므로 그 영광스럽고 두려운 이름으로 헛되이 혹은 경솔히 맹세하는 것과 다른 무엇으로 맹세하는 것은 죄악이며, 따라서 미워해야 할 것이다.⁽⁴⁾ 그러나 중요한 사건들에 있어서, 맹세가 구약에서와 마찬가지로 신약에서도 하나님의 말씀에 의해 보증되었으니 합법적 권위에 의해 부과된 합법적 맹세는 이런 사건들에 마땅히 행해질 것이다.⁽⁵⁾

    (3) 신 6:13
    (4) 렘 5:7, 약 5:12, 마 5:37, 출 20:7
    (5) 왕상 8:31, 스 10:5, 마 26:63~64

3. 맹세하는 자는 누구든지 마땅히 그렇게 엄숙한 행위의 중대성을

정당히 고려하고, 진리라고 자기가 충분히 확신하는 것 이외의 아무것도 공언(公言)해서는 안 된다. 누구든지 선하고 바른 것과 또 자기가 그렇다고 믿는 것과, 또 자기가 이행할 수 있으며, 이행하기로 작정한 것 이외의 아무 것에라도 맹세에 의해 자기를 구속할 것은 아니다. 그러나 선하고 바른 어떤 일에 합법적인 권위에 의해 부과된 맹세를 거절하는 것은 죄이다.(6)

    (6) 신 10:20

4. 맹세는 말의 평이하고 보통한 의미로, 애매한 언사나, 말해야 할 것을 말하지 않고 의중 보류(意中保留)하는 일이 없어야 한다.(7) 맹세가 죄를 짓도록 구속하기는 불능하나 죄악한 것이 아닌 어떤 일에 맹세했으면, 비록 사람 자신에게 손해가 되어도 이행할 의무가 있으며,(8) 또 비록 이단자들이나 불신자들에게 맹세했을지라도 그것을 깨뜨릴 수 없다.(9)

    (7) 시 24:4, 렘 4:2
    (8) 시 15:4
    (9) 겔 17:16, 18, 수 9:18~19, 삼하 21:1

5. 서원은 약속적 맹세와 같은 성질의 것이니 마땅히 같은 종교적 주의를 가지고 발할 것이며, 같은 성실성으로 이행하여야 한다.(10)

    (10) 시 66:13~14, 61:8, 신 23:21, 23

6. 서원은 아무 피조물에게도 말고 오직 하나님께만 발할 것이다.(11) 그리고 서원이 가납되기 위하여는, 신앙과 의무의 양심으로부터, 이제껏 받은 긍휼에 대해 감사함으로, 또는 우리가 원하는 바를 얻기 위

해 자원적으로 발해져야 한다.

　이 서원으로 우리는 마땅히 해야 할 의무들에나, 혹은 적절히 그들에게 도움이 되는 한 다른 일들에 우리 자신들을 한층 더 엄밀하게 속박(束縛)하는 것이다.(12)

　　(11) 시 76:11, 렘 44:25~26
　　(12) 시 50:14, 창 28:20~22, 삼상 1:11, 시 132:2~5

7. 아무 사람도 하나님의 말씀에 금(禁)한 것이나 말씀에서 명령된 어떤 의무를 방해할 것이나, 그 자신의 능력 안에 있지 않은 것이나 또는 그것의 이행을 위하여 하나님께로부터 약속이나 재능을 받지 못한 것을 하기로 서원을 발하지 말 것이다.(13) 이런 점들에서 볼 때 평생의 독신 생활, 공약한 간난(艱難), 규칙적 순종 등의 수도서원(修道誓願)들은 더욱더 고등한 완전의 등급들이 됨에서는 너무나 먼 것이어서 미신적이며, 죄악한 올무들이 되니, 이런 것들에 아무 그리스도인도 자신을 얽매지 말 것이다.

　　(13) 민 30:5, 8, 12~13

제23장 국가적 위정자에 관하여

1. 온 세계의 지존(至尊)의 주이시며, 왕이신 하나님께서 자기의 영광과 공공의 유익을 위하여, 위정자들을 자기 밑에, 백성들 위에 임명하셨다. 그리고 이 목적을 위해 검의 권력으로 그들을 무장시켜서 선한 자들을 보호하고 격려하며, 행악자(行惡者)들을 벌하도록 하셨다.(1)

　　(1) 롬 13:1, 3~4, 벧전 2:13~14

2. 그리스도인이 위정자의 직분에 소명을 받으면, 그것을 받아들여 수행하는 것이 합당하다.[2] 그 직분을 수행하는 데 있어서 그들은 마땅히 각 국가의 건전한 법률에 따라, 특히 경건과 공의와 평화를 유지해야 하므로,[3] 이 목적을 위해 지금 신약 아래 있어서도 정당하고 부득이한 경우에는 합법적인 전쟁을 수행할 수 있다.[4]

(2) 잠 8:15~16
(3) 시 82:3~4, 벧전 2:13
(4) 롬 13:1~3, 눅 3:14, 마 8:9, 행 10:1~2

3. 국가적 위정자들이 말씀과 성례의 집행이나 하늘나라의 열쇠의 권세를 자기들의 것으로 취해서는 안 되며, 조금이라도 신앙의 사건들에 간섭해서는 안 된다.[5]

그러나 양육하는 부친 모양으로 그리스도인들의 어느 한 교파를 다른 파들 이상에 우대하지 않고 모든 교직자들이 폭력이나 위험의 염려없이 그들의 신성한 기능들의 대부분을 이행하는 충분한, 해방된, 의심의 여지 없는 자유를 누리게 하는 방식으로 우리의 공동한 주의 교회를 보호하는 것이 국가적 위정자들의 의무다.[6] 그리고 예수 그리스도께서 그의 교회에 정규의 정치와 권징을 정하셨으니 그리스도인들의 어느 교파의 자원적 회원들 중에서라도 그들 자신들의 고백과 신념에 따르는 그것들의 정당한 행사(行使)를 어느 국가의 아무 법률이라도 간섭하거나, 시키거나, 방해할 것이 아니다.[7] 아무 사람도 종교 혹 불신앙(不信仰)의 구실로 어떤 모욕, 폭력, 학대, 상해를 무엇이든지 다른 어떤 사람에게 가하는 것이 허용되지 않을 유효한 방식으로, 그들의 모든 백성의 인물과 명성을 보호하는 것, 또는 모든 종교적, 교회적 집회들이 방해나 교란 없이 개최될 수 있도록 질서를 유지하는

것이 국가적 위정자들의 의무다.[8]

(5) 마 16:19, 고전 4:1, 요 18:36, 엡 4:11~12, 대하 26:18
(6) 사 49:23
(7) 시 105:15, 행 18:14~16
(8) 삼하 23:3, 롬 13:4

4. 위정자들을 위해 기도하며,[9] 그들의 인물들을 존경하고,[10] 세(稅)와 기타 줄 것을 주고,[11] 양심(良心)을 위하여 그들의 합법적 명령에 순종하며 그들의 권위에 굴복하는 것은 백성의 의무이다.[12] 불신앙이나 종교의 차이로 말미암아 위정자의 공정하며, 합법적인 권위가 공허하게 되지도 아니하며, 그에게 마땅히 순종할 의무로부터 백성을 해방하지도 아니한다.[13] 이 의무에 있어서는 교직자들도 제외되지 아니한다.[14] 더구나 교황은 위정자들이 통치하는 영토에서 위정자들 위에나, 그들의 백성의 어떤 사람 위에, 어떤 권세나 사법권을 갖지 못한 것이니, 그가 위정자를 이단자라고 판정하거나 그외 다른 어떤 구실로도 그들의 통치권과 생명을 박탈할 수 없다.[15]

(9) 딤전 2:1~2
(10) 벧전 2:17
(11) 롬 13:6~7
(12) 롬 13:5, 딛 3:1
(13) 이것은 직전에 진술된 의무들에서 추론된다.
(14) 롬 13:1, 행 25:10~11
(15) 이것은 위정자에 대한 교리와 그에 관한 신자들의 의무들로부터 추론된다.

제24장 결혼과 이혼에 관하여

1. 결혼은 한 남자와 한 여자 사이에 이루어져야 한다. 즉 어느 남자가 동시에 하나 이상의 아내를 가지는 것도, 어느 여자가 동시에 하나 이상의 남편을 가지는 것도 합법적(合法的)이 아니다.⑴

    (1) 고전 7:2

2. 결혼은 남편과 아내의 상호 협조를 위해,⑵ 합법적인 지식에 의한 인류의 증가와 거룩한 씨에 의한 교회의 증가를 위해,⑶ 또 부정(不淨)을 방지하기 위해 제정되었다.⑷

    (2) 창 2:18
    (3) 말 2:15, 창 9:1
    (4) 고전 7:29

3. 판단력을 가지고 동의할 수 있는 모든 종류의 사람들은 결혼하는 것이 합법적이다.⑸ 그러나 오직 주(主) 안에서 결혼하는 것이 그리스도인의 의무이다. 그러므로 진정한 개혁 신앙을 고백하는 자들은 불신자(不信者)나 로마교회 교인이나, 우상 숭배자와 결혼해서는 안 된다. 또 생활이 유명하게 악독한 자나 혹은 위험한 이단을 주장하는 자와 결혼함으로 경건한 사람이 부동등(不同等)하게 짝짓지 않도록 해야 한다.⑹

    (5) 히 13:4, 딤전 4:3
    (6) 고전 7:39, 고후 6:14, 창 34:14, 출 34:16, 왕상 11:4, 느 13:25~27

4. 결혼은 말씀에 금(禁)한 친족(親族) 혹 인척(姻戚)의 친등(親等) 안에 이루어져서는 안 된다.⑺ 또 이같은 근친상간적(近親相姦的)인 결혼은

쌍방이 남편과 아내로서 동거할 수 있도록 사람의 법에 의해서든지 혹은 쌍방의 동의에 의해서든지 결코 합법화될 수 없다.[8]

   (7) 고전 5:1, 레 18장
   (8) 마 6:18, 레 18:24~28, 20:19~21

5. 간음이나 사통(私通)은 비록 약혼 후에 범했더라도, 결혼 전에 발견되면, 순결한 편에서 약혼을 해소할 수 있는 정당한 근거를 준다.[9] 결혼 후에 범한 간음의 경우에 있어서는, 순결한 편에서 이혼 소송을 제기하고,[10] 이혼 후에는 죄를 범한 쪽이 죽었다는 듯이 다른 사람과 결혼하는 것이 합법적이다.[11]

   (9) 신 22:23~24
   (10) 마 5:31~32
   (11) 마 19:9

6. 사람의 부패는 하나님이 결혼에서 합하여 주신 사람들을 부당히 나누려고 변론들에 노력하기 쉬우나 간음 외에는 결혼의 속박(束縛)을 해소하기에 충족한 원인이 아무 것도 없다.[12] 이혼하는 경우에는 공적이며 질서적인 절차를 밟아야 되고, 당사자들은 자기 자신들의 사건에서 자신들의 의지와 판단에 방임되어서는 안 된다.[13]

   (12) 마 19:6, 9
   (13) 스 10:3

제25장 교회에 관하여

1. 무형한 공동 즉 보편의 교회는 과거, 현재, 미래에 교회의 머리이

신 그리스도 아래 하나로 모이는 피택자들의 총수로 구성되는데, 만물 안에서 만물을 충만케 하시는 자의 아내요, 몸이며 충만이다.⑴

(1) 엡 1:22~23, 골 1:18, 엡 5:23, 27, 32

2. 유형 교회도 복음 아래서는 역시 공동 즉 보편의 교회이니, 전에 율법 아래서처럼 한 민족에게 국한된 것이 아니라, 전 세계를 통하여 참종교를 고백하는 모든 자들과,⑵ 그들의 자녀로 구성된다.⑶ 이 교회는 주 예수 그리스도의 나라이고,⑷ 하나님의 집과 가족이니,⑸ 이것밖에는 구원의 통상한 가능성이 없다.⑹

(2) 고전 1:2, 12:12~13, 롬 15:9~12
(3) 창 17:7, 행 2:39, 고전 7:14, 막 10:13~16
(4) 마 13:47, 골 1:13
(5) 엡 2:19
(6) 행 2:47

3. 그리스도는 세상 끝까지, 금생에 있는 성도들을 모으시고, 완전케 하시기 위하여, 이 공동적 유형적 교회에 교역자와 말씀과 규례들을 주시고, 또 그의 약속에 따라 그 자신의 임재와 성령에 의해 그 주신 것들로 그 목적에 향해 효력을 내게 하신다.⑺

(7) 엡 4:11~13, 사 59:21, 마 28:19~20

4. 이 공동 교회는 때로는 더 잘 보이고 때로는 잘 보이지 아니하였다.⑻ 또 이것의 지체들인 개교회들은 그것들에서 복음의 교리가 가르쳐지고 만들어지며, 규례들이 집행되며, 공예배가 행해지는 순결의 정도에 따라 혹은 더 순결하기도 하고 혹은 적게 순결하기도 하다.⑼

(8) 롬 11:3~4, 행 9:31
(9) 고전 5:6~7, 계 2:3

5. 하늘 아래 가장 순결한 교회들이라도 혼잡과 오류에 빠지기 쉬우며,[10] 또 심지어 어떤 교회들은 그리스도의 교회가 아니라 사단의 회가 될 만큼 타락하였다.[11] 그러나 하나님의 뜻에 따라 하나님을 경배하는 교회가 지상에 항상 있게 될 것이다.[12]

(10) 마 13:24~30, 47~48
(11) 롬 11:18~22, 계 18:2
(12) 마 16:18, 시 102:28, 마 28:19~20

6. 주 예수 그리스도는 교회의 유일하신 머리이시니,[13] 어떤 사람이 그리스도의 대리자요 교회의 머리라고 하는 주장은 비성경적이요, 사실에 근거가 없으며, 주 예수 그리스도에게 욕을 돌리는 권리 침해이다.

(13) 골 1:18

제26장 성도의 교통에 관하여

1. 머리이신 예수 그리스도에게 그의 영에 의해, 또는 신앙에 의해 연합된 모든 성도들은 그의 은혜, 고난, 죽음, 부활, 영광에 있어서 그와 교통하며,[1] 또 사랑으로써 성도 상호 간에 연합되어 피차의 은사와 은혜로 교통하며,[2] 속사람과 겉사람에 있어서 그들 상호의 유익에 이바지하는 공사(公私)의 의무들을 수행할 본분 아래 있다.[3]

(1) 요 1:3, 엡 3:16~19, 요 1:16, 빌 3:10, 롬 5:5~6, 18:17
(2) 엡 4:15~16, 요 1:3, 7

(3) 살전 5:11, 14, 갈 6:10, 요일 3:16~18

2. 성도들은 그들의 신앙고백에 의해 하나님께 예배와 성도 상호의 건덕에 이바지하는 영적 봉사의 수행에 있어서,⁽⁴⁾ 또한 그들의 여러 가지 재능들과 필요에 따라 외적 사건들에서 서로 원조하는 일에 있어서 거룩한 친교(親交)와 교통을 지속할 의무가 있다. 이러한 교통은 하나님이 기회를 제공하여 주시는 대로 각 처에서 주 예수의 이름을 부르는 모든 사람들에게로 확장되어야 한다.⁽⁵⁾

(4) 히 10:24~25, 행 2:42, 46, 고전 11:20
(5) 요일 3:17, 행 11:29~30, 고후 8:9

3. 성도들이 그리스도로 더불어 가지는 교통은 그들을 아무 의미에서도 그리스도의 신격(神格)의 실체(實體)에 참여하는 자들이 되게 하거나, 아무 점에서도 그리스도와 동등되게 하지 않나니 그중에 어느 하나라도 긍정하는 것은 불경건이며 참람이다.⁽⁶⁾ 또 성도로서 그들 상호의 교통은 각 사람이 자기의 재산과 소유에 대하여 가지고 있는 권리, 즉 소유권을 빼앗거나 침해하는 것이 아니다.⁽⁷⁾

(6) 골 1:18, 고전 8:6, 시 14:7
(7) 행 5:4

제27장 성례에 관하여

1. 성례들은 하나님이 직접 제정하신 은혜 언약(恩惠言約)의 거룩한 표(表)와 인호(印號)로서,⁽¹⁾ 그리스도와 그의 은택을 제시하며, 그의 안에 있는 우리의 이권(利權)을 확인하며,⁽²⁾ 또한 교회에 속한 자들과 세상

의 남은 사람들 사이에 있는 유형한 차이를 나타내며,⁽³⁾ 하나님의 말씀에 따라 그들이 그리스도 안에서 하나님을 섬기는 일에 엄숙히 종사하게 하기 위한 것이다.⁽⁴⁾

(1) 창 17:9~11, 출 13:9~10, 롬 4:11, 출 12:3~20
(2) 고전 10:16, 11:25~26, 갈 3:27
(3) 출 12:48, 히 3:10, 고전 11:27~29
(4) 롬 6:3~4, 고전 10:14~16 문맥을 보라.

2. 매성례에는 표와 표상(表象)되는 것 사이에 영적 관계 즉 성례적 일치(聖禮的 一致)가 있다. 그래서 한편의 명칭들과 효과들이 다른 편에 돌려지게 된다.⁽⁵⁾

(5) 창 17:10, 마 26:27~28

3. 올바르게 사용되는 성례들 안에서, 혹은 성례들에 의해 표시되는 은혜는 성례들 안에 있는 어떤 힘에 의해 주어지는 것이 아니라, 또 성례의 효과는 그것을 거행하는 사람의 경건이나 의도에 의뢰하지 않고, 다만 성령의 역사와,⁽⁶⁾ 성례의 사용에 권위를 가지게 하는 명령과 상당한 수령자(受領者)들에 대한 은택의 약속을 포함하는 성례 제정의 말씀에 의뢰하는 것이다.⁽⁷⁾

(6) 롬 2:28~29, 고전 3:7, 6:11, 요 3:5, 행 8:13~23
(7) 요 6:63

4. 복음 안에서 우리 주 그리스도에 의해 제정된 오직 두 성례가 있으니, 즉 세례와 주의 만찬이다.⁽⁸⁾ 그 중의 어느 것도 합법적으로 임직된 말씀의 교역사 이외의 어떤 사람에 의해서는 기행될 수 없다.⁽⁹⁾

(8) 마 28:19, 고전 11:20, 32
(9) 고전 4:1, 히 5:4

5. 구약의 성례들은 그것들에 의해 표상되고 표시된 영적 사물에 관해서 볼 때 신약의 성례들과 실질적으로 동일하다.(10)

(10) 골 2:11~12, 고전 5: 7~8

제28장 세례에 관하여

1. 세례는 예수 그리스도에 의해 제정된 신약의 성례이니,(1) 수세자(受洗者)를 유형 교회에 엄숙히 가입시키기 위한 것만 아니라,(2) 그에게 은혜 언약,(3) 그의 그리스도에게 접붙임,(4) 중생,(5) 죄의 용서,(6) 예수 그리스도를 통하여 자기를 하나님께 드려서 새 생명으로 행하는 일의(7) 표와 인호로 되게 하기 위한 것이다. 이 성례는 그리스도 자신의 지정(指定)에 의해 세상 끝까지 그리스도의 교회 안에 계속될 것이다.(8)

(1) 마 28:19
(2) 행 2:41, 10:47
(3) 롬 4:11, 갈 3:29, 골 2:11~12과 비교하라
(4) 갈 3:27, 롬 6:3~4
(5) 딛 3:5
(6) 행 2:38, 막 1:4, 행 22:16
(7) 롬 6:3~4
(8) 마 28:19~20

2. 이 성례에 사용될 외적 요품(外的 要品)은 물이니 당사자는 그것을

가지고 합법적으로 그 직에 부름 받은 복음의 교역자에 의해,(9) 성부와 성자와 성령의 이름으로 세례를 받을 것이다.(10)

    (9) 고전 4:1, 히 5:4
    (10) 행 8:36, 38, 10:47, 마 28:19, 엡 4:11~13

3. 세례 받을 사람을 물에 담그는 것은 필요하지 않다. 그 사람의 머리 위에 물을 붓거나 뿌리는 것으로 세례는 정당히 베풀어진다.(11)

    (11) 막 7:4, 행 1:5, 2:3~4, 7, 11:15~16, 히 9:10, 19~21

4. 실제로 그리스도에게 신앙과 순종을 고백하는 사람들만 아니라,(12) 신자인 양친이나 일친(一親)의 유아들도 세례를 받을 것이다.(13)

    (12) 위의 1의 인용을 보라.
    (13) 창 17:7, 9~10, 갈 3:9~14, 롬 4:11~12, 고전 7:14, 막
        10:13~16, 눅 18:15~16

5. 이 규례를 멸시하거나 소홀히 여기는 것이 큰 죄악이긴 하나,(14) 은혜와 구원이 세례에 분리될 수 없이 결합되어 세례 없이는 아무 사람도 중생되거나 구원 얻을 수 없다든지,(15) 혹은 세례 받은 모든 사람은 의심없이 다 중생된다는 것이 아니다.(16)

    (14) 눅 7:30, 창 17:14
    (15) 롬 4:11, 눅 23:40~43, 행 10:45~47
    (16) 행 8:13~23

6. 세례의 효력은 그 거행되는 시간에만 국한되지 않는다.(17) 그러나 이 규례를 바로 사용함으로 약속된 은혜가 제공될 뿐만 아니라, 하나님 자신의 의지의 도모에 따라 그의 정하신 때에, 그 은혜가 속한 자

들에게(어른이든 유아이든 간에) 실제로 성령에 의해 표시되고 주어지는 것이다.[18]

    (17) 요 3:5, 8, 롬 4:11
    (18) 갈 3:27, 엡 1:4~5, 5:25~26, 행 2:38~41, 16:31, 33

7. 세례의 성례는 어떤 사람에게든지 오직 한 번만 베풀 것이다.[19]
    (19) 딛 3:5

제29장 주의 만찬에 관하여

1. 우리 주 예수께서 잡히시던 밤에 주의 만찬이라 칭하는 그의 몸과 피에 관한 성례를 제정하셔서 그의 교회에서 세상 끝까지 지키게 하셨다. 그것은 그의 죽으심으로 인한 그 자신의 희생을 영구히 기념하게 하며 그의 희생은 모든 은택을 참신자들에게 인치며 그들을 그리스도 안에서 영적으로 양육되고, 자라게 하며, 그들이 그리스도에게 지고 있는 모든 의무를 더 잘 이행하게 하기 위함이며, 또는 그리스도의 신비적 신체(神祕的 身體)의 지체들인 그들의 그리스도와의 교통 및 그들 상호 간 교통의 매는 줄과 보증이 되게 하기 위함이다.[1]
    (1) 마 26:26~27, 눅 22:19~20, 고전 10:16~17, 21, 11:23~26, 12:13

2. 이 성례에서 그리스도가 산 자와 죽은 자와 죄 사함을 위하여 그의 성부에게 바쳐지는 것이 아니요, 어떤 실제적인 제사가 드려지는 것도 도무지 아니라, 그가 스스로 그 자신을 단번에 십자가에서 바치신 일의 기념, 또는 그 때문에 하나님께 바칠 수 있는 모든 찬송의 영적

봉헌(奉獻)뿐이다. 그러므로 소위 교황주의적(教皇主義的) 미사의 제사는 피택자들의 모든 죄를 위한 유일 화목제물인 그리스도의 단 하나의 제사에 가장 모순된다.[2]

(2) 마 26:26~27, 눅 22:19~20, 히 9:25~26, 28, 10:11~12, 14, 18

3. 주 예수께서는 그의 교역자들에게 이 규례에서, 성례 제정의 말씀을 회중에게 선언하고, 기도하고, 떡과 포도즙의 요품들을 축복하여 그것들을 보통 사용에서 거룩한 사용으로 성별할 것, 떡을 취하여 떼고, 잔을 취하여 (그들 자신들도 참여하면서) 수찬자들에게 두 요품을 줄 것, 그러나 그때에 회중에 출석하여 있지 않은 자에게는 아무에게도 주지 않을 것을 명하셨다.[3]

(3) 1, 2의 인용을 보라.

4. 사적(私的) 미사, 즉 사제나 기타의 사람에 의해 혼자서 이 성례를 받는 것은 잔을 회중에게 주는 것을 거절하는 것과 그 요품들을 예배하는 것, 숭경을 위하여 그것들을 들어서 보이며, 이리저리 옮겨 돌아가는 것, 또 다른 종교적 사용을 위해 그것들을 보존하는 것과 동양(同樣)으로 모두 이 성례의 본질과 그리스도의 제정에 배치한다.[4]

(4) 마 15:9

5. 그리스도에 의해 정해진 용도(用途)들을 위해 정당히 성별(聖別)된 이 성례에서의 외적 요품(外的要品)들은 참으로, 그러나 성례적으로만, 그것들이 제시(提示)하고 있는 것, 즉 그리스도의 몸과 피라는 이름으로 혹시 부르는 것과 같은 관계를 십자가에 못 박히신 자에게 가진

다.⁽⁵⁾ 그러나 그것들은 그 실체와 성질에서 오히려 전과 같은 모양으로, 진실히, 다만, 떡과 포도즙대로 남아 있다.⁽⁶⁾

(5) 마 26:26~28
(6) 고전 11:26~27

6. 떡과 포도즙이 사제의 축복이나 혹은 다른 어떤 방도에 의해 그리스도의 몸과 피의 실체로 변한다는 [보통으로 화체설(化體說)이라 칭하는] 교리는 성경에 반항할 뿐 아니라, 상식과 이성에도 그리하며, 성례의 성질을 거꾸러뜨리며, 이제까지 여러 가지 미신들과 난잡한 우상 숭배의 원인이 되어 왔고 지금도 그러하다.⁽⁷⁾

(7) 행 3:21, 고전 11:24~26, 눅 24:6, 39

7. 합당한 수찬자는 이 성례에 있어서, 유형한 요품들에 외적으로 참여하면서 또한 신앙에 의하여 내적으로 참여하여, 실제로 또는 참으로, 그러나 육체적 또는 신체적으로가 아니라 영적으로, 십자가에 못 박히신 그리스도와 그의 죽음의 모든 은택을 받고 또 그것들을 먹고 산다. 그때에 그리스도의 몸과 피가, 신체적 혹은 육체적으로 떡과 포도즙의 안에, 함께, 혹은 아래 있는 것이 아니라, 이 규례에서 요품 자체들이 그들의 외적 감각들에 대하는 것과 같은 모양으로, 실제로, 그러나 영적으로, 신자들의 신앙에 대하여 임재한다.⁽⁸⁾

(8) 고전 10:16, 요 6:53~58

8. 무지하고 완악한 사람들이 이 성례의 외적 요품들을 받더라도 그들은 그것들에 의해 표상되는 것을 받는 것이 아니라, 그들이 합당치 않게 성례에 참여하므로 주의 몸과 피를 범하는 죄가 있으며, 그들

자신들의 영벌에 향하여 나간다. 그 까닭으로 모든 무지하며 불경건한 자들은 주로 더불어 교통을 즐기기에 적당치 않으며, 따라서 주의 상에 참여하기 합당치 않으니 그리스도에 대항하는 큰 죄가 없으되 그들이 이런 상태에 남아 있는 동안 이 거룩한 신비들에 참여하거나,⁽⁹⁾ 이것들에 허입(許入)되기 불능하다.⁽¹⁰⁾

    (9) 고전 11:27, 29, 고후 6:14~16, 고전 10:21
    (10) 고전 5:6, 7, 13, 고후 3:6, 14, 15, 마 7:6

제30장 교회의 책벌에 관하여

1. 주 예수께서는 교회의 왕과 머리로서 교회에 국가적 위정자(國家的 爲政者)와는 판이(判異)한 교회 직원의 손에 있는 정치를 정하셨다.⁽¹⁾

    (1) 요 18:36, 사 9:6~7, 고전 12:28, 딤전 5:17

2. 이들 교직자들에게 그 나라의 열쇠가 맡겨져 있으니, 그 효력으로, 이들은 말씀과 책벌로 죄를 보류 혹 용서하며, 또 회개치 않는 자에게는 그 나라의 문을 닫고, 회개하는 죄인들에게는 그 경우의 필요에 응하여, 복음의 사역에 의해, 또는 책벌 해제에 의해, 천국의 문을 여는 권세를 갖고 있다.⁽²⁾

    (2) 마 16:19, 18:17~18, 고후 2:6~8

3. 교회의 책벌은 범죄하는 형제들을 바로잡고, 얻으며, 다른 사람들을 막아 같은 죄를 범하지 못하게 하며, 온 덩어리에 퍼지는 누룩을 제거하며, 그리스도의 영예와 복음의 거룩한 고백을 옹호하며, 또 만일 하나님의 언약과 그것의 인호(印號)가 극악하고 완고한 범죄자에

의해 더러워지는 것을 방임하여 두면 정당히 교회에 내릴 터인 하나님의 진노를 막기 위하여 필요하다.⁽³⁾

(3) 딤전 1:20, 5:20, 유 1:23, 고전 5장, 11:27~34, 삼하 12:14

4. 이 목적을 좀더 잘 달성하기 위하여 교회의 직원들을 범죄의 성질과 범죄자의 과실(過失)에 응하여 권계(勸戒), 주의 만찬의 성례 참여의 일시적 정지(一時的 停止), 또는 교회로부터 제명, 출교 등의 조치를 취할 것이다.⁽⁴⁾

(4) 살후 3:6, 14, 고전 5:4~5, 13, 마 18:17, 딛 3:10

제31장 지방 회의들과 총회의들에 관하여

1. 교회의 더욱 좋은 정치와 더 한층의 건덕을 위하여 보통으로 지방 회의들 혹은 총회의들이라 칭하는 회의들이 당연히 있을 것이다. 개교회들의 감시자들과 기타 치리자들은, 그리스도께서 그들에게 건덕을 위하여 주시고, 파괴를 위하여 주지 않으신 그들의 직분과 권세의 효력으로, 이같은 회의들을 설립하는 것, 또는 그들이 교회의 유익을 위하여 편의하다고 판단하는 대로 자주 이것들을 소집하는 것이 그들의 권한이다.⁽¹⁾

(1) 행 15:1~35, 16:4

2. 사역적(使役的)으로, 신앙에 대한 논쟁들과 양심의 문제들을 결정하는 것, 공적 하나님 예배와 하나님의 교회의 정치를 더욱더 좋게 정돈하기 위한 규칙들과 지침(指針)을 정하는 것, 실정(失政)의 경우에 고소를 받는 것, 그것을 권위적으로 결정하는 것은 지방 회의들과 총회

의들에 속한다. 그 제정들과 결정들은, 하나님의 말씀에 일치하면, 그것들이 하나님의 말씀에 동의하는 때문만 아니라, 또한 그것들을 만드는 권세 때문에 하나님의 말씀에서 명하신 하나님의 규례인 것으로, 숭경과 복종을 가지고 받아들일 것이다.[2]

(2) 행 15:15, 19, 24, 27~31, 16:4, 마 18:17~20

3. 사도시대 이후 모든 지방 회의들과 총회의들이 세계적이든지 지방적이든지를 물론하고, 오류를 범할 가능성이 있었고, 또 많은 회의들이 오류를 범하였다. 그러므로 이들 회의들은 신앙과 본분의 규칙으로 삼을 수 없고 이 둘에 도움으로 사용될 것뿐이다.[3]

(3) 행 17:11, 고전 2:5, 고후 1:24, 엡 2:20

4. 지방 회의들과 총회의들은 교회적인 사건 이외에는 어떠한 일도 처리하거나 결정할 수 없다. 비상한 경우에 겸비한 진정(陳情)의 방식으로 혹은 국가적 위정자(國家的 爲政者)로부터 요구된 경우에 양심의 만족을 위한 충고의 방식으로밖에는 국가에 관계하는 세속적 사건에 간섭할 것이 아니다.[4]

(4) 눅 12:13~14, 요 18:36, 마 22:21

제32장 사람의 죽은 후 상태와 죽은 자에 관하여

1. 사람들의 신체들은 죽은 후 흙으로 돌아가 썩음을 보나,[1] 그들의 영혼들(죽지도 자지도 않는 것)은 죽지 않는 본질을 가져서 그것들을 주신 하나님께로 즉시 돌아간다.[2] 의인들의 영혼들은 죽을 때에 온전히 거룩해져서 지극히 높은 하늘로 영접되어 빛과 영광 가운데서 하나님

의 낯을 뵈오며 그들의 신체들의 온전한 구속을 기다리고,⁽³⁾ 악인들의 영혼들은 지옥에 던져져 그곳에서 고초와 전적 흑암 가운데 지나며 큰 날의 심판까지 갇혀 있다.⁽⁴⁾ 성경은 신체와 나누인 영혼들을 위하여 이 두 장소 외에는 다른 아무 곳도 인정하지 않는다.

 (1) 창 3:19, 행 13:36
 (2) 눅 23:43, 빌 1:23, 고후 5:6~8
 (3) 눅 16:23, 롬 8:23
 (4) 눅 16:23~24, 벧후 2:9

2. 마지막 날에 살아 있는 자들은 죽지 않고 변화될 것이다.⁽⁵⁾ 그리고 죽은 자들은 모두 본래와 같은 신체들로 일으킴을 받을 것이니, 그것들은 다른 품질들을 가질지라도 결코 다른 몸들이 아니며, 그들의 영혼들과 다시 결합하게 될 것이다.⁽⁶⁾

 (5) 살전 4:17, 고전 15:51~52
 (6) 고전 15:42~44

3. 불의한 자의 몸들은 그리스도의 능력으로 살아나 치욕을 당하게 될 것이나, 의인의 몸들은 그리스도의 영으로 살아나 영예를 받으며 그리스도 자신의 거룩한 몸을 닮게 될 것이다.⁽⁷⁾

 (7) 행 24:15, 요 5:28, 29, 빌 3:21

제33장 최후 심판에 관하여

1. 하나님은 예수 그리스도에 의하여 세상을 심판하실 한 날을 정하셨는데,⁽¹⁾ 그에게 아버지의 모든 권세와 심판이 위임되어 있다.⁽²⁾ 그날

에는 배교한 천사들이 심판을 받을 뿐 아니라 땅 위에 일찍 산 바 있는 모든 사람들이 한결같이 그리스도의 심판대 앞에 나타나 그들의 생각, 말, 행동을 설명하고 그들이 선악 간에 몸으로 행한 대로 보응을 받을 것이다.(3)

> (1) 마 25:31~34
> (2) 요 5:25, 27
> (3) 유 1:6, 벧후 2:4, 고후 5:10, 롬 2:16, 4:10, 12, 마 12:36~37, 고전 3:13 ~15

2. 하나님이 이 날을 정하신 목적은, 피택자(被擇者)들의 영원한 구원에서 그의 긍휼의 영광을 나타내시고,(4) 악하고 불순종한 피기자(被棄者)들의 영벌에서 그의 공의를 나타내기 위하심이다.(5) 대개 그때의 의인은 영생에 들어가 주 앞에서 오는 충만한 기쁨과 유쾌를 받으나,(6) 하나님을 알지 못하고 또 예수 그리스도의 복음을 불순종한 악인들은 영원한 고초에 던져져서, 주 앞에서 또는 그의 권세의 영광에서 오는 영원한 파멸로 형벌을 받을 것이기 때문이다.(7)

> (4) 롬 9:23, 엡 2:4~7
> (5) 롬 2:5~6, 살후 1:7~8
> (6) 마 25:31~34, 살후 1:7, 시 16:11
> (7) 마 25:41, 46, 살후 1:9, 막 9:47~48

3. 그리스도께서는 모든 사람들의 범죄하는 것을 막기 위하여, 또는 경건한 사람들의 역경에서 더 큰 위안을 위하여, 우리로 하여금 심판날이 있으리라는 것을 확실히 믿게 하기를 의욕(意慾)하심과(8) 동시에 그 날을 사람들에게 알리지 않으셔서, 그들이 어느 때에 주께서 오

실지는 알지 못하므로, 일절의 육적인 안심을 떨어버리고 항상 깨어, "오시옵소서 주 예수여 속히 오시옵소서"라고 말하기로 언제나 준비되어 있게 하실 것이다.⁽⁹⁾ 아멘.

   (8) 고후 5:11, 살후 1:5~7, 눅 21:27~28, 벧후 3:11, 14
   (9) 막 13:35~37, 눅 12:35~36, 마 24:36, 42~44, 계 22:20

이 웨스트민스터 信徒揭要譯文은 內容을 美國 正統長老敎會의 信徒揭要에 따라 最初 原本대로 取하고 脚註는 主로 美國 南長老敎會 信徒揭要에서 取함.

   但 最初 原本보다 變異한 몇 句節이 있으니 國家的 爲政者와 離婚에 關한 條文들에서다.

부록 II

대한예수교장로회총회
신학정체성 선언문 및 해설

서문 ·································· 352
신학정체성선언문 ················ 354
해설 ·································· 360

* 본 선언문은 제108회 총회에서 채택하고 헌법에 삽입하기로 결의하였습니다.

서 문

　대한예수교장로회총회와 이에 속한 모든 교회는 수많은 도전 앞에서도 신구약 성경을 하나님의 변함없는 진리로 믿어 왔으며, 지금도 하나님의 구원의 은혜와 무한한 사랑이 모든 성도와 교회의 존립과 사역을 가능하게 하는 유일한 기초이자 능력임을 믿는다.

　우리는 역사적 개혁신학이 성경의 명확한 진리를 가장 잘 표현한 신학 체계라고 믿으며, 우리 총회가 표방하는 12신조와 웨스트민스터 신앙고백서(신도게요) 및 대소요리문답(성경 대요리문답, 성경 소요리문답)의 진술이 우리 교회의 공적인 표준 문서로서, 여전히 유효한 보편적 가치를 지니고 있음을 고백한다.

　우리는 하나님께서 한 세기가 넘도록 우리 교단과 교회들을 진리 가운데 지켜주시고 오늘날까지 성장할 수 있도록 인도하신 은혜에 감사하며 새로운 시대 변화에 맞는 우리의 신학정체성을 선언하려 한다. 이는 종교다원주의적 사조와 초기술사회에 따른 세속화, 성경의 진리에 반하는 다양한 윤리적 도전에 맞서 우리가 견지해 온 신앙고백에 충실한 신학적 입장을 표명하기 위함이다.

이러한 신학정체성 선언의 목적은 보다 선명하고 확고한 신앙의 확인이 필요한 다음 세대의 이해를 돕고, 나아가 우리 교회의 신학적 입장을 대외적으로 알리기 위해 우리가 지켜 온 역사적 신앙고백을 더 명확하고 쉬운 진술을 통해 재확인하는 데 있다.

주후 2024년 3월 4일

대한예수교장로회총회

제108회 총회장 오정호
총회신학정체성선언문 집필위원장 김길성
서 기 임종구
위 원 김광열 김석환 김성태 김요섭
라영환 박윤만 박재은 신현철
이상웅 이상원 이풍인 주종훈
채이석 최재호 황성일

대한예수교장로회총회
신학정체성 선언문

제1장 성 경

신구약 성경 66권은 우리의 믿음과 행위의 유일한 표준이요, 태어나서 죽기까지 함께 할 우리의 친구요 안내자이다.

우리는 성경이 하나님께서 인간 저자에게 영감을 주셔서 기록하게 하신 정확하고 오류가 없는 하나님 말씀임을 믿는다. 구약 39권, 신약 27권으로 된 성경은 인간의 구원, 신앙과 생활에 대한 유일하고 절대적인 법칙이다. 성경은 성경으로 해석하되, 역사 속에서 인간의 언어로 기록된 하나님의 말씀이라는 특성에 따라 역사적·언어적·신학적 해석의 원리를 따라야 한다.

제2장 하나님

하나님은 한 분이시며 영원히 삼위로 계신다. 성부, 성자, 성령 하나님은 우리의 예배를 받으시며 기도를 들으신다.

우리는 거룩하신 하나님, 즉 참되고 유일하신 하나님께서 스스로 살아계심을 믿는다. 우리는 성부, 성자, 성령 삼위일체로 계시는 하나님께서 온 세상과 인류를 창조하시고 다스리시며 믿는 자를 구원하심을 믿는다.

제3장 사 람

사람은 하나님의 형상대로 지음을 받은 영육 통일체이다.

우리는 하나님께서 사람을 자기의 형상대로 남자와 여자로 만드시고, 영혼과 육체를 가진 유기적 통일체로 지으셨음을 믿는다. 첫 사람 아담이 범죄함으로 온 인류는 그 안에서 그와 함께 범죄하였고, 본래 가졌던 의를 잃었으며, 하나님과의 관계도 단절되어 죽음에 이르게 되었다. 그러나 우리는 인류의 결국이 심판과 멸망으로 끝나지 않고, 은혜 언약 안에서 예수 그리스도를 믿음으로 죄와 죄의 형벌인 죽음의 권세로부터 구원받음을 믿는다.

제4장 중보자 그리스도

사나 죽으나 우리를 죄와 죽음에서 구원하실 분은 오직 예수님 한 분뿐이시다.

우리는 예수 그리스도께서 하나님의 아들이시며, 우리의 구원을 위한 유일 중보자이심을 믿는다. 그리스도는 성육신과 동정녀 탄생, 고난과 순종, 십자가 죽음을 통해 타락한 인간을 구원하는 대속사역을 이루셨다. 부활후 승천하신 그리스도는 구원받은 성도들이 하나님께 나아갈 때, 그들을 위해 간구하는 유일 중보자이시며, 왕·선지자·제사장으로서 지금도 일하고 계시며, 성경대로 다시 오신다.

제5장 구 원

구원은 예수 그리스도를 믿는 자에게 하나님께서 무조건적으로 베푸시는 은혜의 선물이다.

우리는 죄인의 구원이 그리스도와의 연합 안에서 믿는 자에게 무조건적으로 베풀어 주시는 하나님의 은혜임과 하나님의 절대 주권에 근거하고 있음을 믿는다. 구원의 선물은 부르심, 거듭남, 회심, 믿음, 칭의, 양자 됨, 성화, 견인, 영화의 은혜로 주어지며, 성령 하나님께서는 믿는 자 안에서 구원을 이루어 가신다.

제6장 교 회

참되고 바른 교회는 말씀을 바르게 선포하고, 성례를 정당하게 시행하며, 권징을 신실하게 집행하여 모든 일을 말씀대로 충실히 수행하는 교회이다.

우리는 교회가 하나님께서 세우신 백성이요, 그리스도의 거룩한 몸이며, 성령의 전임을 믿는다. 믿는 자들로 구성된 보편적인 무형 교회는 현세 안에서 제도를 갖춘 유형 교회로 나타난다. 그리스도의 참된 교회는 말씀을 바르게 선포하고, 성례를 그리스도께서 제정하신 대로 시행하며, 권징을 신실하게 집행하여 교회의 모든 규례와 사역을 말씀대로 충실히 수행해야 한다.

제7장 은혜의 수단

믿는 자는 말씀, 성례, 기도를 통해 하나님과 즐겁고 유쾌하게 교제하는 복된 은혜를 누린다.

우리는 하나님께서 말씀, 성례, 기도를 통해 믿는 자에게 은혜 베푸심을 믿는다. 믿는 자가 하나님의 말씀을 바르게 들을 때 성령 하나님께서 역사하셔서 말씀을 깨닫는 은혜를 베풀어 주신다. 그리스도께서 제정하신 성례는 세례와 성찬인데, 세례는 은혜로 그리스도와 연합한 표지이자 인침이며, 성찬은 떡과 포도즙으로 그리스도의 몸과 피에 영적으로 참여해 은혜를 누리는 수단이다. 기도는 말씀과 더불어 하나님과 영적으로 교제하고 대화하는 은혜의 수단이다.

제8장 신자의 책임

모든 신자는 지역 교회에 소속되어 예배와 친교, 봉사에 참여하며 자신이 속한 교회의 치리를 따르고 성례에 참여해야 한다.

신자는 주일을 거룩히 지키고 성도 상호 간에 덕을 세우며, 성경을 배우고 전하며 실천하기를 힘쓰고 생활을 통해 거룩함을 드러내야 한다. 또한 성경의 가르침을 따라 결혼하여 가정을 이루며 거룩한 교제와 구제, 선한 사업에 시간·재정·재능을 사용함으로 하나님의 영광을 드러내야 한다.

제9장 사회적 책임

신자는 믿는 자답게 사회 속에서 하나님의 창조 질서와 도덕법을 적극적으로 지키며 살아야 한다.

구원받은 신자는 말씀과 성령의 인도 아래 성화의 삶을 살아야 하며, 이는 개인생활뿐 아니라 사회생활에서도 구현되어야 한다. 인간 영혼의 구원은 사회봉사보다 우선순위를 가지나, 복음 전도를 위해서는 개인의 구원과 사회봉사의 노력이 함께 수행되어야 한다. 신자는 사회구조가 하나님 뜻에 합당한가를 예의 주시하는 가운데, 하나님 뜻에 합당하지 못할 때는 비판하고 대안으로서의 사회구조를 제시할 수 있어야 한다. 특별히 동성애는 하나님의 창조 질서와 도덕규범에 반하는 행위이며, 낙태와 안락사는 하나님의 형상을 지닌 살아 있는 인간의 생명을 파괴하는 행위이므로 금지되어야 한다.

제10장 교회와 국가

교회와 국가는 하나님께서 세우신 기관으로 각 영역에서 하나님의 주권을 드러내는 역할을 성실히 수행해야 한다.

우리는 국가가 교회와 더불어 하나님께서 세우신 기관이며, 국가의 공직자는 하나님의 사역자임을 믿는다. 국가는 국민의 안전과 자유를 수호하고 공의를 실현하며 교회와 신앙의 자유를 보장해야 한다. 모든 권세는 하나님의 주권 아래 있으므로, 우리는 국가의 정당한 권위에 순종하고 공직자가 하나님의 말씀에 따라 바르게 통치하도록 기도해야 한다. 또한 믿는 자가 국가 기관에서 봉사할 때는 정직하고 공정하게 직무를 수행해야 한다.

제11장 창조세계

믿는 자는 창조세계를 다스리고 보전할 권리와 의무를 가진 지혜로운 청지기이다.

우리는 하나님께서 선하게 창조하신 세계가 인간의 죄와 탐욕으로 인하여 오염되었음을 믿는다. 창조세계의 오염을 극복하고 자원을 안전하게 활용하기 위하여 우리는 지혜로운 청지기로서 하나님께서 주신 자연 환경을 그 창조 원리에 따라 관리할 책임이 있다.

제12장 최후 심판

심판대 앞에 선 자에게 남은 것은 그리스도 안에서의 영원한 복, 그리스도 밖에서의 영원한 벌 외에는 없다.

우리는 그리스도께서 재림하실 때 부활과 심판이 있음을 믿는다. 또한 최후 심판 날에 믿는 자는 영광 중에 천국에서 영생을 누리고, 믿지 않는 자는 지옥에서 영원한 형벌을 받는다.

총회 신학정체성 선언문
해설

제1장 성 경

1. 성경의 정의
우리는 신구약 성경이 하나님의 영감으로 된 정확하고 오류가 없는 하나님 말씀이며 신앙과 생활의 유일하고 절대적인 법칙임을 믿는다.[1]

2. 성경의 저자
성경은 구약 39권, 신약 27권으로 총 66권이며, 성경의 원저자는 하나님이다. 하나님은 인간 저자에게 영감을 주는 동시에 환경·경험·교육·언어·문체 등과 같은 인간적·사회적 요소를 사용하도록 허락하셨다.[2] 또한 인간 저자가 성경을 기록할 때 인간의 죄악된 본성이 기록을 오염시키지 않도록 성령의 감동으로 보호하시면서 그러한 요소들을 사용하게 하셨기 때문에 성경에는 일체의 오류가 없다.

3. 성경의 특성
성경은 하나님의 영광과 인간의 구원, 신앙과 생활에 필요한 모든 것을 완

---

[1] 엡 2:20; 딤후 3:16-17; 벧후 1:20-21; 계 22:18-19.
[2] 눅 1:2-4; 행 1:1-3; 벧후 3:15-16.

전하게 드러내는 온전한 계시이기에 더 보태거나 뺄 것이 없다. 성경에서 예배와 교회의 치리와 신앙생활에 필요한 보다 구체적인 원리를 발견하기 위해서는 전체 성경이 말하는 일반 원칙과 본성의 빛에 근거한 추론 과정을 거쳐야 한다. 이 과정에도 성령의 내적 조명이 필요한데, 이는 성경의 저자는 성령 하나님이시기 때문이다.[3]

4. 성경의 해석

성경의 가장 권위 있는 해석자는 성경이기에 성경은 성경으로 해석되어야 한다. 신약의 의미는 구약을 통해 충분히 드러나고, 구약의 의미는 신약의 빛 아래에서 읽을 때 분명해진다.[4] 이는 천지 창조와 타락으로 시작하여 이스라엘과의 언약 수립을 통한 하나님의 구원 계획이 인류의 메시야로 오신 예수 그리스도를 통해 완성되었기 때문이다.[5] 성경의 저자이신 하나님은 각 권 속에서 자신의 뜻을 점진적으로 더 분명하게 계시하셨기 때문에 어떤 부분에서 의문이 생기면 좀 더 온전하게 말하는 다른 구절을 헤아려 해석해야 한다.[6] 성경의 원 의미는 하나이며, 그 의미를 찾는 구체적인 해석은 성경이 역사 속에서 인간의 언어로 기록된 하나님의 말씀이라는 특성에 따라 역사·언어·믿음의 원리를 따라야 한다.

5. 성경의 번역

구약 성경은 히브리어와 아람어, 신약 성경은 헬라어로 기록되었다.[7] 오순절 성령이 임하시어 사도들로 하여금 각기 다른 언어로 하나님의 큰일을

---

3 롬 8:7-9; 고전 2:9-10, 12.
4 고전 10:11; 요 8:38; 막 9:12, 14:21; 히 1:1-2.
5 요 1:41, 4:25; 골 1:16-20.
6 사 34:16; 히 1:1-2; 벧후 1:19.
7 막 5:41, 7:34; 마 27:46; 행 21:37.

말하게 하신 뜻을 좇으며, 종교 개혁자들이 직접 보여준 본을 따라 성경은 각 나라의 언어로 번역되어야 한다. 이로써 모든 사람이 성경에서 신앙과 생활의 법칙을 찾아 합당한 방법으로 하나님을 예배하며, 그분께 순종하는 삶을 살도록 해야 한다.[8]

제2장 하나님

1. 하나님의 속성

하나님께서는 지극히 순수한 영이시며 비가시적이시다.[9] 그는 무한하시고 무오하시며[10] 불변하시고 영원하시다.[11] 그는 지극히 공의로우시고 죄를 미워하시지만,[12] 동시에 지극히 자비로우우셔서 은혜로우시고 그의 피조물을 사랑하신다.[13] 하나님께서는 자신의 의로운 뜻에 따라[14] 그 자신의 영광을 위하여 전능자로서 모든 일을 행하시므로[15] 그의 앞에는 만물이 열려 있고 드러나 있다.[16] 그는 자신 안에 모든 생명과 선하심과 복되심을 가지고 계신다.[17] 하나님께서는 완해불가하셔서[18] 인간이 그를 완전히 이해하는 것이 불가능하지만,[19] '하나님의 자기계시'로 인해[20] 그에 대해 알아

---

8 행 2:5-11.
9 요 4:24; 딤전 1:17.
10 욥 11:7-9, 26:14.
11 약 1:17; 말 3:6; 시 90:2; 딤전 1:17.
12 신 32:4; 시 5:5-6; 히 1:9.
13 출 22:27, 34:6; 요일 4:8, 16.
14 엡 1:11.
15 욥 5:17; 사 1:24; 전 11:5.
16 시 90:4; 히 4:13; 벧후 3:10.
17 민 6:24-27; 시 119:68; 요 1:4, 5:26; 딤전 6:15; 롬 9:5.
18 시 145:3.
19 롬 11:33.

야 할 것들을 부분적이나마 정확히 알 수 있다.

2. 삼위로 계심

한 분 하나님[21]께서는 성부, 성자, 성령의 삼위로 계신다.[22] 성부 하나님, 성자 하나님, 성령 하나님께서는 한 동일 실체이시며, 각각 또한 전체로 그러하시다. 신격의 단일성 안에 계신 삼위께서는 한 권능, 한 영광, 한 영원성으로 동등하시다.[23] 성부께서는 아무것에도 속하지 않으시고, 나지도 않으시고, 나오지도 않으신다. 성자께서는 영원히 성부에게서 나셨다.[24] 성령께서는 영원히 성부와 성자에게서 나오신다.[25]

3. 하나님의 창조

삼위일체 하나님께서 태초에 무로부터 세계와 그 안에 있는 모든 것을 창조하시되, 보이는 것이나 보이지 않는 것 모두 매우 선하고 아름답게 창조하셨다.[26] 또한 하나님께서는 사람을 남자와 여자로 창조하시되, 그 자신의 형상으로 만드셔서[27] 지식과 의와 참된 거룩을 갖게 하셨다.[28] 따라서 인간은 원래 이성이 있고 죽지 않을 수 있는 영혼을 가진 채 창조되었고,[29] 하나님의

---

20 롬 16:26; 히 1:1-2.
21 신 6:4; 고전 8:4, 6; 딤전 1:17; 유 1:25.
22 마 3:16-17, 28:19; 고후 13:13.
23 빌 2:6; 행 5:3, 4.
24 요 1:14, 18.
25 요 15:26.
26 창 1:1-25; 히 11:3; 골 1:16; 행 17:24.
27 창 1:26-27.
28 엡 4:24; 골 3:10; 고후 5:17.
29 창 2:7; 전 12:7; 눅 23:43; 마 10:28.

법을 수행할 능력도 주어졌다.³⁰ 다만 그들에게는 의지의 자유가 있었으므로 변화에 굴복하거나 죄를 지을 가능성도 있었다.³¹

4. 하나님의 섭리

하나님께서는 세상의 가장 큰 것으로부터 가장 작은 것들에 이르기까지 ³² 모든 피조물과 행위와 일을 보전하시고 협력하시며 통치하신다.³³ 그는 이 일을 자신의 지혜롭고 거룩하신 섭리와 자유롭고 변함없는 뜻에 따라 행하신다.³⁴ 그 이유는 모든 피조물로 하여금 하나님의 선하신 지혜와 능력과 공의의 영광을 찬송하도록 하기 위함이다.³⁵ 그러나 하나님께서는 때때로 자신의 자녀들을 잠시 갖가지 시험 속에서 그들 자신의 마음이 부패한 대로 내버려 두기도 하신다. 이는 자녀들로 하여금 그들 마음의 부패성과 악함을 깨닫고³⁶ 좀 더 겸손해져서 하나님을 의존하며³⁷ 늘 깨어 있도록 하기 위한 것이다.³⁸ 그렇더라도 이때 죄성은 그 피조물에게서만 나오는 것이요,³⁹ 하나님에게서 나오는 것이 아니다. 왜냐하면 하나님께서는 지극히 거룩하시고 의로우셔서 죄의 조성자나 승인자가 될 수 없기 때문이다.⁴⁰

---

30 롬 2:14-15, 5:12; 전 7:29.
31 시 103:19; 마 6:30.
32 마 6:26-30, 10:28-31.
33 단 4:34-35; 시 135:6; 행 17:25-28; 욥 42:2.
34 잠 15:3; 시 104:24; 145:17; 대하 16:9.
35 사 43:21; 시 68:4, 135:3.
36 대하 32:25-26, 31; 삼하 24:1.
37 고후 12:7-9; 시 77:1-10, 12; 요 21:15-17.
38 살전 5:6; 벧전 5:8; 계 16:15.
39 잠 29:6; 전 7:29; 고전 3:19.
40 약 1:13-17; 요일 2:16.

5. 하나님을 즐거워하는 삶

하나님께서는 천사, 사람, 또 다른 모든 피조물로부터 모든 영광과 감사와 헌신과 순종을 받기에 합당하시다.[41] 창조주이신 하나님은 만물 위에 초월적인 주권과 지배권을 가지고 계셔서[42] 무엇이든지 자신이 기뻐하시는 바를 만물 위에, 만물을 통해, 또 만물을 위해 행하고 계시기 때문이다.[43] 하나님께서는 홀로 존재하는 모든 것의 근원이시기에[44] 만물이 그에게서 나오고 그로 말미암고 또 그에게로 돌아간다.[45] 그러므로 사람은 자기가 창조된 목적을 바로 깨달아 날마다 하나님을 기뻐하고 즐거워하며, 살든지 죽든지[46] 또 무엇을 하든지 하나님을 영화롭게 하고 그를 영원토록 찬송하며 예배함이 마땅하다.[47]

제3장 사 람

1. 인간의 창조

하나님께서는 다른 모든 피조물을 창조하신 후에 자기 형상대로[48] 사람을 남자와 여자로 만드셨다. 인간은 영혼과 육체를 가진 유기적인 통일체로,[49] 하나님의 참된 지식과 의, 참된 거룩함을 따라 지음을 받았다.[50] 인

---

41 히 2:10; 계 4:11.
42 창 17:1; 출 3:14, 34:6; 엡 1:11; 계 4:8.
43 고전 8:6; 골 1:16-17; 히 2:8-10.
44 출 3:14.
45 롬 11:36.
46 빌 1:20.
47 *WSC*, 제1문의 답.
48 창 1:26-27.
49 창 2:7; 선 12:7; 마 10:28, 고후 5.1-9; 빌 1:21-24.
50 엡 4:21-24; 골 3:10.

간은 창조주이자 통치자이신 하나님으로부터 명령을 받으며, 그분께 힘을 다하여 책임을 지는 인격적인 존재이다. 하나님께서는 인간의 마음에 하나님의 율법을 기록하셨으며,[51] 그것을 수행할 능력도 주셨다. 하나님께서는 이 세상을 하나님과 인간, 인간과 인간, 인간과 피조물 사이에 온전하고 완전한 균형과 조화를 이룬 상태로 창조하셨다.

2. 인간의 범죄

인간은 자기 의지의 자유에 따라 하나님 말씀을 어기고[52] 선악과를 따 먹음으로써 인간은 하나님께서 설정하신 창조주와 피조물 사이의 기준을 거부하고 스스로 최종적 판단자가 되었다. 선악과를 따 먹기 전 인간은 하나님과의 교제를 통해 참된 행복을 누렸다. 그러나 인간은 죄를 지음으로 인해 본래 가졌던 의를 잃었고, 하나님과의 관계도 단절되었으며 죽음에 이르게 되었다.[53]

3. 죄의 결과

죄가 인간의 지성뿐만 아니라 의지도 부패시켜, 인간은 선을 행할 의지도 능력도 없는 존재가 되었다.[54] 죄에는 원죄와 자범죄가 있다. 원죄는 아담과 하와의 범죄의 결과로 인간이 태어날 때부터 가지는 타락한 본성과 상태를 말한다.[55] 원죄에는 죄책과 오염이 있다. 자범죄는 죄책과 오염 가운데 태어난 인간이 살아가면서 짓는 죄를 말한다. 이러한 근본적인 부패성으로 인하여 인간은 모든 선을 전적으로 배격하고 역행하며, 선을 행함에

---

51 롬 2:14-15.
52 창 2:16-17; 3:6-8.
53 롬 5:12, 엡 2:1, 3.
54 시 14:2-3; 롬 3:23.
55 창 1:27-28, 2:16-17; 행 17:26; 창 3:16-17; 롬 5:12-21; 고전 15:21-22, 45, 49.

무능해지고,[56] 모든 악을 전적으로 따르게 되었다.[57] 죄는 인간의 삶을 지배하는 실재로서 마음을 어둡게 하고,[58] 부패시키며,[59] 선함을 왜곡시킨다. 전적으로 부패한 본성을 갖고 태어나며 도덕적으로 무능한 인간은 자기 스스로를 구원할 수 없다. 이러한 부패한 본성은 중생한 사람들이라고 할지라도 이 세상에 사는 동안 그들 속에 남아 있다.[60] 죄는 그리스도로 말미암아 용서되고 소멸해 가지만, 그 부패성 자체와 그로부터 나오는 행위는 모두 죄악임에 틀림없다.[61]

4. 사람과 언약

성경은 아담의 타락이 가져온 인류의 절망적 상황을 하나님의 더 크신 계획, 즉 언약적 수행의 전망 안에서 제시하고 있다. 하나님의 그 크신 소망의 계획은 사람과 맺은 최초 언약인 행위 언약에서, 아담의 불순종에 따른 심판과 멸망에서 끝나지 않는다. 사랑과 은혜가 풍성하신 하나님의 계획은 그 자녀들을 은혜 언약의 복으로 인도하기 때문이다. 이 은혜 언약의 복은 구약 및 신약 시대를 막론하고, 하나님의 자녀들에게 동일한 구원의 복으로 주어지는 은혜의 선물이다.[62] 구약 시대에는 성령의 역사 속에서 약속된 '오실 메시야'에 대한 믿음으로, 신약 시대에는 그 약속대로 '오신 메시야' 그리스도에 대한 믿음으로 누리게 되는 구원의 복이다. 이처럼 아담의 타락으로 인해 인류에게 드리워진 절망의 그림자는 하나님의 크신

---

56 롬 3:23, 7:18, 8:7; 요 3:6; 창 8:21.
57 창 6:5, 8:21; 롬 3:10-12.
58 롬 1:21.
59 딤전 6:5.
60 요일 1:8, 10; 롬 7:14, 17-18, 23; 약 3:2; 잠 20:9; 전 7:20.
61 롬 7:5, 7-8, 25; 갈 5:17.
62 창 15:6; 히 11:1-40; 엡 2:1-10.

계획 속에서 소망의 복으로 회복되므로, 하나님의 자녀들은 이 땅에서 힘 있게 신자의 삶을 살아갈 수 있다.[63]

제4장 중보자 그리스도

1. 하나님 사랑의 실증

예수께서는 유대인이 오랫동안 하나님의 말씀 안에서 기다려 온 그리스도, 즉 메시야이시다.[64] 그는 인류를 향한 삼위일체 하나님의 지극하신 사랑의 실증으로,[65] 죄와 부패로 가득한 인류를 그 비참함에서 구원하여 영생을 주시고자 이 세상으로 보냄 받으신 성부 하나님의 영원한 독생자이시다.[66] 그는 원래 창세 전에 하나님과 함께 계시면서 그 창조사역에 동참했던 하나님이신데,[67] 거룩한 선지자들의 입을 통해 약속된 바를 이루시려고 정하신 때에 이 세상에 보냄 받으셨다.[68]

2. 성육신과 비하의 삶

예수 그리스도께서는 2천 년 전 이 땅에 육신으로 오실 때, 성령의 권능으로 잉태하사 동정녀 마리아에게서 나셨으되[69] 죄는 없는 이시다.[70] '주 예수'로 불리시다가, 우리 죄인들을 대신하여 하나님의 공의를 만족시키시려고 온전한 제물이 되사[71] 십자가에 못 박혀 죽으셨다. 그러나 성경에 미리 기록

---

63 롬 3:23-24, 5:12-21, 8:9, 16-17; 고전 15:45-49.
64 요 1:41, 4:25.
65 요일 4:8-10.
66 요 1:14, 3:16.
67 요 1:1-3; 골 1:16; 잠 8:22-31.
68 히 1:1-2; 갈 4:4.
69 마 1:18, 20, 23; 눅 1:35; 사 7:14.
70 요 18:38, 19:4; 히 4:15.

된 대로 그 몸이 죽은 자들 가운데서 3일 만에 다시 살아나셨다.[72] 예수의 죽음은 바로 우리의 죄 때문이며, 그의 부활은 바로 우리의 의로움을 위함이다.[73] '주 예수'를 믿음으로 우리는 영생을 얻을 수 있다.[74]

3. 한 인격 두 본성

성자 예수 그리스도께서는 한 인격에 특이한 두 본성이 있어, 완전한 신성과 완전한 인성을 동시에 가지신다.[75] 그러므로 그는 참 하나님이시면서 동시에 참 사람이시다.[76] 신성은 전지하고 어디에나 제한 없이 편재하기 때문에,[77] 그 취한 바 인성의 관계를 초월해 있지만, 동시에 그 인성과 결합되어 있다. 왜냐하면 온전하고 구분되는 두 본성, 즉 신성과 인성이 그리스도의 한 인격 안에 혼합 없이, 변화 없이, 분열 없이, 또 분리 없이 신비하게 결합되어 있기 때문이다.[78] 그리스도께서는 신성과 인성의 두 속성을 가지고 계시지만 그 인격이 단일하기 때문에, 성경에서는 한 본성에 고유한 것이 때로 다른 본성에 의해 불리기도 한다.[79]

4. 단번에 드리신 희생제사

예수 그리스도께서는 우리 죄를 대신 지시고 십자가에서 친히 대속의 죽음을 죽으신,[80] 우리의 구속주요, 온 세상의 구세주이시다.[81] 그는 하나님

---

71 막 10:45; 롬 3:25, 26, 5:8; 히 9:26.
72 고전 15:4.
73 롬 4:25.
74 요 3:15-16, 6:47.
75 눅 1:35; 골 2:9; 롬 9:5; 벧전 3:18; 딤전 3:16.
76 마 16:16; 롬 1:3-4.
77 마 26:53; 행 1:24; 시 19:4.
78 눅 1:35; 골 2:9; 름 9:5; 벧전 3:18; 딤전 3:16.
79 행 20:28; 요 3:13.

께 단번에 드리신 온전한 순종과 희생제사에 의해[82] 아버지의 공의를 충분하게 만족시키셨다.[83] 또 그는 성부께서 그에게 주신 모든 자들을 위해 화목을 이루셨을 뿐 아니라 천국에서의 영원한 유업까지 준비하셨다.[84] 이로써 사람은 오직 예수 그리스도를 통해서만 구원을 얻을 수 있다.[85] 그러므로 선지자·제사장·왕이신 예수 그리스도께서는 또한 하나님과 사람 사이의 유일 중보자시요[86] 교회의 머리와 구주시고,[87] 만유의 후사시며,[88] 또 장차 세상에 오실 심판주이시다.[89]

5. 하나님 우편에 앉아 계심

예수 그리스도께서는 고난 받고 죽으신 바로 그 동일한 몸으로 하늘에 오르사[90] 그의 아버지 우편에 앉으셨는데,[91] 거기에서 지금도 여전히 그 백성들을 위해 중보하고 계신다.[92] 이것은 그가 승천하신 후 보내신 성령과[93] 그의 몸인 교회를 통해 세상과 모든 것을 통치하시고, 자기 자신을 그의 교회의 머리로 나타내시기 위해서이다.[94] 그는 죽은 자들을 다시 살리시고[95] 사

---

80 고후 5:14-15; 딛 2:14.
81 눅 2:11; 행 5:31; 13:23.
82 엡 5:2; 히 5:8, 7:27, 9:26.
83 롬 3:25-26, 5:19; 히 9:14, 16, 10:14; 엡 5:2.
84 골 1:19-20; 엡 1:11, 14; 요 17:2; 히 9:12, 15.
85 행 4:12; 요 14:6.
86 롬 1:3, 4; 딤전 2:5.
87 엡 1:22; 골 1:18.
88 골 3:11; 히 1:2.
89 유 1:15; 계 1:4, 8, 4:8, 19:11-16.
90 행 1:9-11; 히 9:24.
91 롬 8:34; 골 3:1; 히 1:3; 벧전 3:22.
92 롬 8:34.
93 요 14:16, 15:26.
94 엡 1:22; 골 1:18.
95 롬 8:11; 고전 6:14.

람들과 천사들을 심판하시기 위해 세상 끝날 이 땅에 다시 오실 것이다.[96]

제5장 구 원

1. 구원의 계획

구원은 하나님의 기쁘신 뜻에 근거한 창세 전 선택에서 시작된다.[97] 구원은 하나님의 절대 주권에 근거하는 것으로, 하나님께서 주도하시고 하나님께서 이루신다.[98] 구원의 그 어떤 시작점도 인간에게서 찾을 수 없다.[99] 하나님께서는 자신이 기뻐하시는 때와 방식으로, 선택받은 모든 남녀노소에게 예수 그리스도와의 연합 안에서 무조건적인 구원의 선물을 베풀어 주신다.[100]

2. 부르심(소명)

하나님은 선택받은 자들을 복음의 은혜와 구원을 통해 효과적으로 부르신다.[101] 하나님은 전적인 은혜와 말씀을 통해 부름 받은 자들의 지·정·의를 깨우고 새롭게 하심으로,[102] 이들은 지극히 자유로운 가운데 하나님께로 나아간다.[103] 부르심의 이유는 인간에게서 찾을 수 없으며 오로지 하나님의 은혜에서만 찾을 수 있다.[104]

---

96 유 1:15; 행 1:11, 계 19:11-16.
97 엡 1:4, 11.
98 살후 2:13-14; 롬 8:28-30.
99 엡 1:4-6.
100 엡 1:4-6; 딤후 1:9; 고전 1:18-31.
101 롬 8:30.
102 엡 1:17-18.
103 행 2:36-41, 16:32-34.
104 롬 11:29; 살후 2:13-14.

3. 거듭남(중생)

하나님께서는 허물과 죄로 죽었던 자의 본성에 새 생명의 씨앗을 심어 영적으로 다시 태어나게 하신다.[105] 거듭남은 단회적인 사건이며 전인격에 변화를 불러일으키는 사건이다.[106] 거듭남은 오로지 하나님으로부터만 오며,[107] 전적으로 하나님의 주권적 역사에 의해서만 가능하다.[108]

4. 회심(회개와 믿음)

하나님으로부터 복음의 은혜가 임하면 죄인은 마음을 돌이키는 회심을 하게 되어 참된 회개와 믿음을 선물로 받게 된다.[109] 하나님의 은혜로 말씀을 통해 자신의 죄성을 깊이 자각하고, 죄를 향한 혐오가 생기며, 죄에서 돌이켜 하나님께로 가고 싶은 마음을 품게 된다.[110] 참되고 바른 회개는 인간의 감정이나 정서에 호소하지 않고, 하나님의 말씀에 근거한 은혜에 호소한다.[111] 우리는 하나님의 말씀을 들음으로써 구원에 이르는 믿음을 선물로 받는다.[112] 지적으로는 신앙의 대상을 바르게 인식하게 되고, 감정적으로는 신앙의 대상을 신뢰하고 사랑하게 되며, 의지적으로는 신앙의 대상을 향해 전인격적으로 믿음의 행위를 할 수 있게 된다.[113] 믿음은 인간의 자율성에 근거한 것이 아니라 전적으로 하나님으로부터 오는 선물이다.[114]

---

[105] 요 3:5; 엡 4:22-24; 딛 3:5.
[106] 요 3:3-8; 골 3:9-10.
[107] 겔 11:19-20; 요 3:5.
[108] 엡 2:1-6; 고후 5:17.
[109] 행 2:38.
[110] 단 9:3-19; 행 3:19-21.
[111] 고후 7:9-10.
[112] 롬 10:17.
[113] 롬 10:9-15.
[114] 엡 2:8-10.

행함이 없으면 죽은 믿음이나, 믿음 없는 행함도 바른 행함이 아니다.[115]

5. 칭의

하나님은 신자의 믿음을 통해 그들의 죄를 사하시고, 그들을 값없이 의롭다 칭하신다.[116] 하나님께서 죄인을 의롭다 인정하시는 이유는 그리스도의 의가 주입되거나, 인간의 율법적 행위에 근거하거나, 믿음 자체에 공로가 있어서가 아니라, 하나님께 온전히 순종하신 그리스도의 완전한 의로움이 전가되었기 때문이다.[117] 믿음은 칭의의 공로가 아니라 칭의의 도구로서 역할을 한다.[118]

6. 자녀 됨과 성화

하나님은 의롭다 칭하신 자들을 그의 자녀로 받아들이신다.[119] 예수 그리스도 안에서 하나님 자녀가 되어 양자의 영을 받은 자들은 하나님 자녀답게 살 수 있는 능력과 특권을 부여받는다.[120] 하나님의 자녀는 하나님 아버지가 내리는 징계를 받을 수 있지만 결코 자녀의 신분을 잃지 않으며, 최종적으로는 아버지의 모든 유산과 기업을 물려받게 된다.[121] 하나님의 자녀는 성령의 역사로 거룩한 삶을 살 수 있는 능력을 받는다.[122] 예수 그리스도 안에서 결정적으로 거룩해지며,[123] 은혜 가운데 일평생에 걸쳐 점진

---

115 약 2:14-26; 갈 5:6, 22.
116 롬 3:28; 갈 2:15-3:29.
117 롬 3:21-4:25, 5:19.
118 롬 3:22, 28; 엡 2:8.
119 요 1:12, 엡 1:5.
120 롬 8:15; 갈 4:4-7.
121 히 10:10; 요일 3:1-2.
122 롬 8:11, 16.
123 롬 6:19-21; 고전 1:2; 살후 2:13; 히 10:10.

적인 성화를 이뤄가게 된다.[124] 하지만 이 땅에서 완전하게 성화되는 것은 아니며, 두 번째 성령 세례 및 복을 받는 것도 아니다.[125] 성도는 은혜 안에서 자라가면서 그리스도의 재림 이후에 거룩을 온전하게 이루게 된다.[126] 하나님 앞에서는 거듭난 자의 행위만 거룩한 선행이며, 거듭나지 않은 자의 행위는 거룩한 선행으로 인정받지 못한다.[127] 거룩한 선행은 정치·경제·사회·문화 전 영역에 걸쳐 총체적으로 그 영향력이 행사되어야 한다.[128]

7. 성도의 견인과 영화

구원의 궁극적 시작은 하나님께 있으므로, 인간의 행위로 구원이 실패되거나 구원에서 탈락될 수 없다.[129] 하나님께서는 성도들에게 견디고 인내할 수 있는 은혜를 주셔서 이들을 영원한 구원까지 이끄시고 보호하신다.[130] 견인은 인간의 자유의지나 행위에 근거하지 않고, 오로지 하나님의 불변한 사랑과 선택에 근거한다.[131] 성도도 죄에 빠질 수 있고 일시적 징계를 받을 수 있지만, 최종적인 구원은 은혜 안에서 확실하게 보장된다.[132] 부활 때 성령이 하나님의 자녀들의 영혼과 신체를 죄의 세력과 부패로부터 완전히 해방하시고, 몸의 부활을 통하여 영화롭고 완전한 구속을 이루신다.[133]

---

124 빌 2:12; 벧후 3:18.
125 롬 8:12-13.
126 살전 5:23.
127 엡 5:26-27, 요 17:17-19.
128 롬 13:11-14, 15:16; 요 17:17-19.
129 요 3:16, 10:28, 29, 엡 1:13-14.
130 롬 8:28-32.
131 롬 8:35-39; 엡 1:4-6.
132 요 10:27-28, 벧전 1:13-14.
133 롬 8:23, 30; 빌3:21; 고전 15:42-54; 요일 3:2.

제6장 교 회

1. 교회

교회는 하나님께서 택하신 사람들 전체로서, 그리스도의 몸이자 거룩한 신부이다.[134] 그러나 모든 신자들의 어머니인 지상의 교회는 택함을 입은 성도들과 입으로만 믿음을 고백하는 위선자들이 함께 있기 때문에 성경의 가르침과 성령의 인도하심을 따라 끊임없이 개혁되어야 한다.[135] 하나님께서는 신자들의 예배를 받으시며, 그리스도께서는 교회를 통해 자신의 말씀을 선포하고 성례를 시행하며 선교 사역을 실천케 하셔서 하나님의 자녀들로 구원 사역에 동참하게 하신다.[136] 교회는 말씀을 충실하게 가르치고 성례를 신실하게 시행하며 권징과 규례를 바르게 시행함으로써 이 땅 가운데 그리스도의 몸으로서 그 정체성을 나타낸다.[137]

2. 교회 직제

그리스도의 몸인 교회는 오직 그 머리이신 그리스도의 말씀으로 통치되어야 한다.[138] 이를 위해 그리스도께서 제정하신 방식대로 교회 안에 제도를 세워야 하며, 그 말씀을 순수하고 선명하게 선포하기 위해 성경의 가르침대로 사역자를 세우고 모든 제도를 운영해야 한다.[139] 그리스도의 몸된 지체인 모든 직분자는 머리이신 그리스도와 연합하여 그의 죽음과 부활, 영광에 이르기까지 모든 은혜를 함께 하여 각자에게 주어진 은사에 따라 그

---

134 엡 1:22, 23; 골 1:18; 엡 5:23, 27, 32; 고전 1:2, 12:12, 13; 롬 15:9–12; 창 17:7; 행 2:39.
135 마 13:24–30, 47, 48. 롬 11:18–22.
136 마 28:19–20; 엡 4:11–13; 사 59:21.
137 롬 11:3, 4; 행 9:31; 고전 5:6, 7, 11:23–29; 마 18:15–17; 계 2:3.
138 엡 2:20; 골 1:10.
139 요 8:36; 사 9:6, 7; 고전 12:28; 딤전 5:17.

은혜를 나누고, 세상을 향해 복음을 선포하고 증거하는 데 힘써야 한다.[140] 교회의 항존직은 공적 신앙고백을 하고 성경에 제시된 요구에 부응하는[141] 교회의 남자 세례교인 중에서 선택한다. 장로회 정치는 목사, 장로, 집사 등 직분자들이 상호 존중하고 협력하며, 대의제도에 따라 당회와 노회, 총회를 운영함으로써 그리스도의 통치권을 구현하려 한, 성경의 가르침에 가장 합당한 제도이다.[142]

3. 성례

성례는 하나님께서 제정하신 은혜 언약의 표[143]로서 그리스도와 그의 은혜를 확인하고,[144] 세상과 구분된 하나님의 백성 됨을 나타내며,[145] 그리스도 안에서 자라고 하나님을 섬기는 방편이다.[146] 성례를 통해 주어지는 하나님의 은혜는 그것을 인도하는 사람의 조건이나 의도에 의해서 결정되지 않고, 성례를 제정하신 그리스도의 말씀과 성령의 역사에 의존한다.[147] 그리스도에 의해서 제정된 성례는 세례와 성찬 두 가지이고,[148] 임직된 말씀의 사역자만 집례할 수 있다.[149] 그 가운데 세례는 예수 그리스도에 의해 제정된 신약의 성례로서[150] 중생,[151] 죄용서,[152] 그리스도와의 연합[153] 을

---

140 요 1:3; 엡 3:16–19, 4:15–16; 빌 3:10–12; 살전 5:11, 14; 갈 6:10; 요일 3:16–18.
141 딤전 3:1–13, 5:17–20; 딛 1:5–9.
142 행 14:23, 15:2–31; 딤전 3:1–13; 딛 1:5–9.
143 창 17:9–11; 출 12:3–20, 13:6–9; 눅 22:19–20; 롬 4:11.
144 고전 10:16, 11:25–26; 갈 3:27.
145 출 12:48; 히 3:10; 고전 11:27–29.
146 롬 6:3, 4; 고전 10:14–16.
147 롬 2:28, 29; 고전 3:7, 6:11; 요 3:5; 행 8:13–23; 요 6:63.
148 마 28:19; 고전 11:20, 32.
149 고전 4:1; 히 5:4.
150 마 28:19.
151 딛 3:5.

제시하며, 그리스도의 은혜를 확증하고,[154] 교회에 입문하는 방편이다.[155] 성찬은 그리스도께서 그의 몸과 피에 관해 제정한 성례로서, 그리스도의 죽으심과 부활, 다시 오심을 기념하고, 그리스도 안에서 양육되고 자라고 연합하는 은혜를 제공하는 방편이다.[156] 성찬은 반드시 교회 공동체 안에서 실행되어야 하고,[157] 그리스도께서 제정하신 말씀[158]을 선언해야 하며, 떡과 포도즙을 직접 먹고 마시는 참여를 포함해야 한다.[159] 그리스도께서는 떡과 포도즙을 먹고 마시는 행위를 통해 그들 안에 직접 거하시고, 성찬 참여자들은 성령의 도우심을 통해 하나님 보좌 우편에 계신 그리스도와의 연합에 참여한다.[160]

4. 권징

그리스도는 교회의 머리이자 주인으로서 교회의 순수성과 거룩성을 유지하기 위해 직접 다스리시되, 교회의 지도자들을 통해 책임 있는 섬김의 의무를 수행하게 하신다.[161] 교회 안에 세워진 직분자들은 말씀과 책벌을 통한 가르침으로 성도들의 죄를 직접 지적하고, 고백을 실천하게 하며, 그리스도의 용서와 화해에 참여하게 한다.[162] 교회의 책벌은 성도들이 말씀의 가르침에서 어긋난 성도들의 잘못을 바로잡고 개인과 공동체를 거룩하게 하며, 이들

---

152 행 2:38; 막 1:4; 행 22:16.
153 갈 3:27; 롬 6:3, 4.
154 롬 4:11; 갈 3:29; 골 2:11, 12.
155 행 2:41; 10:47.
156 고전 11:23-26; 마 26:26-30; 눅 22:19-20; 고전 10:16, 17, 21, 12:13.
157 마 15:9; 고전 11:20-22.
158 고전 11:23-26.
159 고전 11:26, 27.
160 고전 10:16; 요 6:53-58.
161 마 18:15-17; 요 8:36; 사 9:6, 7; 고전 5:1-2, 12:28; 딤전 5:17.
162 마 16:19, 18:17, 18; 고후 2:6-8.

이 세상에서 복음의 거룩한 증인이 되게 하는 중요한 실천이다.[163]

제7장 은혜의 수단

1. 말씀

하나님은 성령의 영감으로 기록된 말씀을 통해 신자들에게 은혜를 베푸신다.[164] 신구약 성경 66권은 믿는 자의 신앙과 생활의 근본 규칙이고 표준이며, 성령 하나님은 믿는 자들에게 기록된 말씀은 오류가 없는 진리라는 사실을 친히 깨닫게 하신다.[165] 또한 성령 하나님은 바르게 선포된 말씀과 함께 역사하셔서, 준비된 마음과 부지런한 태도로 말씀을 듣는 사람들에게 말씀을 깨닫게 하시고[166] 삶 속에서 말씀의 열매가 맺히도록 친히 간구하신다.[167]

2. 세례

하나님은 그리스도께서 제정하신 세례를 통해 성부, 성자, 성령의 이름으로 그리스도를 믿는 신자들과 그 자녀들에게 은혜를 베푸신다.[168] 믿는 자는 하나님께서 베푸시는 은혜 언약을 통해 그리스도와 영적으로 연합했음을 세례를 통해 외적으로 공표하며, 그리스도와 함께 죽고 살아났음을 교회 공동체적으로 확증하며 인친다.[169] 구원을 받았기에 세례를 받는 것이지, 세

---

163 딤전 5:20, 1:20; 유 1:23; 고전 5:11; 삼하 12:14.
164 사 59:21; 행 20:32.
165 딤후 3:16–4:2.
166 고전 2:10–12.
167 롬 8:26; 요 14:26, 16:13–14; 골 1:28.
168 마 28:18–20; 행 2:38–41.
169 롬 6:1–14; 고전 10:1–4.

례를 받았기에 구원을 받는 것은 아니다.[170] 세례는 일생 중 단 한 번만 받으며, 성령으로 거듭남과 새롭게 됨에 대한 표지이자 보증이다.[171]

3. 성찬

하나님은 그리스도께서 제정하신 성찬을 통해[172] 그리스도와 영적으로 연합된 신자에게 은혜를 베푸신다.[173] 믿는 자는 떡과 포도즙으로 그리스도의 몸과 피에 영적으로 신비롭게 참여하며, 그리스도의 죽으심과 그로 인한 유익을 실제적으로 누린다.[174] 성찬을 베푸는 자, 떡과 포도즙 그 자체, 성찬을 베푸는 행위 자체에는 그 어떤 능력도 없으며,[175] 믿음으로 성찬에 참여하는 자 가운데 거하시는 성령 하나님의 행하심이 성찬의 참된 은혜이며 능력이다.[176]

4. 기도

하나님은 믿는 자가 예수 그리스도의 이름으로 성령 안에서 하나님께 아뢰는 기도를 할 때 은혜를 베푸신다.[177] 하나님과 죄인 사이에 존재하는 죄의 골짜기가 너무나도 깊고 넓기 때문에, 신자는 참 하나님이시며 참 인간이신 유일 중보자 예수 그리스도의 이름과 그 공로에 힘입어 기도해야 한다.[178] 무엇을 기도해야 할지 모를 때 성령 하나님께서 말씀과 더불어 역사

---

170 골 2:6-15.
171 벧전 3:18-22; 요 3:1-21.
172 마 26:26-27.
173 고전 11:23-26.
174 고전 10:16-17, 21, 12:13.
175 마 15:9.
176 고전 11:28, 10:16.
177 히 4:15-16; 마 7:7-11; 유 14:13-14 16:24.
178 빌 4:4-7; 롬 8:34; 딤전 2:5.

하셔서 친히 기도를 이끄시고 도와주신다.[179] 믿는 자가 말씀 앞에 서서 죄를 고백하며 하나님의 은혜에 감사하고, 그분의 응답을 겸손히 기다리며 믿음·소망·사랑으로 기도할 때 하나님께서는 은혜를 베푸신다.[180]

제8장 신자의 책임

1. 신자와 예배

모든 신자는 오직 하나님, 곧 성부, 성자, 성령께 예배드려야 하며,[181] 어떤 피조물에게도 예배해서는 안 된다.[182] 신자는 지역 교회에 소속되어 예배와 친교, 봉사에 참여하며 자신이 속한 교회의 치리에 따르고 성례에 참여해야 한다. 특히 주일은 모든 육신의 일을 정돈하고 성경에 가르친 대로 거룩히 지키되 지교회의 공식 예배에 참여하고 영적 수양서를 읽으며 병자를 방문하고 가난한 자를 구제하며 불신자를 전도해야 한다.

2. 신자와 기도

신자는 주님의 가르침을 따라 기도하되[183] 교회가 정한 공식 기도회에 참여하여 합심으로 기도하고, 소리 내어 기도할 때는 잘 알려진 언어로 할 것이다.[184] 가정에서도 개인기도 시간을 정하여 기도하고, 온 가족이 가정 예배로 모여 기도하며 성경을 읽고 찬송해야 한다.[185] 또한 국가 위정자[186]

---

179 롬 8:26–27.
180 살전 5:17–18; 약 1:5–8, 5:16–18; 딤전 2:1–4.
181 요 5:23; 고후 13:14; 마 4:10; 계 5:11–13.
182 출 3:14, 20:3–5; 신 4:15–29, 12:32; 마 15:9, 4:9, 10; 행 17:23–25; 골 2:20–23.
183 마 6:9–13; 요 14:13–14, 16:24.
184 고전 14:14–15.
185 신 6:4–9.
186 딤전 2:1–2; 롬 13:1.

와 지교회 목사를 위해 기도하고[187] 성도를 위해 기도해야 한다.[188]

3. 신자의 의무
신자는 자신이 속한 지교회의 관할과 치리에 복종하며 공식 예배회와 기도회에 참여하는 한편, 협력과 거룩한 교제로 교회 발전을 위해 노력하고 사랑과 선행으로 하나님께 영광을 돌려야 한다.[189] 또한 선교와 구제를 위하여 은사와 금전을 아끼지 않고 성심 협조하며[190] 진리를 보수하고 교인 된 의무를 성실히 준행해야 한다.

4. 신자의 건덕
신자는 성도 상호 간의 건덕을 위해 거룩한 친교와 교통을 지속해야 하며, 성경을 배우고[191] 전하며 실천하기를 힘쓰고 생활을 통해 거룩함을 드러내야 한다. 신자는 성경의 가르침을 따라 결혼하여 가정을 이루며[192] 거룩한 교제와 구제, 선한 사업을 위해 시간·재정·재능을 사용해 하나님의 영광을 드러내야 한다.

제9장 사회적 책임

1. 사회봉사
복음은 시간적으로는 창세 전부터 재림 이후의 영원과 시간을 관통하고,

---

[187] 엡 6:19; 빌 1:19.
[188] 엡 1:16; 빌 1:4; 행 4:31.
[189] 히 10:24-25; 행 4:32.
[190] 딤전 6:18.
[191] 마 28:20; 행 2:42.
[192] 창 2:21-24; 마 19:4-6; 고전 7:2, 39; 고후 6:14; 창 34:14; 출 34:16; 왕상 11:4; 느 13:25-27.

공간적으로는 인간의 깊은 내면세계로부터 우주에 이르는 광대한 차원의 하나님의 구원사역이다. 이 장엄한 규모 안에서 그리스도와의 신비로운 연합이 일어나며, 이 연합 안에서 부르심, 중생, 칭의, 자녀 됨에 의하여 하나님의 백성이라는 영광스러운 신분이 오직 값없이, 오직 은혜로 영구히 확정된다. 하나님 나라의 백성이 된 신자에게는 성령의 주도 아래 자신의 의지를 조응시킴으로 사회 속에서 성화의 삶을 살라는 준엄한 명령을 따르게 된다.

놀랍도록 영광스러운 구원의 복은 언제나 한 개인의 속사람 차원에서의 중생으로부터만 시작되므로 개인 영혼의 구원은 논리적으로는 절대적 우선순위를 갖는다. 그러나 한 개인의 속사람 차원에서의 변화는 필연적으로 사회에 대한 관심으로 나타나 사회봉사의 원동력이 되며, 사회봉사의 실천은 복음 전도의 효율을 높인다. 이처럼 개인 영혼의 구원과 사회봉사는 떼려야 뗄 수 없는 상관관계에 있는 만큼, 신자들과 교회는 개인 영혼의 구원과 복음전도는 물론 사회적 참여에도 헌신해야 한다.

2. 성 윤리

인간은 언제나 남자 혹은 여자로 존재한다.[193] 남자와 여자 이외에 다른 성은 존재하지 않는다. 남자와 여자는 서로를 필요로 한다. 남자와 여자는 존재에는 평등하나 기능과 역할에서는 차이가 있다. 남자와 여자는 동등하게 문화명령을 받았으며[194] 각자에게 주어진 고유한 기능과 역할을 통해 함께 이를 수행해야 한다. 아담이 먼저 창조되었고 그 이후에 하와가 창조되었다는 창조론적인 근거와 그리스도가 교회의 머리라는 기독론

---

[193] 창 1:27.
[194] 창 1:28.

적 근거에 기반하여 가정[195]과 교회[196]에서 남자는 아내의 머리로서 아내를 지도하며 아내가 남편에게 복종하는 것은 성경적 질서이다. 동성애는 하나님의 창조질서가 명확히 금지하고 있는 행위[197]로서, 생물학적·보건의학적 상식에 반할 뿐 아니라 성경의 도덕법도 분명히 금하는 행위다.[198] 결혼은 하나님이 세우신 질서[199]이기에 배우자의 음행[200]과 같이 하나님이 허용하신 정당한 이유가 아닌 한 이혼은 허용될 수 없다.

3. 생명윤리

제6계명은 모든 형태의 살인을 금지하는 명령이 아니라 하나님이 허락하시지 않는 살인을 금지하는 명령이다. 행동으로 사람을 죽이는 행위뿐만 아니라 형제를 미워하는 마음을 품는 것도 제6계명을 범하는 것이다.[201] 하나님이 허락하시지 않는 방법으로 사람의 생명을 고의적으로 죽인 자에 대하여 사형을 부과하라는 명령[202]은 종말의 날까지 적용되는 보편적 명령이다. 영혼을 가진 인간 생명은 임신 혹은 수정 순간부터 시작된다. 따라서 유전자 치료, 배아줄기세포 추출, 낙태, 사후 피임약은 살아 있는 인간의 생명을 자의적으로 파괴하는 행동이기에 허용될 수 없다. 인간의 생명은 심장과 폐의 기능이 정지되는 심폐사의 시점이 되었을 때 종결된다. 따라서 심폐사 이전에 자의적으로 인간 생명을 종결시키는 안락사는 살인 행위로서 허용될 수 없다. 그러나 특수한 경우 연명치료의 중단은 효과가 없는 무의미

---

[195] 고전 11:2, 3; 엡 5:22, 23; 골 3:18; 벧전 3:1; 딤전 2:9 이하.
[196] 고전 14:34 이하; 딤전 2:11 이하.
[197] 롬 1:26.
[198] 레 18:22, 20:13.
[199] 창 2:24; 마 19:4-6.
[200] 고전 7:12 이하; 마 19:9.
[201] 마 5:21, 22; 요일 3:15.
[202] 창 9:5, 6.

한 치료를 중단하고 인간 생명을 하나님께 맡기는 조치이므로 허용될 수 있다.

인공지능은 일반 은총의 선물로서 적절히 활용하면 인류에게 유익을 주지만, 오작동하거나 남용될 경우 인간 사회에 심각한 피해를 끼칠 위험이 있으므로 도덕적 통제하에 있어야 한다. 인공지능기술을 우상화하여 이를 통해 영생에 이르고자 하는 시도는 오직 예수 그리스도를 믿음으로 값없이 주어지는 영생과 하나님 나라를 말하는 성경의 가르침과 배치된다. 모든 형태의 전쟁을 금지하는 기독교 평화주의는 전쟁의 남용 가능성을 경고한다는 점에서 의미가 있으나 인간 악의 불가피한 결과로서 전쟁의 실재성과 전쟁을 통해서만 바로잡을 수 있는 불의한 현실이 있음을 인정하지 않으므로 받아들일 수 없다. 국가의 영토와 국민의 생명이 위협당하거나 정당한 이유가 있을 때는 전쟁이 불가피할 수 있다.

제10장 교회와 국가

1. 국가의 의의

천지와 만물을 창조하신 하나님께서 그의 아들 예수 그리스도를 통하여 각 나라와 민족에게 그 고유한 영역에 대한 통치권을 허락하셨다.[203] 교회가 하나님이 세우신 기관인 것처럼 국가도 하나님께서 세우셨고, 공직자는 그분의 사역자들이다.[204] 그러므로 믿는 사람이 국가의 공직을 맡아 수행하는 것은 정당한 일이며,[205] 그 직무를 행할 때는 하나님 앞에서 더욱 정의롭고 공정하게 수행해야 한다.[206]

---

203 창 10:5; 엡 1:20-22; 딤전 6:15-16; 골 1:15-17; 대상 29:11; 신 32:8-9; 시 22:27-28; 잠 22:28.
204 롬 13:4.
205 단 2:48-49, 6:1-2; 느 1:1; 에 8:1-2.

2. 국가의 존재 목적

모든 인간은 온전한 권위에 의해 통제되지 않는 한 죄로 인하여 부정과 부패와 수치로 나아갈 수밖에 없다.[207] 하나님께서는 교회를 통하여 그들의 영혼을 돌보심같이 국가와 공직자에게 공권력을 주심으로 선을 격려하고 악을 억제하시며, 국민의 정당한 권리와 안전을 보장하고, 공의를 실현하여 질서를 유지하신다.[208] 이는 궁극적으로 질서와 안전한 가운데 교회가 회집하여 예배하며 건강한 신앙을 장려하게 함으로써 하나님 자신의 영광과 공공의 선을 도모하시려는 것이다.[209] 따라서 이러한 목적을 위해 국가가 공권력을 사용하는 것과 침략적 혹은 반국익적 행위에 대해 군사적으로 대응하는 것은 정당하고 신성한 일이다.[210]

3. 국가에 대한 순종

모든 믿는 자는 국가의 권위에 순종해야 한다.[211] 비록 국가의 권력 행사가 불완전하거나 국가의 공직자가 다른 종교를 따르는 경우에도 예외는 아니다. 이는 그 권위를 허락하신 분이 하나님이시기 때문이다.[212] 그러므로 모든 믿는 자는 국가의 법을 준수하며,[213] 국민으로서 정당하게 세금을 납부하고,[214] 국가와 공직자들이 하나님 말씀을 따라 바르게 통치할 수 있도록

---

206 신 17:14-20; 단 6:2-4; 레 19:15; 왕상 3:5-10; 잠 31:9, 18:5, 24:23; 대하 1:8-12, 19:5-7; 미 3:1, 11-12.
207 렘 17:9.
208 창 9:5-6; 롬 13:2-4; 벧전 2:14-15; 슥 7:9-10.
209 딤전 2:2; 사 1:10; 눅 3:12-14; 시 148:11-13.
210 민 31:1-21; 수 1:10-15.
211 롬 13:1; 출 22:28.
212 롬 13:1; 대하 2:11; 단 4:19-37, 5:17-29.
213 몬선 2:13.
214 롬 13:6-7; 마 17:24-27, 22:17-21.

기도하되[215] 그들의 권력 때문이 아니라 스스로의 양심을 따라 그리해야 한다.[216] 그러나 국가나 공직자가 하나님의 뜻에 반하여 부당하게 권리를 행사함으로 신자들의 거룩한 양심을 압제하며 정의를 해친다면 그에 대해서는 결코 순종할 수 없고 순종해서도 안 된다.[217] 물론 그 때도 신자들은 폭력적인 방법으로 저항하거나 공공의 질서와 안정을 깨뜨려서는 안 된다. 양심을 따라 하나님의 법을 준수함으로 기꺼이 견디며, 국가나 공직자들에게 지지와 호의를 받을 수 있도록 기도해야 한다.[218]

4. 교회와 국가의 관계

하나님께서는 국가에 공권력을 부여하셨듯이 교회에 영적 권리를 허락하셨다.[219] 이 두 권세는 각각 독립적이며 고유한 것이지만, 동시에 모두 하나님의 주권을 실현하기 위해 봉사한다.[220] 국가가 교회에 종속되지 않듯 교회도 국가에 종속되지 않으므로 국가는 그 통치권의 한계를 넘어 교회의 고유 권한인 예배, 성례, 권징 또는 신앙의 문제와 관련하여 임의로 개입할 수 없고,[221] 교회도 그 치리권의 한계를 넘어 사법권을 행사할 수 없다.[222] 교회와 국가는 하나님의 뜻을 이루기 위해 상호 존중함으로 협력할 뿐이다.[223] 다만 국가가 공적 정의를 위해 불가피한 경우 또는 교회의 고유한 주권 활동이 다른 영역의 주권과 충돌되는 경우에 한해 조심스럽게 관

---

215 렘 29:7; 벧전 2:13-14; 딤전 2:2.
216 롬 13:5.
217 시 89:7; 행 4:18-20, 5:29; 단 3:16-18, 6:9-10.
218 벧전 2:18-20; 눅 18:1-8; 행 24:10, 25:21-25.
219 롬 13:4; 엡 1:3, 17-23.
220 마 22:20-21; 막 12:13-17; 눅 20:23-26; 요 18:36.
221 대하 26:16-21; 삼상 13:8-15.
222 시 2:1-4.
223 에 7:11-28; 대하 19:8-10, 32:20; 사 37:4-7.

여할 수 있는 것처럼,[224] 교회도 국가의 부당한 권력 행사에 대해 교회 대표들의 회의를 열고 이에 대처할 수 있다.[225]

제11장 창조세계

1. 하나님의 선하신 창조

태초에 하나님께서 천지 만물을 무에서 창조하셨으며, 세계의 모든 존재는 하나님의 피조물이기 때문에[226] 창조자와 피조물은 존재론적으로 분명하게 구별된다. 하나님께서 천지 만물을 창조하셨다는 성경적 세계관은 지구는 신이라고 주장하는 범신론적 세계관과는 전혀 다르다. 하나님은 천지만물을 선하게 창조하셨다.[227] 하나님께서 우주 만물을 창조하시고, '보기시에 심히 좋았더라'라고 평가하신 것은 우주 만물이 선하게 창조되었다는 것을 의미한다. 우주 만물이 선하게 창조되었다는 성경적 세계관은 물질세계는 악하다고 생각하는 그리스 철학의 이원론적 세계관과도 근본적으로 다른 것이다.

2. 인간의 죄로 인한 타락

하나님께서 선하게 창조하신 세계는 인간의 죄로 인하여 타락하였다. 아담과 하와가 죄를 범하였으므로 하나님은 자연계 전체를 저주 아래 두셨다.[228] 인간의 타락으로 말미암아 생태계의 모든 관계가 사랑과 아름다운

---

224 왕상 2:26-34.
225 삼하 12:1-15; 왕상 18:16-20.
226 창 1:1.
227 창 1:31.
228 창 3:17-19.

조화의 관계[229]에서 경쟁 관계[230]로 변질되었다. 그러나 생태계가 인간의 범죄로 인해 타락하였음에도 불구하고, 하나님의 선하신 섭리 아래서 보존되고 있다.[231] 생태계의 오염과 위기의 원인은 전적으로 인간에게 있다. 성경적 세계관의 관점에서 본다면, 죄로 인하여 타락한 인간이 탐욕에 빠져 창조세계의 자원을 무절제하게 남용한 것이 생태계 위기의 근본적 원인이라 할 수 있다.

3. 창조세계 보존의 목표

오늘날 환경의 위기를 극복하고 자원을 안전히 활용하기 위하여 우리는 창조세계를 적절히 보존하고 관리해야 한다. 생태계의 위기는 타락한 인간으로부터 초래하였기 때문에, 인간의 경작 활동에 수반되는 가시덤불과 엉겅퀴[232] 같은 환경 파괴 및 오염을 제거하여 그 위기를 극복할 일차적 책임도 인간에게 있다. 생태계의 위기 극복을 통해 우리가 추구하는 궁극적 목표는 하나님께서 창조하신 세계와 자원을 안전하게 활용하고 깨끗하게 관리하는 것이다.[233]

4. 창조세계 보존을 위한 실천적 원리와 사명

우리는 하나님의 창조 원리에 따라 하나님께서 지으신 자연 환경을 지혜롭고 진실하게 관리해야 한다.[234] 이를 위해 자연을 방치하거나 훼손하는 극단적인 자세를 버리고, 자연을 보호하며 유익하게 관리해야 한다. 하나

---

229 창 1:31, 2:23-24.
230 창 3:16-19.
231 창 8:21-22.
232 창 3:18.
233 창 1:26-28, 2:15.
234 눅 12:42.

님은 우리에게 세계의 자원을 개발하고 안전하게 활용할 수 있는 지식과 기술을 주셨으며, 생태계의 위기를 극복할 수 있는 창조적 지혜도 주셨다. 이 땅에서 어떤 자원이 고갈되는 것처럼 보일 때마다 우리에게 다른 유용한 대안을 찾아내는 지혜도 허락하셨다. 따라서 우리는 창조 세계의 위기를 극복하기 위해 성경적 세계관에 기초한 청지기적 영성과 사명을 회복해야 한다.

제12장 최후 심판

1. 최후 심판

우리는 마지막 날에 그리스도가 재림하실 때 부활과 심판이 일어날 것을 믿는다. 또한 최후 심판의 날에 신자는 영광 중에 천국에서 영생을 누리고, 악인은 지옥에서 영원한 형벌을 받게 된다.

2. 신자의 죽음

사망은 모든 사람에게 정해진 것으로, 신자는 죽음 직후 그리스도와 영광의 교통이 시작된다. 신자의 몸은 무덤에서 부활을 기다리고, 그 영혼은 영광 중에서 하나님의 얼굴의 바라보며 몸의 완전한 구속을 기다리다가, 부활 때 신령하고 썩지 않는 몸과 영원히 연합되어 천국에서 하나님과 완전하고 충만한 영광으로 영원히 산다. 반면 악인의 영혼은 죽을 때 지옥에 던져지며 몸은 심판의 날까지 무덤에 있다가, 부활의 날에 악인의 몸과 영혼은 수치스러운 중에 심판의 부활로 다시 살고 지옥에 던져져 영원한 고통을 받는다.

3. 심판

하나님은 이 세상을 심판하실 한 날을 정하셨는데,[235] 그 마지막 날에 그리스도는 모든 권세를 가지고[236] 재림하시며, 죽은 자와 살아 있는 자에게 즉시 부활과 심판이 진행된다.[237]

4. 신자의 위로와 소망

신자의 죽음과 부활 그리고 천국은 이 세상을 살아가는 신자들에게 큰 위로와 소망을 준다.[238] 신자가 이 세상에서 죽을 때 그의 영혼은 즉시 그리스도께로 들어 올려져 은혜의 교통이 시작된다.[239] 신자의 몸은 비록 이 땅에서는 썩어지나 부활의 때에 신령한 몸으로 변화되고, 영혼과 몸이 연합되어 천국에서 영원히 하나님을 찬양하게 된다. 그러나 그 마지막 날을 사람들에게 알리지 않으신 것은, 그들이 육체적 안일을 떨쳐 버리고 항상 깨어 주가 오실 날을 바라보게 하기 위해서이다.[240] 아멘, 주 예수여, 오시옵소서![241]

---

235 마 25:31-34.
236 요 5:25, 27; 계 19:11-16.
237 유 1:6; 벧후 2:4; 고후 5:10; 롬 2:16; 마 12:36-37; 고전 3:13-15.
238 H.C., 57; 58; WCF, 33.
239 눅 16:23; 롬 8:23; 살전 4:16-17.
240 막 13:32-37; 눅 12:36-40; 마 24:36, 44-47.
241 계 22:20; B.C., 37; WCF, 33.

헌 법

개정판 1쇄 2018년 11월 30일
개정판 8쇄 2025년 5월 2일

1993년 4월 2일 발행
2000년 9월 3일 개정
2014년 3월 10일 개정
2016년 11월 25일 개정

발행 • 대한예수교장로회총회
제작 • 대한예수교장로회총회 출판부

주소 • 06177 서울특별시 강남구 영동대로 330
전화 • (02) 559-5655~6
팩스 • (02) 6940-9384
인터넷 서점 • www.holyonebook.com
출판 등록 • 제1977-000003호
ISBN 978-89-8490-882-6 13230

ⓒ2018, 대한예수교장로회총회
※잘못된 책은 바꾸어 드립니다.

값 12,000원